समकालीन बोध
और
धूमिल का काव्य

समकालीन बोध
और
धूमिल का काव्य

डॉ. हुकुमचन्द राजपाल

वाणी प्रकाशन

वाणी प्रकाशन
4695, 21-ए, दरियागंज, नयी दिल्ली 110 002
शाखा
अशोक राजपथ, पटना 800 004
फ़ोनः +91 11 23273167 फ़ैक्स: +91 11 23275710
www.vaniprakashan.in
vaniprakashan@gmail.com

SAMKALEEN BODH AUR DHOOMIL KA KAVYA
by Dr. Hukumchand Rajpal

ISBN : 978-93-5000-955-0
Criticism

प्रथम संस्करण 2012
आवृत्ति संस्करण 2015
मूल्य : ₹ 395

पूजा ऑफ़सेट प्रिंटर्स, दिल्ली-110 093 में मुद्रित

वाणी प्रकाशन का लोगो मक़बूल फ़िदा हुसेन की कूची से

भूमिका

समकालीन कविता में धूमिल सर्वाधिक चर्चित कवि हैं। इनका प्रथम कविता-संग्रह 'संसद से सड़क तक' सन् 1972 में प्रकाशित हुआ था, खूब चर्चा में रहा, आज भी स्थिति पूर्ववत् है। हमने सन् 1980 में 'समकालीन बोध और धूमिल का काव्य' नामक आलोचना ग्रन्थ प्रकाशित करवाया था। समकालीन कविता के प्रथम सशक्त कवि होने के कारण इनका कविता-संग्रह पाठ्यक्रमों में निर्धारित होने लगा और हमारी पुस्तक हाथोंहाथ बिकने लगी, इससे हमें पूर्ण सन्तोष है। पहले आलोचना ग्रन्थों में होने के कारण इसकी माँग बढ़ने लगी, इसलिए पर्याप्त समय से यह ग्रन्थ उपलब्ध नहीं हो पाया। उस समय हमने इस ग्रन्थ में धूमिल के प्रकाशित दो कविता-संग्रह ही लिये थे, तीसरा कविता-संग्रह 'सुदामा पाण्डे का प्रजातन्त्र' बाद में प्रकाशित हुआ। हमने प्रस्तुत आलोचना ग्रन्थ में धूमिल के तीनों प्रकाशित कविता-संग्रहों का मूल्यांकन-विश्लेषण थोड़ा लीक से हटकर करने का प्रयास किया है। इसमें हमारा प्रयास रहा है कि समकालीन, समकालीनता बोध को स्पष्ट किया जाए, समकालीन कविता की सम्यक् पहचान करने का एक तुच्छ प्रयास ही रहा है। हमारा लक्ष्य इस कवि को सही धरातल पर समझना रहा है। हमारी स्पष्ट धारणा है कि समकालीन कविता (सन् साठ के बाद) की सही शुरुआत सन् 1964 से मुक्तिबोध के कविता-संग्रह 'चाँद का मुँह टेढ़ा है' से मानी जानी चाहिए। इसीलिए हम इस कवि को इस कविता धारा का प्रथम सोपान मानते हैं, राजकमल चौधरी (मुक्ति प्रसंग) इसका द्वितीय सोपान है तथा धूमिल इस धारा का तृतीय सोपान हैं। हमारी दृष्टि में जितनी लोकप्रियता धूमिल के कविता मुहावरे को प्राप्त हुई, शायद ही किसी अन्य कवि को मिली हो। समकालीन कविता पर संवाद रचाना हमें प्रिय है, इस कविता की अपनी ज़मीन है, अपना भाषिक मुहावरा है और प्रस्तुति में एक साथ संश्लिष्टता-सपाटता है। पूर्व कविता से यह सर्वथा भिन्न है, इसके

मूल्यांकन-विश्लेषण के अपने प्रतिमान स्थापित हो चुके हैं। रसवादी गीत, ग़ज़ल, छन्दबद्धता के पक्षधर भले ही इसे कविता न मान मात्र 'गद्य के टुकड़े' मानने की हठधर्मिता पाले रहें, इस कविता का स्थान एक कविता धारा के रूप में स्थापित हो चुका है, हमने इस कविता पर शोधकार्य कर इसे एक सशक्त कविता धारा प्रतिष्ठित करने का तुच्छ प्रयास किया है, हमें खूब समर्थन मिला है। हमें अन्य मित्रों की तरह इस कविता के सीमा-निर्धारण की समस्या का सामना करना पड़ता है, तभी हमारा विचार है कि सन् 1990 के बाद की कविता को 'उत्तर कविता' नाम दिया जा सकता है। समकालीन कविता में प्रश्न अधिक रहे, समस्याएँ ही समस्याएँ अधिक रहीं, नब्बे के बाद की कविता में प्रश्नों के साथ समाधान भी आने लगा और थोड़ा-बहुत मुहावरा भी बदला है। इस प्रकार के प्रश्न सदैव रहे हैं, संवाद अपेक्षित है, विवाद हठधर्मिता से सहज विकास कभी नहीं ठहरता, फिर कविता में तो हमेशा गति रही है, वह हमारे अंग-संग रही है। हमारे भीतर और बाहर की अन्विति है यह कविता। हम तो इस अन्विति के कारण समकालीन कविता को सर्वाधिक महत्त्वपूर्ण मानते हैं। इतना ही पर्याप्त होगा।

इस पुस्तक को प्रकाश में लाने का हम समस्त श्रेय अरुण माहेश्वरी (वाणी प्रकाशन) को देते हैं। हम उन साहित्यिक मित्रों के विशेष आभारी हैं, जिन्होंने हमसे इस विषय पर संवाद रचाया और कुछ नया सोचने की दिशा प्रदान की। इसे हम एक तुच्छ प्रयास ही मानते हैं।

विनीत

हुकुमचन्द राजपाल

गंगा सदन
451, अर्बन एस्टेट,
फेज़-1, पटियाला

अनुक्रम

प्रथम अध्याय

समकालीन कविता : विकास और प्रमुख प्रवृत्तियाँ

समकालीन कविता छायावादोत्तर काव्यधाराओं में एक महत्त्वपूर्ण काव्यधारा है, काव्य-आन्दोलन है—जिसके समारम्भ, सीमा, प्रवर्तक कवि, प्रमुख प्रवृत्तियों और मानवीय-मूल्यों के प्रतिपादन को लेकर गत कुछ समय से विवाद रहा है। इस काव्यधारा के पक्षधर कवि एवं समीक्षक इसे पूर्व-काव्यधाराओं से कथ्य एवं शिल्प की दृष्टि से महत्त्वपूर्ण काव्यधारा प्रतिष्ठित करते हैं जबकि दूसरे पक्ष के कवि समीक्षक इसे कविता मानने से इनकार करते हैं। रसवादी-छन्दोबद्ध गीतों के प्रतिष्ठापकों-संवादकों को यह कविता कोरे वक्तव्य प्रतीत होती है। फिर मानव-मूल्यों की चर्चा का तो प्रश्न ही नहीं होता। ऐसी विवादास्पद स्थिति में इस कविताधारा के कुछ पक्ष स्पष्ट होने चाहिए। इसीलिए हमने मानव-मूल्यों की भारतीय एवं पाश्चात्य दृष्टि से सविस्तार प्रस्तुति के बाद इस अध्याय में समकालीन कविता के विकास, प्रमुख प्रवृत्तियों के साथ ही आधुनिकता, समसामयिकता एवं समकालीनता बोध को स्पष्ट करने का प्रयास किया है।

आधुनिकता : समसामयिकता : समकालीनता-बोध

हिन्दी में 'आधुनिकता' सम्बन्धी विचारों की व्याख्या करते समय अधिकांश आलोचक इसे माडर्निज़्म शब्द से मिलाने का प्रयास करते हैं। वस्तुतः आधुनिकता 'माडर्निटी' का हिन्दी अनुवाद है। जबकि इज़्म से वाद का बोध होता है। दोनों का सम्बन्ध आधुनिक शब्द से होने के कारण प्रायः भ्रम होने लगता है। पिछले कुछ वर्षों से आधुनिकता बोध की जीवन एवं साहित्य के सन्दर्भ में चर्चा सविस्तार

हुई है तथा इस विषय में अभी भी मतभेद है। आधुनिकता समसामयिकता तथा समकालीनता को लेकर काफी विवाद रहा है। समकालीन कविता के सही सन्दर्भ के लिए इनकी सम्यक् जानकारी अपेक्षित है—फिर मानव-मूल्यों के प्रतिपादन में इनकी सही समझ होनी चाहिए। जिस प्रकार परम्परा और आधुनिकता का सम्बन्ध है उसी प्रकार आधुनिकता, समसामयिकता एवं समकालीनता बोध का अन्तस्सम्बन्ध स्पष्ट है। इसी प्रकार आधुनिकता और प्रगतिशीलता का सम्बन्ध गतिशीलता के कारण स्पष्ट है।

आधुनिकता का भाव-बोध और उसकी यथार्थ अभिव्यक्ति का आग्रह ही उसका केन्द्रीय तत्त्व है। सिद्धान्ततः ही नितान्त आधुनिक होना अत्याधुनिक कवि के लिए अनिवार्य है। अधिकांश कवि आधुनिकता को वर्तमान के सन्दर्भ में एक भविष्योन्मुखी दृष्टि स्वीकारते हैं। नवीन परिस्थितियों के सन्दर्भ में अपने आप का संस्कार करना ही आधुनिकता है। आधुनिकता के वास्तविक अर्थ के विषय में पश्चात्य एवं भारतीय दृष्टि से निष्कर्ष स्वरूप कुछ भी नहीं कहा जा सकता, क्योंकि प्रायः इसकी व्याख्या में आधुनिकता, आधुनिकवाद, समसामयिकता के मूलभूत अन्तर को स्पष्ट नहीं किया जाता। एक मत यह है कि आधुनिकता का सीधा अर्थ 'समसामयिकता' है, परन्तु दूसरा मत इन दोनों में भेद करता है और आधुनिकता को अधिक आन्तरिक और मूल्यगत भाव मानता है।

आधुनिक युग की सापेक्षिता आधुनिक मूल्यों और मर्यादाओं को नयी दृष्टि देने में निहित है। रूढ़ियों और गलित परम्पराओं को त्याग कर नयी स्थापनाएँ प्रतिष्ठित करती हैं क्योंकि बौद्धिक जागरुकता के आधार पर रूढ़ियों के समक्ष विद्रोही के रूप में उपस्थित होती हैं। इस प्रकार आधुनिकता बाह्य आरोपित वस्तु न होकर देश-काल की अनुभूत अभिव्यक्ति में व्यक्त होती है। आधुनिकता देश-काल-सापेक्ष होते हुए भी उसके बन्धन में नहीं बाँधी जा सकती। ऐसा केवल इसलिए कहा जाता है, क्योंकि परिस्थितियों एवं समय के अनुसार इसके स्वरूप में परिवर्तन होता रहता है। प्रत्येक देश एवं काल में आधुनिकता रही है—यह शाश्वत क्रम है।

आधुनिकता के विषय में नयी कविता की उपयुक्त धारणा किंचित अतिवादी दृष्टि लेकर चली है। वस्तुतः आधुनिकता मात्र देशकाल का बोध नहीं है अपितु देश और काल की पूर्वागत परम्पराओं की उत्कृष्टतम विशेषताओं से समन्वित मानव चेतना का वस्तुस्थिति को स्वीकार करने का एक आयाम है। वह देश और काल की एक स्वतंत्र एवं पृथक् इकाई का बोध नहीं है। देश और काल का प्रत्येक बोध अपनी परम्परा की चेतना से मुक्त होता है तथा विशिष्ट देश-काल जब अपनी पूर्वागत परिस्थितियों का परिणाम होते हैं, तब कारण स्वरूप स्थितियों का तिरस्कार कैसे किया जा सकता है?

समकालीन कवि अनुभव करता है कि आज के समस्त साहित्य की संवेदना या बोध में कहीं गहरा परिवर्तन आ गया है, जो साहित्य के सभी रूपों और दिशाओं में परिलक्षित होता है। बोध के इस परिवर्तित रूप को आधुनिक कवियों ने आधुनिक युग का नया भावबोध कहा है। उनके अनुसार आधुनिकता से सम्पृक्त यह नया भावबोध भावगत स्तर की नवीनता है, नये स्तर और नयी दृष्टि के साथ नये मूल्यों को विकसित करने की प्रवृत्ति है तथा कवि की चेतना को अन्वेषण के नये आयामों की ओर प्रेरित करने वाली अन्तर्दृष्टि है। आज के अधिकांश कवियों और आलोचकों का यह विश्वास हो गया है कि आधुनिकता एवं नया भावबोध ही साहित्य का एक मात्र मानदण्ड है। वे हर लेखक यहाँ तक हर रचना को अपने आपमें एक स्वतंत्र इकाई मानकर चलते हैं जिसकी मान्यताएँ, प्रेरणाएँ और बाह्य रूप सर्वथा अपने ही अलग नियमों से परिचालित होती हैं। उनके अनुसार उसे किसी व्यापक कसौटी पर या मूल्यों के परिप्रेक्ष्य में रखकर देखना या समझना व्यर्थ है। वे नव्यता को ही काव्य का एक मात्र श्रेष्ठ गुण मानकर चलते हैं। मूलतः यह दृष्टिकोण एक विकृत साहित्य चिन्तन का परिणाम है। नवीनता साहित्य का शाश्वत धर्म है। प्रत्येक महत्त्वपूर्ण रचना में एक ही शाश्वत अनुभूति का रंग और रूप अनन्य होता है, समस्त पूर्ववर्ती रचनाओं से भिन्न होता है। यह भिन्नता ही उसमें नयेपन का बोध कराती है। अनुभूति और दृष्टि की व्यक्तिमत्ता और उसकी अभिव्यक्ति में रूप और शिल्पगत तत्त्वों की नवीनता श्रेष्ठ साहित्य का अनिवार्य लक्षण है, चाहे वह नवीनता परम्परागत तत्त्वों के नये समूहन के कृतित्व का बुनियादी मूल्य है। जिसके बिना रचना ही नहीं होती, निरी पुनरावृत्ति, अनुकृति या केवल शब्द का विशेषाधिकार नहीं है, उसके लिए किसी विशेषाग्रह की, आन्दोलन की या दावे की आवश्यकता नहीं है, वह तो साहित्य मात्र का धर्म है। इस तरह युगीन और परिवेशगत नवीनता को काव्य का सर्वथा आत्यन्तिक तत्त्व या मौलिक साहित्य-मूल्य नहीं माना जा सकता।

आधुनिकता और नवीनता

केवल भिन्नता और चौंका सकने वाली नैतिकता किसी भी प्रकार से उपादेय काव्य कर्म नहीं है। इस संकीर्ण अर्थ में काव्य में नैतिकता की कोई सार्थकता और मूल्यवत्ता नहीं है। जहाँ कोई नैतिकता किसी विशिष्ट अनुभूतिगत पार्थक्य से, जीवन के किसी नवीन प्रकार के दबाव से, व्यक्तिगत प्रतिभा के किसी नवीन उन्मेष से उत्पन्न होती है, वहीं वह साहित्य के मूल धर्म से सम्बद्ध होती है। ऐसी नवीनता परम्परा के अस्वीकार में नहीं, पूर्ववर्तियों के तिरस्कार और अवमूल्यन में नहीं, बल्कि मूलतः वह परम्परा की नयी कड़ी के रूप में, एक नये विकास के रूप में, पिछली समस्त

साहित्य की एक नयी चेतना और संश्लिष्टि के रूप में होती है। काव्य की मूल चेतना में उससे एक नयी समन्विति, एक नया तारतम्य, एक प्रकार की निरन्तरता और प्रवहमानता स्थापित होती है। आचार्य हजारी प्रसाद द्विवेदी के शब्दों में आधुनिकता (नवीनता) काव्य के प्रतीयमान रूप को स्पर्श करती है, माँजती है, खरोंचती है, इसके अन्तर्निहित स्थिर और विकासमान धर्म को नहीं।[1] आधुनिकता का प्रश्न साहित्य के सन्दर्भ में आलोचनात्मक निबन्ध में डॉ. नगेन्द्र ने साहित्य के परिप्रेक्ष्य में आधुनिकता के स्वरूप का स्पष्टीकरण किया है। इन्होंने आधुनिकता को काल, युग और विचारपरक–तीन अर्थों से अभिहित किया है। आधुनिकता के सूत्रबद्ध लक्षण डॉ. नगेन्द्र के मतानुसार ये हैं। इस प्रकार आध्यात्मिक, नैतिक और सामाजिक मूल्यों के विघटन के फलस्वरूप आधुनिक युग के प्रतिनिधि जिस जीवन-दर्शन का विकास हुआ है उसको अन्तर्मुख चिन्तकों ने अस्तित्ववाद और बहिर्मुख विचारकों ने निराशावादी वैज्ञानिक मानववाद कहा है। सामान्य रूप से इस जीवन दर्शन को ही आधुनिकता के सूत्रबद्ध लक्षण के रूप में स्वीकार किया जा रहा है।[2] वस्तुतः आधुनिकता के सम्बन्ध में यह कथन अति आधुनिक (वर्तमान) युग का ही बोध कराता है। डॉ. शम्भुनाथ सिंह ने आधुनिकता को क्षण-क्षण अपने को पुनस्संघटित और नवीनीकृत करते चलने को माना है।[3] डॉ. रामस्वरूप चतुर्वेदी का अभिमत है–"नवीन परिस्थितियों के सन्दर्भ में अपने आपका संस्कार करते चलना ही आधुनिकता है।"[4]

आधुनिकता, समसामयिकता, आधुनिक-बोध के विषय में आलोचकों में मतैव्य नहीं है। एक मत आधुनिकता को मात्र समकालीन मानकर शेष सभी बन्धनों से मुक्त होने की घोषणा करता है, जबकि दूसरा मत इसे अधिक आन्तरिक एवं मूल्यगत भाव मानता है। लक्ष्मीकान्त वर्मा के अनुसार–"आधुनिकता युग-विशेष का गुण है, समसामयिकता स्थिति विशेष का आयाम है। आधुनिकता एक ऐतिहासिक विश्लेषण है जो देश-काल के बोध के साथ-साथ सक्रियता की पुष्टि करती है। आधुनिकता काल-बोध, युग-बोध की उद्योतक है। विचार में आधुनिक होते हुए भी हम समसामयिक नहीं हो सकते, क्योंकि समसामयिकता का परिवेश इतना विस्तृत नहीं होता।"[5] डॉ. बच्चन सिंह आधुनिकता को मात्र आधुनिक का ही विस्तार मानते हैं जो एक विशेष मूल्यहीन सामाजिक सन्दर्भ की देन है।[6] इस सम्बन्ध में लक्ष्मीकान्त वर्मा के विचार विशेष महत्त्व रखते हैं। उन्होंने अपने आलोचनात्मक निबन्धों में आधुनिकता, समसामयिकता नवीनता आदि की तुलनात्मक विवेचना करते हुए परस्पर भेद का भी स्पष्टीकरण किया है। उनके अनुसार–"आधुनिकता मूलतः गुणात्मक बोध है। नितान्त समसामयिकता को बोध, क्षण के यथार्थ के प्रति दायित्व, आत्मनिश्चय का दायित्व, व्यक्ति की पारस्परिक आत्म-निष्ठा के प्रति आस्था, विवेक की संगति और व्यक्ति-स्वातन्त्र्य

के सह-सम्बन्ध को विकसित करने की क्रियाशीलता में ही आधुनिकता परिलक्षित होगी।"[7] इस प्रकार वर्मा जी ने आधुनिकता के स्वरूप का स्पष्टीकरण करते हुए उसके कार्यों की भी सूची प्रस्तुत की है।

डॉ. बेचन ने आधुनिकता को परिस्थिति सापेक्ष स्वीकारते हुए इस सम्बन्ध में अपने विचार व्यक्त किये हैं कि "आधुनिकता तो हमारी उस परिस्थिति की उपज है जिस परिस्थिति में वह हमें आकर्षित करती है। परिस्थिति के परिवर्तन के साथ-साथ ही आधुनिकता के विचार भी बदल जाते हैं। इसलिए आधुनिकता की परिभाषा तो एक काल के प्रसंग में ही की जा सकती है। स्वतंत्र रूप से परिभाषा नहीं।"[8] लेखक के आधुनिकता की परिभाषा के सम्बन्ध में उक्त कथन से हम सहमत हैं। मूलतः आधुनिकता की स्वतंत्र परिभाषा देना उसकी वास्तविकता को न समझना होगा। प्रत्येक युग और परिस्थिति में आधुनिकता होती है। उसे किसी दूसरे युग और परिस्थिति के सन्दर्भ में देखने के लिए इस दृष्टि को भी सामने रखने पर ही आधुनिकता की वास्तविकता को समझने में सुविधा होगी। "...विश्व साहित्य में आधुनिकता से हमारा तात्पर्य यह है कि जो विह्वल काल में हमारे क्षुब्ध हृदय को प्रभावित करे वही आधुनिक है।"

आधुनिकता की व्याख्या कई दृष्टिकोणों से की जा रही है। इस सम्बन्ध में दो विचारधाराएँ प्रमुख हैं। प्रमुख विचारधारा आधुनिकता को देश-काल सापेक्ष मान उसे परिवर्तनशील स्वीकारती है, जैसा कि इसकी पुष्टि डॉ. बेचन के मत से हो जाती है। द्वितीय चिन्तनधारा के समर्थक आधुनिकता को शाश्वत एवं चिरन्तन तत्त्व स्वीकारते हैं। वस्तुतः आधुनिकता प्रत्येक परिवर्तन के साथ बदल जाने वाला देश-कालगत विचार नहीं है। परिवर्तनशील मूल्य नहीं है। वह एक शाश्वत और चिरन्तन तत्त्व है। वह एक ऐसा अपरिवर्तनशील काव्य मूल्य है जिसमें देश-काल के अन्तराल में होने वाले व्यतिरेक कोई अन्तर उपस्थित नहीं करते। आधुनिकता अनुभूति का ही अभिधेय है।[9] वर्मा आधुनिक़ता को देश-काल से संम्बद्ध करना पश्चिमी बीमारी मानते हैं। एक प्रकार से लेखक ने द्वितीय चिन्तनधारा का समर्थन करते हुए उसे काव्य मूल्य स्वीकार कर अपने कथन को आलोचना से बचाने का प्रयास किया है। जहाँ तक आधुनिकता का सामान्य तात्पर्य लिया जाता है, वह देश-काल सापेक्ष ही है। इस मत के सम्बन्ध में दो मत नहीं हो सकते। क्योंकि प्रत्येक युग एवं देश में आधुनिकता रहती है। इस दृष्टि से भले ही उसे शाश्वत या चिरन्तन माना जाए। वस्तुतः वह तो देश-काल सापेक्ष तत्त्व ही है।

यहाँ आधुनिकता के सम्बन्ध में उसे मूल्य मानने या न मानने का प्रश्न भी सामने आता है। इस सम्बन्ध में भी आलोचकों में दो मत प्रचलित हैं। —"मूल्यहीनता ही आधुनिकता का मूल्य है—यह तथ्य या मूल्य नहीं।"[10] लक्ष्मीकान्त वर्मा आधुनिकता को मूल्य न स्वीकार कर केवल एक परिप्रेक्ष्य मानते

हैं। —"आधुनिकता को मूल्य नहीं माना जा सकता, यह केवल एक परिप्रेक्ष्य है जिसके आधार पर मूल्य अलग स्थिर होंगे।"[11] 'आधुनिकता का प्रश्न : साहित्य के सन्दर्भ में' के अन्तर्गत डॉ. नगेन्द्र के आधुनिकता को मूल्य अस्वीकार करने का विचार महत्त्वपूर्ण है। अतः आधुनिकता को मूल्य के रूप में स्वीकार करना समीचीन नहीं होगा—आधुनिकता विधि मात्र है, विधि रूप में उसका प्रभाव अक्षुण्ण है, पर विधि से अधिक उसका महत्त्व नहीं है। आचार्य नरेन्द्र देव वर्मा ने अपने कथन में आधुनिकता को मूल्य स्वीकार किया है। इस सम्बन्ध में हम इतना कहना उचित समझते हैं कि आधुनिकता मूल्य नहीं, वरन् विधि या दृष्टि मात्र ही है। वस्तुतः यह देश-काल सापेक्ष होते हुए भी उसकी सीमा में आबद्ध नहीं की जा सकती।

मूल्य सन्दर्भ में आधुनिकता को विशेष महत्त्व स्वीकार किया जा सकता है, क्योंकि इसी के आधार पर मूल्यों में क्रमिक विकास देखा जा सकेगा। साथ ही हमें परिस्थितियों के परिप्रेक्ष्य में मूल्यों के स्थिरीकरण में आधुनिकता की विशेष सहायता लेनी पड़ेगी। मानव-मूल्यों का युग और देश की सापेक्षता के बिना प्रतिपादन करना एकांगी दृष्टि का परिचय देना होगा। वस्तुतः आधुनिकता से हम यह भी जान सकते हैं कि जिन मूल्यों की भारतेन्दु युग में महत्ता स्वीकार्य थी, उनके स्वरूप में द्विवेदी युग में किस सीमा तक आन्तरिक विकास हुआ है। वर्तमान युग में इनमें नवीनता के ही दर्शन होते हैं। इसके मापदण्ड की दृष्टि हमें आधुनिकता से मिलती है। यही स्थिति छायावाद तथा छायावादोत्तर काव्यधाराओं में द्रष्टव्य है—अन्तर्मुखता और बहिर्मुखता के कारण मूल्य-प्रतिपादन में अन्तर स्पष्ट है। समकालीन कविता मूल्यों की पहचान की कविता है।

आधुनिकता-समसामयिकता : प्रगतिशीलता

आधुनिकता के सन्दर्भ में एक अन्य महत्त्वपूर्ण प्रश्न है कि क्या आधुनिकता और समसामयिकता एक हैं या फिर अलग-अलग? एक वर्ग जहाँ आधुनिकता को समसामयिकता तक सीमित रखना चाहता है, जबकि दूसरा वर्ग दोनों को अलग-अलग स्वीकारता है। इसी प्रकार आधुनिकता एवं प्रगतिशीलता में गति, विकास, परिवर्तन के कारण ऐक्य माना जाता है।

प्रथम वर्ग के लेखकों में देवेन्द्र इस्सर का कथन है—"इस युग पर—ईश्वर में मनुष्य आस्था नहीं रही—समस्त मूल्यों का भ्रम खुल चुका है।—आज सामूहिक और वैयक्तिक जीवन में अनुस्थता नहीं। भविष्य न केवल अनिश्चित है, बल्कि आरक्षित भी है। जो कुछ है, वह वर्तमान ही है। वह एक क्षण है, जिसमें हम जीवित हैं। —क्षणवाद के इस दर्शन में सृष्टि के किसी 'क्रासमिक' तत्त्व को सम्मिलित

करने का अभिप्राय है, आधुनिकता के लेबल से वंचित हो जाना।"[12] इसी प्रकार मलयज भी आधुनिकता की व्याख्या समसामयिकता के सन्दर्भ में करना उचित समझते हैं।[13]

इसके विपरीत दूसरा वर्ग आधुनिकता और समसामयिकता को अलग-अलग स्वीकार करता है। लक्ष्मीकान्त वर्मा का कथन है–"आधुनिकता युग-विशेष का गुण है, समसामयिक स्थिति विशेष का आयाम है। –विचार में आधुनिक होते हुए भी हम समसामयिक नहीं हो सकते, क्योंकि समसामयिकता का परिवेश इतना विस्तृत नहीं होता।" डॉ. नरेन्द्र मोहन का कथन है कि "आधुनिकता समकालीनता का पर्याय नहीं है। समकालीन सन्दर्भ को लेकर लिखी गयी रचना आधुनिक ही हो, जरूरी नहीं।"[14]

दोनों ओर के विचारों को जानने के पश्चात् स्पष्ट रूप से कहा जा सकता है कि आधुनिकता एक युग-विशेष का भाव है, जबकि समसामयिकता को वर्तमान से उत्पन्न स्थिति विशेष कह सकते हैं। आधुनिकता के सन्दर्भ में जिस संवेदना की बात की जाती है, वह किसी हद तक समसामयिकता में भी दीख पड़ती है, किन्तु इस आधार पर दोनों को एक समझना भूल होगी। आधुनिक होते हुए भी यह जरूरी है कि हम विचारों में समसामयिक भी हों। समसामयिकता में जहाँ वर्तमान जीवन के प्रति क्रियाशील होने का भाव है, वहाँ अतीत एवं भविष्य, दोनों से अलग स्थिति विशेष भी कही जा सकती है। समसामयिकता में समग्र युग को पकड़ पाना सम्भव नहीं होता, जबकि आधुनिकता में ऐसा सम्भव होता है। सामयिक आन्दोलन के सन्दर्भ में लिखे जाने वाले प्रचारात्मक या सुधारवादी साहित्य समसामयिक साहित्य की कोटि में रखे जा सकते हैं। समकालीनता इन दोनों से पृथक् है–काल-खण्ड और काल-प्रवाह के आधार पर विभाजक रेखा भले ही खींच ली जाए।

इस समग्र विवेचन के पश्चात् भी चाहे आधुनिकता का स्वरूप स्पष्ट न हुआ हो, फिर भी कहा जा सकता है कि आधुनिकता सतही एवं बाह्य वस्तु नहीं है। आधुनिकता कुछ बाह्य उपकरणों, फैशनेबल वेशभूषा, भोजन एवं भाषा तक ही सीमित नहीं है। भोजन एवं वेशभूषा, गृहसज्जा एवं विलायतीपन आधुनिकता के प्रमुख तत्त्व नहीं हैं, ये तो सतही पहलू हैं जो कि औद्योगीकरण एवं शहरीकरण की प्रक्रिया की देन कहे जा सकते हैं। बहुधा इन सतही पहलुओं को ही आधुनिकता समझने की भूल की जाती है, जो ठीक नहीं है। आधुनिकता इन सतही पहलुओं से कहीं आगे व्यक्ति की सम्पूर्ण चेतना, मानसिकता, आचरण से जुड़ी हुई है। यही कारण है डॉ. रामधारी सिंह दिनकर मानते हैं–"इसलिए हमारा खयाल है कि साहित्य में साधारणतः जिसे आधुनिक बोध कहा जाता है, वह कोई शाश्वत मूल्य नहीं है। मूल्य शायद वह है नहीं। मूल्यों के विघटन से उत्पन्न वह

एक दृष्टि है, जिसमें घबराहट, निराशा, शंका, त्रास और असुरक्षा के भाव हैं। अतएव आधुनिक बोध की सारी व्याप्तियाँ ऐसी नहीं हैं जो आँख मूँदकर स्वीकार कर ली जाएँ।''[15]

डॉ. रमेश कुन्तल मेघ का अभिमत है—''आधुनिकता को वह विचार-विधि माना जा सकता है जो क्लासिकल दर्शन के इतिहास में विच्छेद कराके नये दर्शन के इतिहास में गुँथती है, और दर्शनेतिहास के साथ-साथ सामाजिक इतिहास एवं समाज विज्ञान को भी अनुस्यूत करने में समर्थ है। इस तरह आधुनिकता (माडर्निटी) 'आधुनिकवाद' कतई नहीं है। आधुनिकता दिमाग में उपजे सूक्ष्म दार्शनिक प्रत्ययों पर भी आधारित नहीं है। आधुनिकता तो सामाजिक सम्बन्धों तथा सामाजिक परिवर्तन की विचार-विधि है।''[16] गिरिजाकुमार माथुर आधुनिकता को परिवर्तित भाव-बोध की उस स्थिति को मानते हैं जिसका प्रादुर्भाव यान्त्रिक तथा वैज्ञानिक विकास क्रम के वर्तमान बिन्दु पर आकर हुआ है।[17] निष्कर्ष स्वरूप आचार्य विनयमोहन शर्मा का आधुनिकता सम्बन्धी निम्न कथन द्रष्टव्य है—

''आधुनिकता की काल सीमा निर्धारित करना कठिन है, क्योंकि यह काल-सापेक्ष और कालजयी भी है। जब भी काव्यधारा कथ्य या शिल्प में परम्परा से हटना चाहती है वह आधुनिक होने लगती है। वह परम्परा से पोषित और वर्तमान युग प्रवृत्तियों से वेष्टित प्रवृत्ति है। यह विकसनशील भाव है जो काव्य को अजर बनाये रखता है। वह काल सापेक्ष इसलिए है कि उसमें प्रत्येक युग की नूतन चेतना निहित रहती है। उसमें समसामयिक युग प्रभाव और प्रगति के साथ अतीत की भाव समृद्धि भी परिलक्षित होती है। इस युग की आधुनिकता का वैशिष्ट्य उसका बौद्धिक वैज्ञानिक दृष्टिकोण है, धर्म और ईश्वर के प्रति अनास्था और अन्तरराष्ट्रीयता और राष्ट्रीय स्वाधीनता की मान्यता है।''[18]

आधुनिकता सम्बन्धी उपर्युक्त परिभाषाओं एवं स्वरूप विश्लेषण से प्रामाणिक आधार पर कुछ भी कहना असंगत होगा। अधिकांश आलोचक इसे विधि अथवा विचार-विधि घोषित करते हैं, तो कुछेक इसे मूल्य अथवा प्रत्यय के रूप में स्वीकारते हैं। आचार्य विनयमोहन शर्मा के कथन में आधुनिकता के स्वरूप विवेचन की स्पष्टता है। अतः कहा जा सकता है कि आधुनिकता एक सतत गत्यात्मक एवं विकासमान प्रत्यय अथवा विधि (प्रक्रिया) है। मात्र परम्परा उपेक्षा अथवा विरोध ही आधुनिकता नहीं है—वरन् यह मृत एवं खण्डित रूढ़ियों एवं अन्धविश्वासों को त्यागकर जीवन्त पक्ष को आत्मसात् करती अग्रसर होती है। वस्तुतः आधुनिकता संस्कृति की विकासोन्मुखता की परिचायक दृष्टि है जो समूची जीवन-व्यवस्था को प्रभावित करती है। आधुनिकता अतीत से सम्बद्ध, वर्तमान से प्रतिबद्ध और भविष्य के प्रति उत्तरदायी होती है।

आधुनिकता : तात्विक सन्दर्भ

आधुनिकता के सन्दर्भ में हम इसका शाब्दिक अभिप्राय विभिन्न दृष्टिकोणों एवं विद्वानों द्वारा इसका स्वरूप विवेचन कर चुके हैं। तात्विक दृष्टि से जब हम आधुनिकता की चर्चा करते हैं तो उस समय इसके सर्वांगीण तत्त्वों का एक साथ विवेचन अपेक्षित रहता है। आधुनिकता को स्थिति, भाव-बोध, प्रत्यय, मूल्य, विचार दृष्टि एवं विधि में से किसी के अन्तर्गत भी क्यों न स्वीकार किया जाए—इससे इसके तत्त्वों में अन्तर नहीं आयेगा। नवीनता, समसामयिकता तथा आधुनिकतावाद के अन्तर एवं साम्य का विवेचन भी हम पीछे कर चुके हैं। जहाँ तक आधुनिकता के तत्त्वों का प्रश्न है—वे युगानुरूप परिवर्तित होते रहते हैं। वस्तुतः वैज्ञानिक वस्तुन्मुखी दृष्टि को जीवन, साहित्य और कला पर लागू करने से जो परिणाम निकलते हैं, वे ही आधुनिक युग बोध और आधुनिकता के नियामक तत्त्व हैं। डॉ. हरिश्चन्द्र वर्मा इन नियामक तत्त्वों को निम्न रूपों में विभाजित करते हैं :

1. वैज्ञानिक विश्लेषणात्मक पद्धति को प्रश्रय देने के कारण क्षण का, अंश का और छोटी-मोटी घटनाओं का जीवन के पुष्कल प्रवाह से कटकर महत्त्वपूर्ण हो उठना।
2. ऐतिहासिक और सांस्कृतिक सातत्य का खण्डित होना।
3. वस्तु सत्य की स्वीकृति के कारण पदार्थतर धर्म, ईश्वर, नैतिक मूल्यों और रागात्मक सम्बन्धों और भाव-सत्यों का विघटित होना।
4. अहंकेन्द्रित वैयक्तिकता के प्राबल्य के कारण अर्थ और काम पर केन्द्रित असंयत भोगवादी प्रवृत्ति की प्रधानता।
5. साहित्य और कला के क्षेत्र में पारम्परिक प्रतिमानों के साथ ही प्रतिभा, साधना और संयम की शर्तों का निराकरण।
6. रागात्मक सम्बन्धों के विघटन पर आश्रित महानगरीय बोध में 'लघु मानव.' का अकेलापन, संत्रास और अवसाद।
7. यान्त्रिक सभ्यता की जटिलताओं से उत्पन्न जीवन-संघर्ष, टूटन, घुटन और अनास्था।[19]

आधुनिकता पर इतनी चर्चा हो चुकने के बाद अनेक प्रश्न आज भी पूर्ववत् हैं। ये प्रश्न विवाद का विषय हैं—फिर भी हम निष्कर्ष स्वरूप मान सकते हैं—

1. परम्परा विरोध आधुनिकता नहीं है। यह अतीत और इतिहास निरपेक्ष प्रत्यय है।
2. आधुनिकता की बात पूरी तरह अतीत से कटकर नहीं की जा सकती, प्राचीन में जो सार्थक नवीनतम है, उसे आधुनिकता में स्वीकारना ही होगा।

3. आधुनिकता की धारणा काल सापेक्ष होते हुए कालजयी भी है। कोई भी युग ऐसा नहीं रहा, जो अपने समय में आधुनिक न रहा हो, यह अलग बात है कि आज का युग आधुनिकता के प्रति अधिक सचेत है। समकालीनता बोध से आधुनिकता बोध व्यापक, गतिशील एवं प्रक्रियात्मक है। इसीलिए यह सहज विकास क्रम है।
4. आधुनिकता नैतिकता, सौन्दर्यबोध की तरह कोई शाश्वत मूल्य नहीं है, और यह व्यक्ति की मानसिकता, आचरण व्यवहार से जुड़कर युगीन सन्दर्भों की पहचान कराती है। भारतीय संस्कार आधुनिकता विरोधी नहीं हैं।
5. आधुनिकता को जातीय संस्कार तक माना जाता है।
6. आधुनिकता एवं समसामयिकता में आधुनिकता अधिक व्यापक एवं समसामयिकता संकुचित एवं सीमित है।
7. समकालीनता आधुनिकता से प्राप्त एक संस्कार है।
8. समसामयिकता और समकालीनता एक-दूसरे के विरोधी विपरीत न होते हुए दूरी बनाये हैं।
9. समकालीनता बहुआयामी है—यथार्थता इसका आधार है—प्रत्येक युग की अपनी समकालीनता रही है।

हिन्दी आलोचना में गत कुछ वर्षों में नयी शब्दावली और प्रतिमान-स्थापना का फैशन रहा है। आधुनिकता बोध और समकालीनता बोध को व्याख्यायित करते समय समीक्षकों ने काफी मनमानी की है। आधुनिक को कबीर, तुलसी तक ले गये हैं, पर आधुनिकता और आधुनिक बोध को लेकर काफी बेतुकी स्थापनाएँ भी की गयी हैं। वस्तुतः आधुनिकता, समसामयिकता, नवीनता तथा समकालीनता का पारस्परिक अन्तर स्पष्ट है पर विद्वानों ने इसे सुलझाने की अपेक्षा उलझाया है। कुछ तो ऐसी भाषा का प्रयोग करते हैं जैसे मदारी की डुगडुगी बजा रहे हों। बड़े-बड़े शिविरों में बँटकर अपनी बात पूरी तरह सम्प्रेषित कर पाने में असमर्थ रहे हैं। ऐसा तभी होता है जब शोध भाषा की अपेक्षा वे कृत्रिम भाषा का प्रयोग करते हैं तथा उनका चिन्तन स्पष्ट नहीं होता है। उन्हें समकालीन बोध और समकालीनता बोध का अन्तर प्रतीत नहीं होता। वे कहीं-कहीं आधुनिकता का समकालीनीकरण तक कर देते हैं। निरन्तर प्रश्नशीलता की स्थिति समकालीन बोध और आधुनिक बोध को मानते हैं। निरन्तर प्रश्नशीलता की वेदी में उपर्युक्त दोनों प्रक्रियाएँ स्वतः संचालित रहती हैं। इसी भूमि पर आधुनिक बोध समसामयिकता का संस्कार करता है। उसे अपने अनुरूप दीक्षा देता है। कहना न होगा कि संस्कार सम्पन्न समसामयिकता ही समकालीनता बोध को जन्माती है। समकालीन बोध जन्म से ही आधुनिकीकरण की प्रक्रिया में आ जाता है। डॉ. चन्द्रशेखर ने विभिन्न समीक्षकों के अभिमत तो

प्रस्तुत किये हैं—उनका विश्लेषण न कर समकालीन लेखकों की पीड़ा को अधिक गहरे में पकड़ने का दावा किया है। वे ऐसी भाषा का प्रयोग करते हैं कि लगता है वे स्वयं भोगी रहे हों। यथा—समसामयिक बोध और समकालीन बोध गुरिल्ला युद्ध की यह दूसरी चौकी है। इसी में समकालीन लेखक को भी अपना आलोचक स्वयं बनकर कूदना पड़ता है। कहना न होगा कि इस महज़ पर समकालीन लेखक की दुहरी भूमिका रहती है। समकालीन अनुभूत के लिए नये माध्यम की तलाश और फिर उसके मूल्यन के लिए नयी तुलाओं, बटखरों, निकषों, मानदण्डों की खोज और उनके सन्दर्भ में स्वयं ही अपना परीक्षण अपना आलोचक स्वयं बनना यह अग्नि परीक्षा से कम नहीं। अपने सृजन को रंदे से स्वयं छीलना, तराशना अपनी खाल खींचने जैसा कष्टदायक है और समकालीन लेखक इस काम में शहीद हुआ है।[20] इनसे सहानुभूति की जानी चाहिए। ऐसी शहादत कम लेखकों को प्राप्त होती है। समसामयिकता, आधुनिकता, समकालीनता अथवा सर्वकालिकता कविता के लिए उतनी आवश्यक है जितना कविता का कविता होना। समीक्षार्थ भले ही हम कविता-विकास को अनेक युगों, वादों, खेमों में विभाजित कर देते हैं।

समकालीन कविता : विकासात्मक परिचय

'समकालीन कविता' 'नयी कविता-युग' की भाँति स्वीकृत एक महत्त्वपूर्ण काव्यान्दोलन है। इस काव्यधारा का विकास अनेक रूपों में हो रहा है। समकालीन कविता से सम्बद्ध अनेक प्रश्न आज भी विचारणीय हैं—समकालीन कविता से अभिप्राय सीमा, सम्मिलित कवि, संस्थापक प्रवर्तक कवि, विशिष्टताएँ। कथ्य एवं शिल्प के धरातल पर कौन-सी ऐसी विशिष्टताएँ हैं जिसके कारण 'साठोत्तर कविता' को समकालीन कविता कहा जाने लगा—नयी कविता का अगला चरण अथवा पृथक चरण किस रूप में माना जाए—इस प्रकार के अनेक प्रश्न उपस्थित होने स्वाभाविक हैं। इसके मूल में सबसे बड़ा कारण है कि वर्तमान युग की किसी काव्यधारा, काव्य-आन्दोलन के सम्बन्ध में अन्तिम रूप से कुछ भी नहीं कहा जा सकता। इसमें हजारों कवि काव्य रचना कर रहे हैं—सभी अपने आपको इस काव्यधारा का महत्त्वपूर्ण हस्ताक्षर घोषित करना अथवा करवाना चाहेंगे। ऐसी स्थिति में सही निष्कर्ष दे पाना असम्भव नहीं तो दुष्कर अवश्य है। कालप्रवाह में कितने कवि स्थायी रूप में 'समकालीन कविता' का प्रतिनिधित्व कर पाएँगे...इस सम्बन्ध में अभी कुछ भी कहना मात्र अनुमान लगाना होगा।

अनेक समस्याओं, अनिश्चितताओं एवं सम्भावनाओं के रहते हुए हमने यहाँ 'समकालीन कविता' को एक काव्य आन्दोलन के रूप में स्वीकार किया है जिसका प्रारम्भ हम सन् 1960 के पश्चात् से मानते हैं। निश्चित रूप से 'नयी कविता'

से हटकर यह काव्यान्दोलन कथ्य एवं शिल्प के नये आयामों एवं प्रतिमानों की प्रतीति कराता है। इसमें हमने समकालीन कविता से अभिप्राय (विद्वानों के अभिमत), सीमा निर्धारण, कथ्य एवं शिल्प के धरातल पर नवीनता (पृथक्ता) का परिचय देते हुए इसमें सम्मिलित कवियों का उल्लेख किया है। इसमें मेरी दृष्टि उन सभी विशिष्टताओं को प्रस्तुत करने की रही है, जिनके कारण इस कविता का स्वतंत्र अस्तित्व माना जाना चाहिए। मूल्य बोध की दृष्टि से हुए बदलाव को भी रेखांकित किया गया है—इस कविता के मुक्तिबोध, राजकमल चौधरी, धूमिल, जगदीश चतुर्वेदी, बलदेव वंशी, लीलाधर जगूड़ी, वेणु गोपाल, नरेन्द्र मोहन, कुमार विकल सरीखे कवियों के संक्षिप्त काव्य उल्लेख के साथ समकालीन कविता सम्बन्धी कुछ निष्कर्ष प्रस्तुत किये जा सकते हैं। प्रगतिवाद, प्रयोगवाद लेखनकाल की दृष्टि से मुक्तिबोध (लेखन काल सन् 1935) को छायावाद के पश्चात् नयी कविता और समकालीन कविता का कवि एक साथ माना जा सकता है। इस कवि की रचनाएँ विषय के आधार पर सभी वादों की प्रतिष्ठित की जा सकती हैं। छायावादी रोमानी भाव, प्रकृति सौन्दर्य, प्रगति चेतना, मार्क्सवादी चेतना, सप्तकीय प्रयोगधर्मिता, नयी कविता की वैयक्तिकता, अस्तित्व चेतना और समकालीन कविता की यथार्थपरकता इनकी कविताओं में स्पष्ट है। फिर पहला स्वतंत्र काव्य संग्रह 'चाँद का मुँह टेढ़ा है' साठोत्तर प्रकाशन है, जबकि 'मुक्तिबोध रचनावली भाग—एक' तथा दो में इनकी समस्त कविताओं को संकलित किया गया है। हमने समकालीन कविता को मुक्तिबोध, राजकमल चौधरी, धूमिल तथा अन्य कवियों की रचनाओं के परिप्रेक्ष्य में समझने का प्रयास किया है। हालाँकि इन कवियों में कथ्य एवं टेकनीक के धरातल पर अन्तर स्पष्ट है। मुक्तिबोध इनमें प्रथम पड़ाव का कवि है, राजकमल चौधरी नयी कविता के पश्चात् के काव्य-आन्दोलन अकविता अथवा निषेधवादी कविता का पक्षधर कवि है, जबकि धूमिल साठोत्तरी कविता (समकालीन कविता) का महत्त्वपूर्ण कवि है, पश्चात् के कवि इनसे प्रत्यक्ष अथवा अप्रत्यक्ष रूप में प्रभावित अवश्य हुए हैं।

नयी कविता के विविध आन्दोलन

''कोई भी काव्य-आन्दोलन जब तक जातीय जीवन के ऐतिहासिक, सांस्कृतिक और सामाजिक आयामों को विवेक, आस्था और संवेदना के स्तर पर आत्मसात् नहीं करेगा, तब तक यह स्थायी महत्त्व की कृतियों को जन्म नहीं दे सकता।''[21] डॉ. हरिश्चन्द्र वर्मा का यह कथन नयी कविता को एक महत्त्वपूर्ण काव्य-आन्दोलन प्रतिष्ठित करता है, साथ ही इसके विविध आयामों एवं आन्दोलनों की ओर संकेत करता है। यह निर्विवाद स्वीकार्य है कि नयी कविता युग अनेक काव्य-आन्दोलनों

का युग रहा है तथा इसकी चर्चा कई आयामों के आधार पर हुई है। यहाँ ध्यातव्य है कि प्रत्येक देश एवं काल में साहित्यिक क्षेत्र में नये प्रयोग होते रहे हैं, समय एवं अवसर के अनुरूप अनेक काव्य-आन्दोलन प्रकाश में आते रहे हैं। पर ऐतिहासिक महत्त्व बहुत कम को मिल पाया है। यही स्थिति 'नयी कविता' के काव्य-आन्दोलनों की रही है। इनमें अधिकांश आन्दोलनों का महत्त्व मात्र नाम-परिगणन तक सीमित है, जबकि कुछ 'नयी कविता' से पृथक् अस्तित्व घोषित पर अन्ततः उसी में अपनी परिणति स्वीकारते हैं। वस्तुतः किसी भी काव्य आन्दोलन को मान्यता उसके प्रचलन मात्र से नहीं मिल जाया करती, उसमें निश्चित विचारधारा के साथ उसके पक्षधर कवियों की अपेक्षा रहती है। मात्र घोषणाओं एवं दो-चार मित्रों के एक साथ प्रकाशित होने पर किसी आन्दोलन की स्थापना भले ही समझ ली जाए, पर उसे मान्यता नहीं मिल पाती। यही स्थिति 'नयी कविता' के अधिकांश काव्य-आन्दोलनों की रही है। कारण यह है कि नयी कविता के समकक्ष लगभग अस्सी काव्य आन्दोलन प्रचलित हो चुके हैं तथा हो रहे हैं, इनमें से एक भी आन्दोलन ऐसा नहीं है जो 'नयी कविता' आन्दोलन का स्थान ग्रहण कर सके। 'नयी कविता' का विरोध करते हुए भी अन्ततः सभी उसी में अपनी सत्ता मानते हैं।

नयी कविता के विविध आन्दोलनों की चर्चा में दो बातों को विशेषतः ध्यान में रखना चाहिए। प्रथम तो नयी कविता के आन्दोलनों से अभिप्राय ऐसे आन्दोलनों से है, जिनका सम्बन्ध प्रत्यक्ष अथवा अप्रत्यक्ष रूप में इस काव्य आन्दोलन (युग अथवा वाद) से है। पृथक्ता के लिए नये नाम की घोषणा से उसे एक आन्दोलन रूप में मान्यता नहीं मिल जाती। कारण जितने भी नयी कविता के प्रचलित आन्दोलन हैं—प्रायः सभी में एकाध कवि को छोड़कर उनमें से अधिकांश कवि—'नयी कविता' से सम्बद्ध रहे हैं। द्वितीय आन्दोलनों से अभिप्राय ऐसे आन्दोलनों से है जिनसे नयी कविता एवं इससे सम्बद्ध कविता किसी-न-किसी रूप से प्रभावित रही है। इसमें फ्रायड, मार्क्स, सार्त्र इत्यादि चिन्तकों के साथ ही ऐसे अन्य वाद प्रचलित हैं, जिनका नयी कविता से सम्बन्ध रहा है। यथा—दादावाद (दादइज्म), धनवाद (क्युबिज्म), अतियथार्थवाद (सुररियजिज्म), प्रतीकवाद (सिम्बोलिज्म) तथा बिम्बवाद (इमेनिज्म) इत्यादि। फ्रायडवाद, मार्क्सवाद तथा अस्तित्ववाद का प्रभाव तो विशेष रहा है। नयी कविता के विविध आन्दोलनों के सन्दर्भ में प्रथम धारणा के आधार पर हम चर्चा करेंगे। दूसरी धारणा के आधार पर इन्हें आन्दोलन नहीं कहा जा सकता है, भले ही पाश्चात्य काव्य विकास में ऐसा सम्भव हो सका है। हमारे यहाँ 'नयी कविता' के साथ-साथ अनेक ऐसे काव्य आन्दोलन प्रचलित हुए हैं, जिनको प्रेरणा पाश्चात्य देशों से मिली। डॉ. विनयमोहन शर्मा नयी कविता की वाद रूप में चर्चा करते हुए कहते हैं कि आज की कविता नयी कविता, नव गीत,

अकविता, विद्रोही पीढ़ी, भूखी पीढ़ी आदि नामों से पुकारी जाने लगी है। और इन नामों के साथ अपने को जोड़ने वाला कवि अन्य नामधारी कविता से अपने को अधिक आधुनिक और नवीन मानता है। ये नाम पाश्चात्य देशों से उधार लिये गये हैं। नयी कविता के लिए हम अमेरिका के ऋणी हैं वहाँ भी अद्यतन कविता के नाम से पुकारी जाती है, विद्रोही कविता, भूखी-पीढ़ी—ये नाम भी वहीं से आयात हुए हैं।''[22] डॉ. शर्मा के प्रस्तुत अभिमत से आन्दोलनों सम्बन्धी प्रचलित धारणाओं का स्पष्टीकरण सहज ही हो जाता है।

नयी कविता : एक प्रतिष्ठित काव्य-आन्दोलन

'नयी कविता' के विविध आन्दोलनों की चर्चा के साथ इस तथ्य को ध्यान में रखना होगा कि नयी कविता एक ऐसा काव्य-आन्दोलन है, जो अनेक विरोधों के बावजूद काव्य विकास से पृथक् से आन्दोलन का रूप धारण कर चुका है—'नयी कविता' के नामकरण पर भी तीक्ष्ण प्रहार किये गये, अन्य अनेक नामों के सुझाव भी दिये गये, पर अपने नामों की प्रतिष्ठा में सभी को 'नयी कविता' नाम का आश्रय लेना पड़ा। भले ही, उसे तथाकथित नयी कविता से सम्बोधित किया जाए अथवा उसे मुक्त कविता घोषित किया जाए, सभी को मूलतः नयी कविता नाम को आधार रूप में स्वीकारना होता है। इसलिए यह कहना समुचित होगा कि नयी कविता एक ऐसा प्रतिष्ठित काव्य-आन्दोलन है, जिसमें अनेक छुटपुट आन्दोलन साँस ले रहे हैं—उनमें से किसी एक की समाप्ति का अर्थ 'नयी कविता युग' की समाप्ति नहीं लिया जाना चाहिए। डॉ. परमानन्द श्रीवास्तव ने इसलिए इन आन्दोलनों को नयी कविता के दौर रूप में ग्रहण करते हुए अपना अभिमत प्रस्तुत किया है—''नयी कविता के एक दौर का समाप्त हो जाना नयी कविता का समाप्त हो जाना नहीं है। अतः स्पष्ट है कि नयी कविता विविध काव्य-आन्दोलनों का पक्षधर विकासमान काव्य-आन्दोलन है—ये सभी आन्दोलन, तथाकथित नामभेदता रखते हुए मूलतः एक ही वृक्ष की शाखाएँ हैं। 'नयी कविता' के लिए कुछ आन्दोलन शोभा हैं जो वृक्ष की वृद्धि विकास (पल्लवित-पुष्पित) होने के परिचायक हैं, कुछेक समयगति में सूखी डालियों की भाँति अपनी समाप्ति की घोषणा करते रहे हैं—वृक्ष आधार दृढ़ होने के कारण तथा पौष्टिक आहार मिलते रहने के फलस्वरूप निरन्तर अग्रसर हो रहा है। इसलिए ऊपरी धरातल पर पृथक्ता अथवा परस्पर विरोधता की भ्रान्ति भले ही होने लगे—आन्तरिक धरातल पर ये सभी उस विकास के अंशवाद हैं।

विविध आन्दोलन

'नयी कविता' के संस्थापकों में डॉ. जगदीश गुप्त का महत्त्वपूर्ण योगदान रहा है। नयी कविता नाम को प्रतिष्ठित करने में अन्य अनेक पत्रिकाओं में 'नयी कविता' पत्रिका का विशेष स्थान है। इसमें डॉ. गुप्त ने 'नयी कविता किसिम किसिम की कविता' शीर्षक निबन्ध में नयी कविता के साथ प्रचलित नामों का उल्लेख किया है, जो इस प्रकार है—"सनातन सूर्योदयी कविता, अपरम्परावादी कविता, सीमान्तक कविता, युयुत्सावादी कविता, अस्वीकृत कविता, अकविता, सकविता, अन्यथावादी कविता, विद्रोही कविता, शुक्रातर कविता, कबीर पंथी कविता, समाहारात्मक कविता, उत्कविता, विकविता, अ-अकविता, अभिनव कविता, अधुनातन कविता, नूतन कविता, नाटकीय कविता, ऐण्टी कविता, निर्दिशायामी कविता, लिंग्वादलमोतवादी कविता, ऐब्सर्ड कविता, गीत कविता, नवप्रगतिवादी कविता, साम्प्रतिक कविता, बीट कविता, ठोस कविता (कांक्रीट कविता) कोलाज कविता, बोध कविता, मुहूर्त की कविता, दीपान्तर कविता, अति कविता, टटकी कविता, ताजी कविता, अगली कविता, प्रतिबद्ध कविता, शुद्ध कविता, स्वस्थ कविता, नंगी कविता, गलत कविता, सही कविता, प्राप्त कविता, सहज कविता, आँख कविता... ।"[23]

प्रस्तुत आन्दोलन-सूची पर व्यंग्य प्रहार करते हुए डॉ. जगदीश गुप्त ने इस तथ्य की ओर संकेत भी कर दिया है कि ये नाम तीन-चार वर्षों की देन हैं। अब जबकि 'नयी कविता' के प्रचलन तथा इस सूची को दिये भी चौदह वर्ष व्यतीत हो चुके हैं—इतने समय में अनेक नामों की सम्भावना होनी स्वाभाविक है। इन नामों (आन्दोलनों) में से कुछ के प्रचलन एवं स्थापन से पूर्व का प्रस्तुत अभिमत द्रष्टव्य है—"मैं क्या, इस बात का कोई भी दावा नहीं कर सकता है कि यह सूची पूरी हो गयी है, क्योंकि यह असम्भव नहीं है कि इसके छपते-छपाते लोगों तक पहुँचते-पहुँचते दो-चार नाम वर्ष भेकवत् और पैदा हो जाए...इस सूची के कुछ नाम इस देश में सम्मानित एवं सुदीर्घ श्रुति परम्परा से प्राप्त हुए हैं। अतएव मुझे उनको सम्मिलित कर लेने का भागी ही न बनाया जाए, वरन् उन्हें प्रयत्नपूर्वक स्मरण रखने का श्रेय भी प्रदान किया जाए। कुछ नाम ऐसे भी हैं जो आन्दोलनात्मक नहीं हैं।"[24] डॉ. रामदरश मिश्र ने साठोत्तरी कविता शीर्षक के अन्तर्गत अनेक आन्दोलनों का उल्लेख किया है तथा 'नयी कविता' से उनकी पृथक्ता पर कई प्रश्नचिह्न लगा दिये हैं। उनका अभिमत है—"मेरी स्पष्ट धारणा है कि सन् साठ के बाद कविता में जो स्वर उगे हैं, वे नयी कविता में बीज रूप में वर्तमान रहे हैं,ख और गौण भाव से प्रस्फुटित होते रहे हैं। ये स्वर नयी कविता के मूलाधार नहीं रहे हैं, किन्तु नयी कविता से सर्वथा विच्छिन्न या विरोधी स्वर के रूप में इनकी व्याख्या नहीं हो सकती, जैसा कि अकविता वाले करते हैं।"[25]

अतः कहा जा सकता है कि 'नयी कविता' के साथ-साथ अन्य अनेक ऐसे काव्य आन्दोलन प्रचलित थे, जिन्हें प्रायः इसका विकास ही मानना होगा। नयी कविता की किसी एक विशिष्ट धारणा को आधार बनाकर दो-चार कवियों का सम्मिलित प्रयास पत्रिका अथवा काव्य संकलन के प्रकाशन से नये आन्दोलन अथवा वाद की घोषणा करना विशेष रहा है। जिन नामों की ओर डॉ. जगदीश गुप्त ने संकेत किया है उनमें से अधिकांश तभी समाप्त हो चुके थे—शेष ने अपनी गति 'नयी कविता' की ओर उन्मुख कर ली थी। इस प्रकार विभिन्न विद्वानों द्वारा प्रस्तुत की गयी सूची को सम्मिलित करने पर नयी कविता के लगभग सत्तर-अस्सी आन्दोलनों का उल्लेख मिलता है। इन सभी में कुछ ऐसे भी काव्य आन्दोलन हैं, जिन्हें नयी कविता के साथ मान्यता मिली है—उनमें समकालीन कविता तथा अकविता का नाम विशेष रूप से लिया जाता है। सन् साठ के पश्चात् निषेध, विचार कविता, नव-गीत, अगीत इत्यादि अनेक आन्दोलन प्रचलित हुए। नयी कविता के समकक्ष इन आन्दोलनों की महत्ता पर प्रश्नचिह्न लगाते हुए डॉ. हरिश्चन्द्र वर्मा कहते हैं—"हिन्दी में 'नयी कविता' के अन्दाज पर नवगीत और अकविता के अन्दाज अगीत और एण्टी गीत नामों का प्रचलन हुआ है। नामों के हेरफेर के अतिरिक्त इनमें तात्विक दृष्टि से क्या भेद है—यह रहस्य अज्ञात और अज्ञेय है। नियमित छन्द, टेक की आवृत्ति, संगीतात्मकता और तीव्र भावावेग से यथासम्भव मुक्त होकर केवल अर्थाभिव्यक्ति पर आश्रित नया गीत नयी कविता से ही किन रूपों में भिन्न हैं।"[26] 'नयी कविता' के विविध आन्दोलनों की चर्चा सोदाहरण करते हुए डॉ. विनयमोहन शर्मा का अभिमत इस प्रकार है—"अकविता, अगीत आदि से भिन्न एक 'एब्सर्डिटीवाद' चलाने का भी प्रयत्न किया गया जो कि उसके प्रवर्तक तक ही सीमित रह गया।"[27] डॉ. शर्मा और डॉ. वर्मा ने जिन तथ्यों की ओर संकेत किया है वे विचारणीय प्रश्न हैं। मात्र दो चार कवियों के मिलकर किसी नाम विशेष की घोषणा कर देने से किसी को वाद अथवा आन्दोलन की मान्यता प्राप्त नहीं हो जाया करती—भले ही बड़ी-बड़ी घोषणाएँ अथवा स्थापनाएँ की गयी हों। विशिष्टता इस बात की रही है कि प्रत्येक प्रवर्त्तक-संस्थापक स्वयं को नयी कविता से पृथक् स्थापित करने का निरन्तर उपक्रम करता रहा है। पर हमारे इस कथन से यह अभिप्राय नहीं लिया जाना चाहिए कि 'नयी कविता' के साथ किसी भी काव्य-आन्दोलन का महत्त्व नहीं है। वस्तुतः इस विस्तृत सूची में कुछ आन्दोलन ऐसे हैं जिन्हें नयी कविता का विकास मानकर भी उनकी पृथक् से चर्चा अपेक्षित है—इनमें अकविता, समकालीन कविता तथा विचार कविता का विशेष महत्त्व है। यहाँ पर इन आन्दोलनों का स्पष्टीकरण कुछ विस्तार से करने के पश्चात् निष्कर्ष प्रस्तुत करना चाहेंगे।

विविध आन्दोलन तथा अकविता

नयी कविता के आन्दोलनों में 'अकविता' का कई दृष्टियों से विशेष महत्त्व है। इसकी गणना डॉ. जगदीश गुप्त ने अपनी सूची में की है पर इसका प्रचलन काफी समय पश्चात् तक चलता रहा। इसके पक्षधर कवि समीक्षकों में डॉ. श्याम परमार का नाम विशेष उल्लेख्य है। सन् 1965 में डॉ. परमार तथा उनके कुछ सहयोगियों के संरक्षण में अकविता को पुनः प्रमुखता प्राप्त हुई। इसमें अतुल, विमल, गिरिजाकुमार माथुर, प्रभाकर माचवे तथा भारत भूषण इत्यादि कवियों के नाम प्रस्तावकों में परिगणित किये जाते हैं। इस काव्यधारा के कवियों में श्रीकान्त वर्मा, कैलाश वाजपेयी, जगदीश चतुर्वेदी, मुद्राराक्षस, विष्णुचन्द्र शर्मा, चन्द्रकान्त देवताले, सतीश जमाली, राजकमल चौधरी, केदारनाथ सिंह, परमानन्द श्रीवास्तव, रामदरश मिश्र, राजीव सक्सेना, सौमित्र मोहन, त्रिलोचन, शमशेर बहादुर, प्रतीप चौधरी, सुविमल बसाक, वीर सक्सेना तथा उत्पल कुमार वसु इत्यादि कवियों को समाविष्ट किया जाता है। इस प्रकार से इसे काव्य-आन्दोलन की सीमा में 'अकवि' भी कहा जा सकता है। यहाँ ध्यातव्य यह है कि इस सूची के अधिकांश नाम 'नयी कविता' के पक्षधर-संस्थापक-प्रतिष्ठित कवियों में स्वीकृत हैं। फिर भी डॉ. श्याम परमार ने 'अकविता' को अनेक पक्षों से विवेचित एवं प्रतिष्ठापित करने का उपक्रम किया है। इसके लिए लेखक ने अनेक वक्तव्य प्रस्तुत किये हैं जो 'अकविता' काव्य-आन्दोलन की पुष्टि हेतु दिये गये हैं। 'अकविता और कला-सन्दर्भ' पुस्तक में लेखक ने नयी कविता को अनेक दृष्टियों से अपूर्ण स्वीकारते हुए उसकी चर्चा तथाकथित विशेषण से की है। पर 'अकविता' को वे एक आन्दोलनवाद घोषित न करते हुए भी नयी कविता की श्रेणी में प्रतिष्ठित करना चाहते हैं। 'अकविता पर लगाये आरोपों को नकारते हुए डॉ. परमार ने उसकी मूल स्थिति का परिचय दिया है। इसके स्पष्टीकरण हेतु लेखक ने अनेक प्रसंगों में वक्तव्य प्रस्तुत किये हैं। यथा—(क) अकविता स्थितिपरक सन्तुलित स्तर की कविता है। (ख) अकविता की नियति अकेलेपन की नियति नहीं है, बल्कि विकृत सम्बन्धों की नियति है। (ग) अकविता वस्तुतः कविता के ऊबे हुए लोगों की अभिवृत्ति है। यह ऊब नैराश्य जापा नहीं : न ही ऐसे लोगों की प्रतिक्रिया है, जिन्हें 'आइडेण्टिटी' की आवश्यकता है। नैराश्य अब स्वभाव बन गया है। (घ) अकविता अन्तर्विरोधों की अन्वेषक कविता है। (ङ) अकविता अवाक् मन की प्रक्रिया नहीं है। (च) अकविता स्वाभाविक कविता की दिशा है।[28]

उपर्युक्त वक्तव्यों अथवा सिद्धान्त-वाक्यों के अतिरिक्त लेखक ने अनेक स्थलों पर 'नयी कविता' पर व्यंग्य प्रहार करते हुए 'अकविता' नाम की सार्थकता पर बल दिया है। एक बात तो स्पष्ट है कि इसके संस्थापक कवि-समीक्षक अपने

प्रति पूर्णतः ईमानदार हैं, उन्होंने अकविता में अन्तर्विरोध स्वीकार कर अपने चिन्तन में इसका प्रमाण स्वयं प्रस्तुत कर दिया है। अकविता में ऊब और निराशा का होना तथा कविता की स्वाभाविक दिशा घोषित होना परस्पर विरोधी वक्तव्य हैं। इतना ही नहीं, इसमें एक साथ स्थिति का सन्तुलित स्तर तथा सम्बन्धों की विकृति भी द्रष्टव्य है। हमारे विचार में इन्हें इस स्थिति का बोध हो चुका था कि इस नाम-आन्दोलन की पृथक्ता का कोई अर्थ नहीं है—इसीलिए इनका प्रयत्न स्वयं के नयी कविता से अलगाना रहा है। तभी इन्हें कहना पड़ा—पार्थक्य के नाते अकविता समग्रता विहीन, विवश, अनपढ़ एवं सीमान्तक अनुभूति की अभिव्यक्ति है तथा भविष्य में क्या होगा, कविता मरेगी या जीयेगी। अकविता प्रतिष्ठित होगी या अन्धड़ में नष्ट हो जायेगी, इसकी चिन्ता से कोई लाभ नहीं। वस्तुतः कथन में भले चिन्ता की प्रतीति न हो, पर उनका मूल आधार इसे आन्दोलन रूप में प्रतिष्ठित करना रहा है। इसीलिए तो वे यहाँ तक घोषित करते हैं—"सोचने पर कविता और नयी कविता साधारण शब्द प्रतीत होते हैं—कविता शब्द में अ जोड़ने से उक्त दोनों शब्दों के बासीपन से मुक्ति मिलती है।"[29]

समकालीन कविता : नया काव्य-आन्दोलन

'समकालीन कविता' नयी कविता के विविध काव्य-आन्दोलनों में एक महत्त्वपूर्ण काव्य-आन्दोलन है। इसका समारम्भ कविता के छठे दशक के अन्त से माना जाता है—साठोत्तरी कविता इसका समप्रचलित नाम है। पर कविता में समकालीन कविता का प्रयोग एक आन्दोलन के रूप में होने लगा है। इसीलिए आज साहित्य की प्रत्येक विधा में इसका प्रयोग हो रहा है। इस शब्द के प्रचलन की चर्चा अनेक दृष्टियों से की जाती है। समकालीनता बोध को आधुनिकता बोध एवं समसामयिक बोध के आधार पर चर्चायित करते हुए विद्वान् अनेक प्रश्नचिह्न लगाते हैं। पर शाब्दिक दृष्टि से परस्पर मतभेद होने पर भी इसकी महत्ता को सभी ने स्वीकार किया है—कारण कविता के क्षेत्र में कथ्य एवं शिल्पगत परिवर्तन है—भले ही ये परिवर्तन कहीं-कहीं नयी कविता का विकास प्रतीत होता है—आज की समकालीन कविता कथ्य के परिवर्तित संसार से यथार्थता को उजागर करने के लिए नये प्रतिमानों का आश्रय ग्रहण कर रही है—यह स्वयं को नयी कविता से अलगाने का एक प्रयास भी कहा जा सकता है, भले ही इसके प्रमुख कवि नयी कविता के प्रशंसक कवियों में परिगणित होते हैं।

समकालीन कविता को एक आन्दोलन रूप में लाने तथा कविता की सही सार्थक पहचान करवाने में नये कवियों में धूमिल का नाम अनेक दृष्टियों से महत्त्वपूर्ण है। पर डॉ. विश्वम्भर नाथ उपाध्याय ने समकालीन कविता को अपने

समय के मुख्य अन्तर्विरोधों तथा द्वन्द्वों की कविता स्वीकारते हुए अपना मत प्रस्तुत किया है—"समकालीन कविता में जो हो रहा है। (बिकमिंग) का सीधा खुलासा है। इसे पढ़कर वर्तमान काल का बोध हो सकता है क्योंकि उसमें जीते, संघर्ष करते, लड़ते, बौखलाते, तड़पते, गरजते तथा ठोकर खाकर सोचते वास्तविक आदमी का परिदृश्य है। आज की कविता में काल अपने गत्यात्मक रूप में ठहरे हुए क्षण या क्षणांश के रूप में नहीं। यह 'कालक्षण' की कविता नहीं, कालप्रवाह के आघात और विस्फोट की कविता है।"[30]

डॉ. उपाध्याय की भाँति डॉ. मदान, डॉ. नामवर सिंह, डॉ. मेघ, डॉ. बच्चन सिंह, डॉ. रामविलास शर्मा तथा डॉ. रामस्वरूप चतुर्वेदी ने समकालीन कविता का सैद्धान्तिक विवेचन-विश्लेषण अपने-अपने प्रतिमानों-सिद्धान्तों एवं दृष्टियों के आधार पर किया है। समकालीन कविता के कथ्य पर इनकी दृष्टि कहीं-कहीं मात्र सिद्धान्तों का वरदान प्रतीत होती है। वस्तुतः समकालीन कविता जो अभी प्रक्रिया में है, की निश्चित परिभाषा दे पाना सम्भव ही नहीं है—पर इस कविता का आधार यथार्थ है, जीवन की विसंगतियों को विशेष महत्त्व दिया जाता है। साहित्य में असौन्दर्य को महत्ता दी जाने लगी है। सपाटबयानी में जीवन के वास्तव को प्रस्तुत करना समकालीन कविता का महत्त्वपूर्ण कार्य है। यही कारण है कि समकालीन कविता को नया धरातल मिल रहा है, चेतना शिल्प में नवीनता है। इसी आधार पर हम धूमिल को समकालीन कवियों में शब्दों का जादूगर कवि मानते हैं, जबकि मुक्तिबोध और राजकमल चौधरी इस काव्यधारा के पूर्ववर्ती सशक्त कवि हैं। धूमिल इन दोनों कवियों से प्रभावित रहे हैं। परवर्ती समकालीन कवि प्रत्यक्ष अथवा अप्रत्यक्ष प्रभाव स्वीकारते हुए भी इस काव्यधारा को समृद्ध बना रहे हैं। मानव-मूल्यों के आधार पर इसके कुछ कवि विशेष उल्लेख्य हैं, जिनका उल्लेख हमने यथास्थान किया है।

समकालीन कविता में मनुष्य की प्रतिमा, स्थिर, जड़, निष्क्रिय और दार्शनिक नहीं है। उसमें चित्रित आदमी की शक्ल है जिसे आप पहचान सकते हैं, जान भी सकते हैं, जबकि नयी कविता के क्षणवादियों को, जब तक कौंधते क्षणांशों में निमग्न, मानव प्रतिमा को आप पूरी तरह नहीं जान सकते।

समकालीन कविता में व्यक्त यथार्थ का यह अति स्पष्ट कथ्य है। कथ्य की सामाजिकता से, अभिव्यक्ति की असामाजिकता क्षम्य मानी जाती है। इस स्तर पर व्यक्तिगत और सामाजिक क्रिया एक होने लगती है। अपने-अपने शोषक से घृणा और क्रोध, अस्वीकृति और वितृष्णा कवि को साधारण जन की तरह एक निरन्तर तनाव में रखने लगती है। वास्तविक जीवन में सुबह से शाम तक और रात में भी दुःस्वप्नों में आज का सताया हुआ आदमी सिर्फ रगड़ा जाता है। उसे नाना प्रकार से नचाया जाता है, उसका व्यवस्थित और सभ्य तरीके से रक्तपान किया जाता है। वह व्यवस्था पूँजी और अधिकारियों के प्रत्येक आधार पर

तिलमिलाता है और उस तिलमिलाहट में वह एक सात्विक स्फुरण प्राप्त करने लगता है। उत्तेजित मनोदशा में संवेदन और भावनाएँ किसी पूर्व निश्चित साँचे में ढलने से मना करती हैं। वे चाहती हैं कि उन्हें गरमागरम परोसा जाए और उस गरमी में हो रही घटनाएँ और प्रतिघटनाएँ कभी फैण्टेंसी में बदलकर, कवि को अपने में निमग्न रखती हैं या फिर वे प्रतिशोध के मुहावरे में पेश होती हैं।

समकालीन कविता को हम विवेचन-विश्लेषण के लिए कुछ भागों में विभाजित कर सकते हैं। वे इस प्रकार हैं–

1. समकालीन कविता नयी कविता से पृथक् धरातल की है।
2. समकालीन कविता का कथ्य यथार्थ पर आधारित है तथा मानव-मूल्यों का प्रतिपादन सहज रूप में हुआ है।
3. इस काव्यधारा के अधिकांश कवियों ने राजनीति को कविता में व्यापक धरातल पर प्रस्तुत करना चाहा है–सामाजिक यथार्थ और राजनीतिक बदलाव के प्रति ये सचेत हैं।
4. स्वर नकारात्मक है, आक्रोश, खीज और व्यंग्य प्रहार।
5. परम्परा और आधुनिकता बोध के प्रति निजी दृष्टि।
6. समकालीन कविता की पहचान सही, सार्थक वक्तव्यों-सपाटबयानी में।
7. शिल्पगत नवीनता, शब्दों में नवीन प्रयोग–स्थिति एवं मनोदशा के अनुकूल शब्द प्रयोग–कोशीय अर्थ–तक सीमित नहीं।

समकालीन कविता की कुछ सामान्य विशेषताओं की चर्चा के साथ ही सबसे बड़ी समस्या इस काव्य आन्दोलन में आने वाले कवियों की है। वैसे प्रत्येक कवि समकालीन होता है, जिन स्थितियों को वह भोगता है, जिस मनःस्थिति से वह गुजरता है, उसे प्रत्येक अपने अनुरूप लेखनीबद्ध करता है। इसलिए कोई भी कवि अपने युग से, अपने युग की समस्याओं से स्वयं को पृथक् नहीं रख पाता। अत्यधिक भावुक तथा अन्तर्मुख कवि इसके अपवाद कहे जा सकते हैं। पर यहाँ जिस समकालीन कविता की चर्चा की जा रही है, उससे अभिप्राय ऐसे कवियों से है जिनका सम्बन्ध नयी कविता से रहा है। इस नाम की सार्थकता कवि की सही, सार्थक और उपयोगी दृष्टि पर आधारित है। समकालीन कवि इसकी चिन्ता नहीं करता कि अमुक कथन कितना अश्लील है अथवा विद्रूप है। वह तो यथार्थ और सपाट देखने और कहने का पक्षधर है। वह जिन्दगी की विसंगतियों की, कुण्ठाओं, अन्तर्व्यथाओं को उसी रूप में सीधे से कहने में विश्वास रखता है। यहाँ यह भी स्पष्ट कर देना चाहते हैं कि छायावादी-पूर्व तथा प्रगतिवादी कवियों में इस प्रकार की स्थिति को प्रस्तुत करने की क्षमता रही है। पर समकालीन कवि किसी प्रकार की सीमा, किसी प्रकार की मर्यादा-मूल्य इत्यादि के आवरण को स्वीकार नहीं करता है। यही कारण है कि समकालीन कविता को 'विद्रोही कविता' का नाम दिया जाता

है। ये कवि केवल सामाजिक रूढ़ियों का विरोध नहीं करते, वरन् जीवन जीने की अपने अनुकूल राह की खोज भी करना चाहते हैं।

'समकालीन कविता' 'अकविता' तथा 'विचार कविता' सरीखे काव्य-आन्दोलनों से बहुत आगे बढ़ चुकी हैं। इस प्रकार की कविता के रचयिता स्वयं को किसी एक वाद अथवा चेतना, बोध या दृष्टि तक सीमित नहीं रख पाते। इस प्रकार समकालीन कविता का कथ्य एवं धरातल विस्तृत एवं व्यापक है। इस धरातल की कविता के आयाम बहुपक्षीय हैं। यहाँ यह भी विचारणीय है कि नयी कविता, अकविता तथा विचार कविता के संस्थापक कवि भी स्वयं को समकालीन कवि मानते हैं। यही कारण है कि डॉ. उपाध्याय ने समकालीन कविता की भूमिका में ऐसे कवियों का उल्लेख किया है जिसका सम्बन्ध नयी कविता के विविध काव्य-आन्दोलनों से रहा है। मुक्तिबोध, धूमिल, राजकमल चौधरी सरीखे कवि तो सर्वमान्य हैं, पर इनसे पूर्व के कवि भी स्वयं को समकालीन घोषित करते हैं। कुछ समकालीन कवियों के नाम गिनवाये जा सकते हैं, जैसे—राजकमल चौधरी, धूमिल, कुमारेन्द्र पारसनाथ सिंह, लीलाधर जगूड़ी, अशोक वाजपेयी, जगदीश चतुर्वेदी, श्याम परमार, सौमित्र मोहन, राजीव सक्सेना, ऋतुराज, नीलाभ, विनोद कुमार शुक्ल, देवेन्द्र कुमार, आग्नेय, कुमार विकल, वेणु गोपाल, रमेश गौड़, ओमप्रकाश निर्मल, चन्द्रकान्त देवताले, माहेश्वर, बलदेव वंशी, नरेन्द्र मोहन, शलभ श्री रामसिंह, विष्णु खरे, विनय, मंजुल उपाध्याय, रणजीत, ज्ञानेन्द्र पति, मोना गुलाटी, जयसिंह नीरज तथा विश्वनाथ प्रसाद तिवारी, सोमदत्त, आलोक धन्वा, उदय प्रकाश, मनमोहन, कान्तिमोहन, मनोज सोनकर, मंगलेश डबराल आदि।

'समकालीन कविता की भूमिका' में जिन कवियों का उल्लेख डॉ. उपाध्याय ने किया है—उससे यह नहीं समझना चाहिए कि यह सूची अन्तिम है। इस सूची में समीक्षक की रुचि, दृष्टि एवं परिचय सीमा के बिन्दु हैं। वस्तुतः समकालीन कविता अभी एक गतिशील तथाकथित कविता का वाद है—इसके सम्बन्ध में प्रामाणिक रूप से कुछ भी घोषित नहीं किया जा सकता। फिर इसका सीमांकन भी तो विकट समस्या है। कारण ऐसे अनेक कवि काव्य सृजन कर रहे हैं, जिनकी कविताओं में उपर्विवेचित कवियों की अपेक्षा विद्रोह का अधिक स्वर है—चेतना एवं दृष्टि में आक्रोश है—विशेष प्रकार की मनःस्थिति में जीवन व्यतीत कर रहे हैं। पर प्रत्येक समीक्षक स्वयं को एक 'दादा' कहलाने के लिए प्रयत्नशील है और किसी को भी प्रतिनिधि कवि प्रतिष्ठित करने का दम्भ भरता रहता है। ऐसे अनेक कवियों के उदाहरण दिये जा सकते हैं जो रातोंरात युग के महान् कवि बन बैठते हैं—धन्य हैं वे जो तुच्छ स्वार्थ-पूर्ति हेतु ऐसे कवियों की तुलना युग की संस्थापक कवियों से करते हैं। पर इससे क्या उन्हें मान्यता मिल जाती है—कुछेक अपवाद हो सकते हैं, पर अधिकांश मात्र उपहास तक सीमित रहते हैं। समकालीन कविता को लेकर कवियों और समीक्षकों में काफी लेन-देन रहा है। यही कारण है कि कुछ विभागाध्यक्ष

होने का लाभ अज्ञेय की कोटि का कवि होने से लेते हैं। स्वतंत्र पुस्तक तक की रचना में उन्हें सन्तोष नहीं मिल पाता।

विचार कविता

नयी कविता से विकसित काव्य-आन्दोलनों में विचार कविता का अनेक दृष्टियों से उल्लेख किया जाता है। वैसे अभी हाल ही में दर्जनों विशेषांकों एवं काव्य-संग्रहों के प्रकाशन से नये नामों (आन्दोलनों) की घोषणा की जा रही है, पर मान्यता प्राप्त, आन्दोलनों में विचार कविता को हम अन्तिम स्वीकारते हैं। सन् 1976 में डॉ. महीप सिंह तथा डॉ. नरेन्द्र मोहन के सम्पादन में 'संचेतना सम्पादकत्व' (दिल्ली) पत्रिका का विचार कविता विशेषांक प्रकाशित हुआ। इस विशेषांक से ही सर्वप्रथम इस नाम को साहित्य जगत् में परिचय प्राप्त हुआ। वैसे कविता में विचार को लेकर अनेक बार चर्चा होती रही है, पर 'विचार कविता' रूप में नामकरण इस द्वारा ही हुआ। इस विशेषांक में विचार कविता के स्पष्टीकरण एवं प्रतिष्ठापन में कुछ वक्तव्य प्रस्तुत किये गये हैं। इस विशेषांक के पश्चात् इसी का संशोधित रूप विचार कविता की भूमिका पुस्तकाकार में प्रकाशित हुआ। पुनः डॉ. नरेन्द्र मोहन ने 'कविता की वैचारिक भूमिका' नामक पुस्तक का संयोजन किया। इस प्रकार की कविता के पक्षधर कवि समीक्षक डॉ. बलदेव वंशी ने 'समकालीन कविता' नामक पुस्तक के सम्पादन पर इस काव्य आन्दोलन के स्पष्टीकरण के साथ सम्भावनाओं की ओर संकेत किया है।

प्रत्येक आन्दोलन के स्पष्टीकरण में संस्थापक एवं पक्षधर कवि समीक्षक दोहरे दायित्व का निर्वाह करते रहे हैं—प्रथम, तो वे अपने प्रदत्त नाम की सार्थकता प्रतिष्ठित करते हैं—द्वितीय, उसकी प्रतिष्ठा करते हुए स्वयं को किसी एक विचारधारा से आबद्ध होकर लिखने की धारणा का खण्डन भी करते हैं। डॉ. नरेन्द्र मोहन 'विचार कविता' की पुष्टि करते हुए एक स्थान पर स्पष्टतः स्वीकारते हैं—''कविता के विचार को किसी एक विचार में आबद्ध नहीं किया जा सकता है और न किसी विचारधारा में बन्द किया जा सकता है। किसी विचारधारा का अन्धानुसरण या चिन्तन का कठमुल्लापन विचार को ही नहीं, कविता को भी ले डूबता है। इसीलिए कविता में विचार के अनुपस्थित और अप्रासंगिक हो जाने का अर्थ विचार के अनुपस्थित और अप्रासंगिक हो जाने से नहीं है। विचार कविता के सम्पूर्ण विधान में गुथा रहता है। कविता विचार को ओढ़ती नहीं है, उसे अपने लिए वास्तविकता की पहचान के निमित्त तलाशती है।''[31]

कवि वंशी ने भी 'विचार कविता' की प्रतिष्ठा करते हुए अपने काव्य-संग्रह 'उपनगर की वापसी' में वक्तव्य के अन्त में घोषित किया है—''वे विचार कविताएँ

इसलिए और उन अर्थों में हैं कि वे आज की असलियत का अन्वेषण करती हैं और समकालीन व्यक्ति का, उसके आस-पास का और उसकी सही हालत का बोध कराती हैं और सक्रिय करती हैं। इस बोध की वाचकता वैचारिक मनःस्थिति में छन कर आयी है।''[32] 'विचार कविता' सम्बन्धी विचारों में एक तथ्य की ओर सभी ने संकेत किया है, जिसमें उसका समसामयिक स्थिति से सीधा सम्बन्ध स्थापित किया गया है। इतना कुछ होने पर कविता की वैचारिक भूमिका अथवा विचार कविता का नारा देने वाले कवि समीक्षकों में परस्पर मतभेद व्याप्त है—कारण, विचार को कविता पर आरोपित नहीं किया जा सकता। अनुभूति भले ही विचार के धरातल पर मानी जाए, पर कविता का प्राण अनुभूति तत्त्व है। इसलिए नरेन्द्र वशिष्ठ ने इस आन्दोलन की कविता को दो चरणों में विभाजित करना चाहा है। एक तरह जहाँ वह अनुभूति के आवेश को अनुशासित करता दीख पड़ता है तो दूसरी ओर यह संयत अनुभूति का तात्कालिक जीवन की असंगतियों और अन्तर्विरोधों से साक्षात्कार करता है। विचार कविता को स्थापित करने के लिए इससे पूर्व प्रचलित आन्दोलन का खण्डन भी परम्परा के अनुरूप किया जाना है। इसलिए डॉ. नरेन्द्र मोहन ने नयी कविता से विचार कविता के लेख में सभी आन्दोलनों में प्रस्तुत आन्दोलन की वकालत की है, शेष को किसी-न-किसी आधार पर खण्डित किया है। लेखक ने 'अकविता' में बड़बोलापन और वैयक्तिकता की अति-व्याप्ति घोषित की है। इस अभिमत से 'विचार कविता' के पक्ष पर कवि एवं समीक्षक डॉ. विनय ने अकविता को समर्थन देते हुए सभी आन्दोलनों में कुछ दोष रहने की पुष्टि की है। लेखक का अभिमत है—''सारी अकविता न तो बड़बोलापन है और न उतनी वैयक्तिक। अकविता ने वस्तु सत्य को जिस नजरिये से देखा, वह उत्तेजक हो सकता है पर असामाजिक नहीं। हाँ, कवि के कथन में अतिरिक्त आस्फलन की प्रक्रिया अपनायी है, वहाँ कविता का ढाँचा ही नहीं रह जाता, फिर उसके स्वीकार की बात कहाँ रहती है। पर इस तरह की रचनाएँ अन्य कविताधारा में भी मिल जाती है।''[33]

इतना ही नहीं, विचार कविता के अन्तर्गत जिन कवियों एवं उनकी कविताओं को सम्मिलित किया जाता है, उनमें अधिकांश रचनाओं की हमने 'कल्पना' के आधार पर समीक्षा की है। वस्तुतः कविता में कोरा उपदेश, विचार, घोषणा अथवा स्थापना का सपाट वर्णन नहीं किया जाता है। अनुभूति के स्तर पर विचार के सम्प्रेषण में कवि को गहन मनोभूमि से गुजरना पड़ता है—जहाँ प्रत्येक शब्द, बिम्ब प्रतीति में सपाट होते हैं, पर मन्तव्य अभिव्यक्ति में पूर्णतः समर्थ होते हैं। इसीलिए डॉ. हरिश्चन्द्र वर्मा ने विचार-कविता के विशेषांक में अधिकांश कविताओं को बिम्बमूलक अनुभूतिपूर्ण कविताएँ तथा कुछ को शुष्क गद्य खण्ड मात्र स्वीकार किया है। उनके इस कथन से हमारी पूर्णतः सहमति है। वस्तुतः कविता न कोरा विज्ञान है, न दर्शन, न कोई वैचारिक मतवाद। कविता में विचार अनुभूति का अन्तर्वर्ती

अंग होकर आता है।[34] 'कंक' पत्रिका में विचार-कविता विशेषांक पर निर्मल शर्मा द्वारा प्रस्तुत प्रतिक्रिया का विशेष महत्त्व है। परस्पर विरोधी अभिमतों को एक साथ प्रस्तुत कर विचार एवं कविता के सम्बन्ध की चिरन्तनता की ओर संकेत किया गया है। इतना ही नहीं, इस प्रतिक्रिया में 'विचार की कविता' के अन्तर्गत ऐसे कवियों की ओर संकेत भी किया गया है। जिन पर एक साथ कई काव्य-आन्दोलन के 'लेबल' लगे हुए हैं। विचार कविता में जिन सैंतीस कवियों को सम्मिलित किया गया है, वहाँ 'लेबल' को लेकर कवि (लेखक) की ईमानदारी तथा कमिटमेण्ट को आधार रूप में स्वीकारकर इस श्रेणी के सभी कवियों पर तीक्ष्ण प्रहार भी किया गया है। स्पष्टीकरण हेतु चन्द्रकान्त देवताले तथा राजीव सक्सेना के नामों का उल्लेख किया गया है। देवताले तथा सक्सेना 'अकविता' काव्य आन्दोलन के वफादार एवं परिचित कवि स्वीकार किये जाते हैं। साथ ही तथाकथित परवर्ती आन्दोलनों के प्रति इनकी ईमानदारी का प्रश्न स्वाभाविक है।[35]

बीट कविता

नयी कविता के विभिन्न काव्य-आन्दोलनों में 'अकविता' के साथ 'बीट कविता' का उल्लेख भी किया जाता है। नयी कविता के उद्भव और विकास की चर्चा में डॉ. हरिश्चन्द्र वर्मा ने अकविता के समर्थक कवियों के एक वर्ग पर 'बीटनिको' का संकेत भी किया है। इस काव्यधारा के संस्थापकों में डॉ. प्रभाकर माचवे, शमशेर बहादुर सिंह तथा राजकमल चौधरी का नाम विशेष रूप से लिया जाता है। डॉ. जगदीश गुप्त ने अन्य आन्दोलनों की चर्चा में 'बीट कविता' का उल्लेख सोदाहरण किया है। यह काव्य-आन्दोलन भी अधिक समय तक नहीं चल सका, क्योंकि इसमें कथ्य अथवा विचारधारा 'आयात' थीं—इसकी अपेक्षा 'अकविता' में बहुत कुछ अपना था। यही कारण है कि 'अकविता' आन्दोलन के पक्षधर डॉ. परमार ने जिस 'बीट कविता' का समर्थन किया—कालान्तर में उसकी समाप्ति की घोषणा भी कर दी। इसे 'भूखी पीढ़ी' से भी सम्बोधित किया जाता है। बीटनिक एलेन गिंसबर्ग की प्रेरणा से इनका जन्म हुआ। विद्रोह ही इनकी भूख रही है।

नयी कविता के विविध आयाम : नये आन्दोलन

नयी कविता के साथ कुछ ऐसे नाम काव्य-आन्दोलन रूप में प्रकाश में आए, जिनमें अधिकांश का सम्बन्ध इस कविता की किसी-न-किसी प्रवृत्ति अथवा विशिष्टता से है। जिन नामों का संकेत हम सूची में कर चुके हैं, उनका सम्बन्ध नयी कविता से सीधा रहा है—किसी एक विशेषता को आधार रूप में स्वीकार, कुछ कवि

सम्मिलित हो, एक दो काव्य-संग्रहों अथवा विशेषांकों से नये काव्य-आन्दोलनों की घोषणाएँ करने लगे थे, एक प्रकार से फैशन रूप में प्रचलित हो गया था। वस्तुतः इन नामों के मूल में 'नयी कविता' के कथ्य एवं शिल्प का बहुआयामी एवं शक्ति सम्पन्न होना है। 'अ' से नयी कविता अथवा कविता विरोधी स्वर 'अकविता' तथा 'अगीत' से प्रचलित हुआ। इसके साथ नयी कविता की महत्त्वपूर्ण उपलब्धि अथवा शक्ति रूप में उसमें निहित नाटकीयता को स्वीकार किया गया है। यही कारण है कि नयी कविता में एक सशक्त काव्यफार्म नाट्य-काव्य (काव्य नाटक) भी विकसित हुआ। डॉ. वर्मा का 'नयी कविता के नाट्य-काव्य' शोध प्रबन्ध इसका प्रत्यक्ष प्रमाण है। इसी प्रकार अन्य अनेक विद्वानों ने नयी कविता के आयामों की पृथक्-पृथक् अथवा एक साथ चर्चा की है। यही स्थिति समकालीन कविता की रही है। इस बीच समकालीन कविता पर कुछ कार्य हुआ है।

कविता का वर्तमान आन्दोलन : समकालीन कविता

उपर्युक्त विवेचन के आधार पर निष्कर्ष स्वरूप हम यह कह सकते हैं कि 'नयी कविता' के साथ जिन काव्य-आन्दोलनों का प्रचलन हुआ है, उनमें अधिकांश मात्र 'घोषणा' तक सीमित हैं, जबकि किसी आन्दोलन के लिए किसी एक विशिष्ट दृष्टि की अपेक्षा रहती है। उदाहरणार्थ छायावाद तथा प्रगतिवाद के पश्चात् प्रयोगवाद का 'वाद' अथवा 'आन्दोलन' रूप में प्रचलन दृष्टि परिवर्तन के समय भले ही विरोध हुआ हो, जैसा कि छायावाद एवं नयी कविता के साथ हुआ, दृष्टि के व्यापक होने के कारण इन्हें विशेष मान्यता मिल सकी। यहाँ यह भी उल्लेखनीय है कि आन्दोलन की स्थिरता अथवा लोकप्रियता का आधार जहाँ युग सापेक्ष दृष्टि है, वहाँ उसके प्रयोग एवं प्रचलन की व्याप्ति भी है। छायावादी शैली में अनेक कवियों ने काव्य-सृजन किया, पर आधार रूप में प्रसाद, निराला, पन्त तथा महादेवी चार कवि सर्वमान्य स्थापित हुए। हमारी दृष्टि में समय आने पर यही स्थिति 'नयी कविता' की होगी। नयी कविता के साथ लगभग एक सौ नाम (काव्य-आन्दोलन) कविता की विविधता के परिचायक रूप में प्रचलित हो चुके हैं तथा यह क्रम पूर्ववत् है। निष्पक्ष दृष्टि से यदि आज भी मूल्यांकन किया जाए तो नयी कविता के साथ 'समकालीन कविता' नाम शेष रह जाता है। आज आवश्यकता इस वाद अथवा काव्य-आन्दोलन के सही मूल्यांकन की है। इस कविता पर सहजता, मूल्य-दृष्टि तथा नारी चेतना को लेकर अनेक प्रश्न लगाये जाते हैं। डॉ. विमल का यह अभिमत उचित प्रतीत होता है—"समकालीन हिन्दी कविता आधुनिक कविता की रूमानी, स्वच्छन्दता, प्रभाववादी, पूर्व प्रयोगवादी, प्रगतिवादी तथा उत्तरप्रयोगवादी काव्य-प्रवृत्तियों की आधुनिकता की संज्ञा से आगे बढ़ गयी है।"[35]

समकालीन कविता : सहजता की दिशा

समकालीन कविता की चर्चा करते हुए विद्वानों ने सहजता को लेकर अनेक प्रश्नचिह्न लगाये हैं। ये सही है कि समकालीन कवि यथार्थ के अधिक निकट हैं। वे कविता को केवल आनन्द अथवा मनोरंजन की वस्तु नहीं मानते, वरन् कविता उनके लिए 'कमिटमेण्ट' (प्रतिबद्धता) का आधार है। कविता उनकी दृष्टि में व्यक्ति और समाज और उस वर्तमान परिवेश से पूर्णरूपेण सम्बद्ध है। आधुनिकता बोध और समकालीन बोध की पहचान कालखण्ड और परिवेश के आधार पर की जाती है। कविता अनेक पड़ावों से होती हुई आज जिस स्तर को प्राप्त कर चुकी है, उससे एक बात बिल्कुल स्पष्ट है कि कविता की पहचान पुराने मानदण्डों के आधार पर नहीं की जा सकती। आज का परिवेश, आज के व्यक्ति की आवश्यकताएँ, सम्बन्ध और सामाजिक सरोकार में आमूलचूल परिवर्तन आया है और यह परिवर्तन मूल्यों के बदलाव की सूचना देता है। आज का कवि सही और सार्थक पहचान का कवि है। इसीलिए हमारी दृष्टि में समकालीन कविता लघुता, अस्तित्व, निषेध, मोहभंग, संत्रास इत्यादि बोधात्मक स्थितियों से कहीं अधिक कवि की 'इनवाल्वमेण्ट' और 'कमिटमेण्ट' को रेखांकित करती है। यही कारण है कि यह कविता राजनीति से किसी प्रकार के दुराव की पक्षधर नहीं है। जो कुछ घटित है उससे कवि स्वयं को पूर्णरूपेण सम्बद्ध मानता है। आज कवि संवाद की शैली और टकराहट की स्थिति में इसीलिए पाठकीय संवेदना को विशेष महत्त्व प्रदान करता है।

समकालीन कविता के आरम्भ के सम्बन्ध में आलोचकों, इतिहासकारों में मतभेद रहा है। इसके मूल में एक तथ्य यह भी रहा है कि प्रत्येक लेखक अथवा कवि अपने समय में समकालीन होता है। परन्तु हिन्दी कविता में समकालीनता का आरम्भ एक काव्यधारा के रूप में साठोत्तरी कविता से माना जाता है। यहाँ यह भी विचारणीय है कि सन् साठ के बाद कोई ऐसी विशिष्ट सामाजिक अथवा राजनीतिक धरातल पर घटना हुई। सन् 1962 से 65 तक का समय विशेष परिवर्तन का रहा है, राजनीतिक धरातल पर चीन आक्रमण की विषम परिस्थिति में पं. नेहरू के देहावसान से समकालीन लेखकों में एक नयी चेतना का विकास स्वाभाविक था। यह सहजता, सम्प्रेषणीयता का आधार बनी। अनेक ऐसी रचनाएँ इस बीच प्रकाशित हुईं जिनसे यह स्पष्ट हो जाता है कि ये कवि अपने परिवेश से पूरी तरह जुड़े हुए हैं। सन् साठ के बाद का यह समय मूल्यों की दृष्टि से विशेष परिवर्तन कर रहा है। परम्परित मूल्यों को एक प्रकार का गहरा आघात पहुँचा है। मित्रता की कसौटी बदली है। भाईचारे और पड़ोसीपन की अवधारणा में परिवर्तन आया है। इस मूल्य विध्वंस के मूल में समकालीन लेखक के तेवर बदले हैं। उसके स्वर में आक्रोश, गुस्सा और व्यंग्य गहरे रूप में व्यंजित हुआ है। राष्ट्रीय चेतना का

स्वर नये रूप में सामने आया है और एक बार फिर भारतवासियों को सोचने पर विवश होना पड़ा है कि हमें एकजुट होकर देश की रक्षा करनी है।

अतः यह स्वीकारना सर्वथा उचित होगा कि 'नयी कविता' युग के पश्चात् के काव्यान्दोलनों में 'समकालीन कविता' एक महत्त्वपूर्ण काव्यान्दोलन है। इसका समारम्भ हमने 1960 से 62 के बीच स्वीकार किया है। आज जो भी लिखा जा रहा है, उसे समकालीनता बोध के आधार पर आँका जाता है। सातवाँ, आठवाँ तथा दो-तिहाई नौवाँ–दशक इसकी व्यापकता–विस्तार के परिचायक हैं। हमने 'समकालीन कविता' के पड़ाव अनेक कारणों से स्वीकार किये हैं। हालाँकि मुक्तिबोध का लेखन प्रयोगवादी काव्यधारा से काफी पहले का रहा है, पर समकालीनता बोध की पहचान का श्रेय इसी कवि को है–उसे भले ही समीक्षक इतिहासकार प्रयोगवाद, नयी कविता तक सीमित माने, सही अर्थों में मुक्तिबोध ने इस कविता को एक दिशा प्रदान की। इसलिए 'समकालीन कविता' का यह कवि पहला पड़ाव है–हम सही अर्थों में इसी को समकालीनता का प्रवर्तक कवि मानते हैं, हालाँकि निराला ने कुछ प्रयोग किये हैं, जिसमें समकालीन स्थितियाँ हैं। –शेष कवि किसी-न-किसी रूप में इस कवि से प्रभावित अवश्य हैं। इस कविताधारा का राजकमल चौधरी दूसरा उल्लेखनीय कवि है। इसे 'अकविता' का कवि घोषित कर समकालीनता बोध की अपेक्षा देह और राजनीति तक सीमित करते हैं। मुक्तिबोध की भाँति इस कवि ने कविता को नयी भूमि प्रदान की–यह कवि इस काव्यधारा का दूसरा पड़ाव है और धूमिल को हमने तीसरा पड़ाव स्वीकार किया है। कारण, इस कवि को मुक्तिबोध और चौधरी से काफी आगे बढ़ना है–ये प्रयोगधर्मी समकालीन कवि होते हुए दृढ़संकल्प के कवि हैं। इनकी रचनाएँ सोद्देश्य हैं, मूल्यों के प्रतिपादन का अपना आधार है इन कवियों का।

समकालीन कविता के प्रमुख प्रवृत्तियाँ

समकालीन कविता की पहचान साठोत्तरी कविता के रूप में की जाती है, इसे सातवें-आठवें दशकों में विभाजित कर कुछ विद्वानों ने इस काव्यधारा की प्रवृत्तियों की ओर संकेत किया है। डॉ. मेघ ने छठे दशक से आठवें दशक की कविता यात्रा में क्रूर एवं गलत व्यवस्था को मानते हुए अपना अभिमत प्रस्तुत किया है–"यूँ सातवें दशक में भी वही पूँजीवादी व्यवस्था थी, जिसे नये और युवक कवियों ने मुखौटावादी तथा क्रूर एवं गलत व्यवस्था कहा है। यही व्यवस्था छठे दशक में भी थी और अब भी आठवें दशक में है।"[35B]

समकालीन कविता की पहचान अनेक रूपों में की जा सकती है। इस काव्यधारा के अधिकांश कवि एक विशेष सृजन प्रक्रिया को आत्मसात् किये हैं।

इनकी दृष्टि कहीं-कहीं सपाट भले ही हो पर उसके सन्दर्भित-प्रतिपादित अर्थ की प्रतीति होने पर इनका गहन आधार स्पष्ट हो जाता है। अनेक बार ऐसा भ्रम अवश्य होता है कि इन कवियों के पास नया कहने के लिए कुछ भी नहीं है, पुनरावृत्ति ही करते हैं। केवल आक्रोश में बौखलाहट और खीज की स्थिति में कुछ पंक्तियाँ प्रस्तुत कर देना अपना कवि-कर्म मानते हैं। वस्तुतः ऐसी धारणा एकपक्षीय एवं पूर्वाग्रही है। कारण, जिन कवियों को समकालीन कविता के विकास में स्थान मिल चुका है, वे सही अर्थों में व्यापक पहचान करते प्रतीत होते हैं। यह भी सही है कि कुछ कवि समकालीन हैं, जबकि कुछ कवि समकालीन कविता के नाम पर कोरी बयानबाजी करते हैं—गद्यात्मक वाक्यों को विभिन्न काव्य-पंक्तियों में विभाजित कर स्वयं को कवि सिद्ध करना चाहते हैं। ऐसा प्रायः सभी युगों एवं काव्यधाराओं के विकास में होता रहा है। सही और सार्थक की पहचान के लिए हम इनमें प्रतिपादित मानव-मूल्य स्वीकारते हैं।

समकालीन कवियों ने मूल्य-प्रतिपादन में अपने भीतर को, अपने अभावों को दृष्टि में रखते हुए परिवेश, युगीन सन्दर्भों को सदैव महत्त्व दिया है। यही कारण है कि समकालीन कविता सामाजिक यथार्थ की कविता है। युग बोध की सार्थक अभिव्यक्ति इन कवियों का मूल मन्तव्य रहा है। ये कवि मूल्यों को रसवादी परम्परित आनन्दमूलक दृष्टि से प्रस्तुत नहीं करते, वरन् संश्लिष्ट संकेतों, प्रतीकों, बिम्बों यहाँ तक कि शब्दों के प्रयोग से बहुत बड़े पक्ष को उद्घाटित करना चाहते हैं। कहीं-कहीं सपाट अभिव्यक्ति भी हुई है। —वैयक्तिक ऊहापोह, भीतरी कशमकश, मानसिक द्वन्द्व तथा अन्तर्विरोध की स्थितियों में ये कवि बहुत बड़े तथ्यात्मक सत्य को उद्घाटित करने के लिए कृत-संकल्प हैं। यही कारण है कि हमें इस काव्यधारा के कवि पूर्ववर्ती काव्यधाराओं के कवियों से मूल्य प्रतिपादन एवं प्रस्तुति की दृष्टि से भिन्न प्रतीत होते हैं। इनके द्वारा प्रयुक्त शब्द कोशीय अर्थ तक सीमित नहीं हैं। कई बार कविता पढ़ते हुए अर्थ स्पष्ट नहीं होता, इसके मूल में रचना-विकास में उतार-चढ़ाव तथा अन्विति का अभाव माना जा सकता है, पर ऐसी धारणा अथवा निष्कर्ष देना सभी कवियों के लिए उचित प्रतीत नहीं होता। समकालीन कविता की पहचान अस्वीकृति, नकार, निषेध, विरोध, विद्रोह, क्रान्ति, हिंसा, व्यंग्य इत्यादि से कराने की चेष्टा कुछ कवि एवं समीक्षक करते रहे हैं। एक प्रकार से इसके पक्षधर कवि अपने पूर्ववर्ती कवियों का अस्तित्व स्वीकारने को तैयार नहीं हैं। इन्हें अपने पूर्वकालीन कवि आदमी, समाज तथा परिवेश के प्रति सचेत प्रतीत नहीं होते—सिर्फ ऊपरी धरातल पर बड़े-बड़े आदर्शों, मूल्यों की स्थापना करने वाले लगते हैं। इसीलिए ये इनसे संवाद तक करने के पक्ष में नहीं हैं। पूरा भारतीय जनमानस दिनोंदिन दयनीय स्थिति का सामना कर रहा है—कवि अपने दायित्व से दृष्टि ओझल किये हैं। समकालीन कवि इसीलिए आम आदमी के अभावों, अन्तर्विरोधों,

विसंगतियों की पहचान कर उन्हें संगठित करता है। समूह को साहसिकता, संकल्प शक्ति एवं सार्थक जीवन जीने की प्रेरणा देना ये कवि अपना दायित्व समझते हैं। सोद्‌देश्यता इनकी रचनाधर्मिता का आधार है।

समकालीन रचनाधर्मिता का कथ्य बहुआयामी है–एक प्रवृत्ति विशेष तक सीमित नहीं है। वह निज, व्यक्ति, समाज, राजनीति और अन्तरराष्ट्रीय सन्दर्भों को अपने भीतर संयोजित किये हैं। इन कवियों की मूल्य दृष्टि विविध धरातलों पर समसामयिक यथार्थ को पहचानने का प्रयास करती है। ये कवि परिवेश में व्याप्त मूल्यहीनता की विविध स्थितियों को खीज और आक्रोशपूर्ण अभिव्यक्ति प्रदान करते हुए सदैव मूल्य संकल्प को आत्मसात् किये हैं। इसी से इन कवियों की काव्य-दृष्टि विध्वंस, अन्धकार-तनाव, निषेध-अस्वीकृति की प्रस्तुति करते हुए ह्रासोन्मुख नहीं होती, बल्कि इसमें आस्था, विश्वास, प्रेम के सकारात्मक सन्दर्भ भी हैं। वास्तव में ये कवि अपने चतुर्दिक परिवेश से गहरे में जुड़े हुए हैं। इसी से उनमें परिवेशगत अन्तर्विरोधों एवं विसंगतियों की इन्हें गहरी समझ है। परिवेश का नैकट्य ही इनकी रचनाधर्मिता को युग सत्यों की प्रस्तुति में समर्थ बनाता है। इन कवियों के पास यथार्थ जीवनानुभवों की संवेदनात्मक ज्ञान राशि है। इसी कारण ये कटघरे के कवि बनकर रह गये हैं। समीक्षकों ने इनके रचना धर्म को 'बौखलाये हुए आदमी का एकालाप' कहकर ऊपरी कथ्य चेतना माना है। दूसरे, घोर यथार्थ की अभिव्यक्ति करने से ये विवाद के कवि बन गये हैं। समीक्षकों ने इनको पूर्वाग्रहों से मुक्त होकर विवेचित-विश्लेषित करने का प्रयास कम ही किया है। इसी से समीक्षकों की दोहरी मार को खाते हुए अनेक प्रतिभावान कवि आज भी उपेक्षित हैं। इन कवियों के विषय में महत्त्वपूर्ण बात यह है कि निरन्तर उपेक्षा, अपमान का विषपान करते हुए भी ये कवि प्रतिबद्ध हैं–किसी दल-विशेष से नहीं वरन् जीवन-सत्यों की अभिव्यक्ति के प्रति संकल्पित हैं। मानव-मूल्यों के प्रति गहरी निष्ठा ही इनको एक प्रतिबद्ध कवि का दर्जा दिलाती है। मूल्यहीन स्थितियों में मूल्य संकल्प इनकी काव्य-चेतना का मूलाधार है।

समकालीन कविता की पहचान में विसंगति की चर्चा विशेष रूप से की जाती रही है। समकालीन कविता सामाजिक-राजनीतिक, दबावों, तनावों, द्वन्द्वों, टकरावों, मूल्यों, विसंगतियों से गुजरती है। व्यवस्था सत्ता की पहचान ये कवि गहरे धरातल पर करते हैं। अव्यवस्था, राजनीतिक, अस्थिरता के कारण कहीं-कहीं अनास्था, अविश्वास है। सम्पूर्ण कथ्य अनास्था, अविश्वास से युक्त है–ऐसा मानना उचित न होगा। मानव-मूल्यों को ये कवि परम्परा रूप में आत्मसात् न कर यथार्थ को आधार रूप में अपनाये हैं। इनमें अन्याय, शोषण, अनाचार एवं भ्रष्टाचार के मूल में अव्यवस्था के प्रति असन्तोष रहा है। ये कवि अपने सामाजिक दायित्वों के निर्वाह हेतु सजग हैं। जहाँ ये कवि स्वयं को दायित्व-निर्वाह में असमर्थ पाते हैं, वहाँ इनकी

कविता में आत्मालोचन का स्वर भी प्रखरता से व्यंजित हुआ है। आस्था इन कवियों की सही सार्थक पहचान का मूलाधार रही है। यही कारण है कि यह काव्यधारा अभिव्यक्ति में तीक्ष्ण है–छिपाव की अपेक्षा सपाटबयानी इन्हें रुचिकर है। ये कवि इस बात की चिन्ता नहीं करते कि इससे कोई रुष्ट होगा--इनका विश्वास, निर्भीक, बेबाक प्रस्तुति करना रहा है। ये प्रतीकों, बिम्बों की संश्लिष्टता की अपेक्षा सीधे और सपाट कथन में कवि कर्म मानते हैं। वस्तुतः ये मूल्यहीनता में मूल्यों के प्रति गहरी आस्था व्यंजित करते हैं–अव्यवस्था में सही व्यवस्था के लिए ये कवि संगठन समूह को साहसिकता प्रदान करने के पक्षधर हैं। हम इस काव्यधारा के कवियों को स्थितियों के प्रति सचेत संकल्पधर्मी चेतना का मानते हैं। इसलिए पौराणिक सन्दर्भ अथवा मिथकीय संकेत युगीन सन्दर्भों को सार्थक-अभिव्यक्ति प्रदान करते हैं। इससे यह नहीं समझना चाहिए कि समकालीन कविता के सभी कवि सही और सार्थक पहचान करते हैं–प्रत्येक कवि की समझ गहरी है, मूल्यों के प्रति व्यापक दृष्टि को आत्मसात् किये हैं। इस काव्य-धारा में सैकड़ों कवियों के नाम परिगणित किये जा सकते हैं, पर सभी की चेतना एक जैसी नहीं–कविता-विकास एक जैसा नहीं हो पाया है। कुछ तो कोरे वक्तव्यों (गद्य-वाक्यों को पंक्तियों में तोड़कर रख देना) से कवि-कर्म की सार्थकता प्रतिपादित करने का भ्रम पाले हैं। पर ऐसा इस काव्यधारा के सभी कवियों ने किया हो–ऐसा मानना उचित नहीं होगा। हाँ, समकालीन कविता में सभी ने एक जैसी कविताएँ नहीं लिखी हैं। सभी का अनुभव एक जैसा नहीं रहा है--कुछ इस काव्यधारा में सम्मिलित परम्परा के मोह से पूर्णतः मुक्त नहीं हो पाये हैं। जबकि कवियों का एक वर्ग मार्क्सवादी-जनवादी चेतना से प्रतिबद्ध हो काव्य-लेखन में प्रवृत्त है। ऐसे कवि जन-मुक्ति के लिए एक सचेत जागरुक कवि की भाँति प्रत्यक्ष के प्रति संघर्षशील होने की प्रेरणा देते हैं–संगठन, समूह तथा संघर्ष से अपने अधिकार पाने की धारणा को पुष्ट करते हैं। वर्ग-संघर्ष और अर्थगत मूल्यों को विशेष महत्त्व देते हैं। समकालीन कविता के कवियों का एक वर्ग ऐसा भी है जो किसी प्रकार के विचार, सिद्धान्त, आन्दोलन, दल अथवा वर्ग में आबद्ध हो काव्य-लेखन में प्रवृत्त होने के विरुद्ध है। सहज भावाभिव्यक्ति को आत्मसात् किये हैं। निजता से समाज, परिवेश की स्थितियों से सहज रूप में गुजरना इन्हें श्रेयस्कर प्रतीत होता है। आरोपण और आग्रह से मुक्त काव्य-लेखन के पक्षधर हैं, पर मूल्यों के प्रति ये कवि सदैव सचेत रहे हैं। भले ही आत्म-वक्तव्यों में कुछ कवि मूल्य-चर्चा बेमानी समझते हैं और साथ ही सही सार्थक कविता की पुष्टि करते हैं।

समकालीन कविता में सामाजिक प्रतिबद्धता अनेक स्तरों पर मुखरित हुई है। किसी भी प्रतिबद्ध कवि की रचनाओं में मूल्य-चर्चा करते समय दो-तीन बिन्दुओं की ओर विशेष ध्यान दिया जाना चाहिए। प्रतिबद्ध लेखक अपने रचनाकर्म में

सोद्देश्य होता है और इसी सोद्देश्यता के फलस्वरूप वह रचना को एक निश्चित दिशा एवं आधार प्रदान करता है। ऐसा करने पर अनेक बार कविता, कविता की अपेक्षा कोरे वक्तव्य बन जाती है, वाद-पुष्टि प्रतीत होती है—मानव-मूल्यों का कविता में प्रतिपादन सहज एवं स्वाभाविक ढंगों से होना चाहिए। कभी-कभी रचयिता यह भूल जाता है कि रचना का अपना एक सहज क्रम है, सहज विकास की प्रक्रिया उसका अवलम्ब है। ऐसा रचनाकार कुछ मूल्यों को एक साँचे में ढाल रचना में प्रस्तुत करता है। वह एक अन्वेषी प्रतिपादक चिन्तक कवि के रूप में घोषणाएँ करता है और कहीं-कहीं बड़े-बड़े नारों के बीच कविता का प्राण-तत्त्व ओझल होने लगता है। रचना कोरी बयानबाजी अथवा वक्तव्यों का संकलन प्रतीत होने लगती है। यह स्थिति सभी प्रतिबद्ध कवियों की रही हो, ऐसा अनिवार्य नहीं, पर जब किसी शिविर, खेमे अथवा आन्दोलन को रचनाकार सर्वोपरि आधार बना लेता है तो ऐसा अनेक बार होने की स्थिति बनी रहती है।

दूसरे खतरे की स्थिति ऐसे कवियों का व्यापक मूल्य-संकल्प से दृष्टि ओझल करना है। समकालीन कविता के विकास में जनवादी, वामपन्थी, मार्क्सवादी कवियों की अपनी परम्परा रही है। डॉ. शिवकुमार मिश्र तथा डॉ. ओमप्रकाश ग्रेवाल, चंचल चौहान के साथ ही इस धारा के कवियों ने अनेक घोषणाएँ की हैं। जन-मुक्ति संघर्ष को कविता की अनिवार्यता घोषित किया है। डॉ. शिवकुमार मिश्र के मूल्यांकन की यह विशिष्टता रही है कि वे समकालीन जनवादी कविता के पक्षधर कवियों की चर्चा करते हुए कविता के जनवादीकरण की माँग का अभिप्राय कविता की बुनियादी जरूरतों की अवमानता करना नहीं मानते हैं। कविता में समूह चरित्र-साधारण जन की आशाएँ-आकांक्षाएँ समझ के प्रति कवि सचेत रहे। जनता के जीवन से एकात्य जनवादी रचनाशीलता का अहम तकाजा है। जनवादी मानसिकता के निर्माण के लिए रचनाकार को अपने मानस पर चढ़ी विशिष्ट संस्कारों की परतों को उतारना होता है—अपने विवेक का इस्तेमाल करते हुए जनता की आँखों से देखे गये जनता के जीवन का चित्रण करते हुए ही कोई रचनाकार जनवादी रचनाकार कहलाने का गौरव प्राप्त करता है।[36] इसीलिए जनवादी कवियों को हमने मानव-मूल्यों के प्रति सचेत माना है। 'समकालीन जनवादी कवि' अपने विस्तृत लेख में डॉ. मिश्र ने केवल नागार्जुन, त्रिलोचन, केदारनाथ अग्रवाल, शील तथा मुक्तिबोध के रचना-कर्म के जनवादी पक्ष को उद्घाटित किया है।

सामाजिक मूल्यों की दृष्टि से जनवादी कवियों का उल्लेख विशेष रूप से किया जाता है। ये कवि अपने निश्चित दल के अनुरूप घोषणाएँ करते हैं—जनवादी अथवा मार्क्सीय मूल्यों की सर्वोच्चता प्रतिपादित करते हैं, कहीं-कहीं बौखलाहट अथवा खीज में संस्कृतनिष्ठ मूल्यपरक लेखकों पर व्यंग्य करना अपना कवि-कर्म मानते हैं। हम जनवादी कवियों की काव्य-चेतना से अनेक दृष्टियों से प्रभावित

हैं, उनके जन-सामान्य और वर्ग-संघर्ष की पकड़ से हमें उनके संकल्प और दायित्व बोध का परिचय मिलता है, पर जब वे सायास मूल्यवादी दृष्टि को नकारते हैं, केवल वैयक्तिक, सामाजिक अन्तर्विरोधों की आड़ में विसंस्कृतिकरण और मूल्यहीनता की घोषणा करते हैं तो वे भूल जाते हैं कि वर्गीय चेतना से बड़ी चेतना सामाजिक है, यहाँ तक कि विश्व कुटुम्ब मानने का संकल्प मूल्यों का मानवतावादी आधार है। प्रतिबद्धता को यदि इस अर्थ में लिया जाए तो ऐसे कवि जहाँ अपनी ईमानदारी, कर्तव्यनिष्ठा और सामाजिक प्रतिबद्धता के दोहरे दायित्व का निर्वाह करें। इसीलिए मूल्य-चर्चा में हम वैयक्तिक और सामाजिक मूल्यों में विशेष अन्तर नहीं मानते हैं। यहाँ अन्तर व्यापकता-विस्तारता का अवश्य है। समकालीन की पहचान के कुछ बिन्दु हम मान सकते हैं—इसकी प्रवृत्तियों को यदि परिगणित करना हो तो किया जा सकता है, हालाँकि इस प्रकार की धारणाएँ बदलती रहती हैं—किसी काव्यधारा को सम्पूर्ण-समग्रता में समझना असम्भव है, फिर भी कुछ प्रवृत्तियाँ उल्लेख्य हैं—रोमानी भावबोध से मुक्ति और यथार्थ धरातल के प्रति सचेतता प्रथम प्रवृत्ति है। इसीलिए कल्पना की अपेक्षा वास्तव जीवन, परिवेश इनका आधार है। अधिकांश कवियों का स्वर नकार का है, आक्रोश और विद्रोह की अनिवार्यता है—इसीलिए तीक्ष्ण व्यंग्य करते हैं। सामूहिक चेतना, संघर्ष के साथ राजनीतिक प्रजातान्त्रिक प्रणाली से इनका विश्वास उठ चुका है—जनसामान्य को रोटी भूख से परिचित करा आग का संकल्प देते हैं—राजनीतिक व्यवस्था और सत्ता को विघटन, शोषण अव्यवस्था का कारण मानते हैं, प्रस्तुति में किसी प्रकार का छिपाव इन्हें पसन्द नहीं। ये शब्द प्रयोग कोशीय अर्थ की अपेक्षा व्यापक सन्दर्भ में करते हैं—सोद्‌देश्यता इनकी रचनाधर्मिता का आधार है। वैयक्तिक विकास के लिए सामाजिक तथा राजनीतिक सुधार में बदलाव के पक्षधर हैं। मानव-मूल्यों के प्रतिष्ठापक कवि हैं। वर्तमान व्यवस्था तथा जर्जरित मूल्यों के प्रति इन कवियों में गहरा असन्तोष है।

समकालीन कविता राजनीतिक व्यवस्था से परिचित कराने तक सीमित नहीं वरन् व्यवस्था-तंत्र के विरुद्ध समुचित संघर्ष के लिए प्रेरित करती हैं। हमारी दृष्टि में पूर्ववर्ती काव्यधाराओं से व्यवस्था विरोध इसकी पृथकृता का मूल बिन्दु है। इतना ही नहीं, समकालीनता को एक आयाम में आबद्ध नहीं किया है, यह बहुआयामी है। समकालीन कविता सही अर्थों में व्यवस्था के विरुद्ध संघर्ष में एक हथियार बना रही है। समझौतापरस्ती, अवसरवादिता, व्यक्तिवाद, रूपवाद आदि से बचकर वह एक तेज किन्तु संयमित मुहावरा गढ़ने में व्यस्त हैं। नरेन्द्र वसिष्ठ समकालीन कविता की पहचान काव्यात्मक धरातल पर इस रूप में कराना चाहता है—

"वह अन्याय के रास्ते में
एक बारूदी सुरंग है।

वह अनिर्णय की स्थिति में
एक उठा हुआ हाथ है।
वह भारती और अज्ञेय के सामने
मुक्तिबोध और निराला है।
वह इलियट और पाउड के खिलाफ
नेरूदा और मायकोव्स्की है।"[37]

सामाजिक मूल्यों और व्यवस्था की यथार्थ स्थिति को चित्रित करते समय इन कवियों ने नारी की दयनीय दशा के संकेत भी दिये हैं। नारी का यथार्थ पक्ष इन्होंने अपनी रचनाओं में प्रस्तुत किया है। समकालीन कवि की दृष्टि में नारी के आकर्षक, आदर्शक रूप की अपेक्षा सामान्य धरातल पर अधिक रही है। उसकी समस्याओं के प्रति ये सचेत रहे हैं--ऐसी नारी पर किये गये अत्याचारों-शारीरिक, मानसिक से ये कवि खिन्न हैं--ऐसी स्थितियों पर व्यंग्य करने के साथ नारी को समाज में बराबरी का दर्जा दिलवाने के पक्षधर हैं। यही कारण है कि हम नारी के लिए किये गये अनाचारों की प्रतीति कराने वाली अभिव्यक्ति को अश्लील नहीं मानते, ये सोद्देश्य प्रस्तुति के संकल्पधर्मी कवि हैं।

समकालीन कविता की पहचान वर्गीय चरित्र से भी की जाती है। इस काव्यधारा का दौर ऐसा है जिसमें पुरानी पीढ़ी के प्रगतिशील कवि भी कविता के मोर्चे पर सक्रिय हैं, नयी कविता के ज़माने के लोग भी और बिल्कुल नये लेखकों का हुजूम भी। चूँकि मध्यवर्ग से ही सारे प्रगतिशील कवि आये हैं, इसलिए यह सम्भव ही है कि कुछ लोग प्रगतिशीलता के लिए अपने वर्ग से मुक्त हो गये हैं और कुछ अपनी मध्यवर्गीय दृष्टि और प्रगतिशीलता को साथ-साथ चला रहे हैं। ये कवि जनवादी चेतना को कविताओं को अपनी रचनाओं में प्रस्तुत करते हैं। इस काव्यधारा के अधिकांश कवि मध्यवर्गीय समस्याओं के स्वयं भोक्ता भी रहे हैं। इसलिए समकालीन कविता के दौर में मध्यवर्गीय और जनवादी, दोनों वर्गों की कविताएँ लिखी जा रही हैं। मध्यवर्गीय के एक तबके की दृष्टि जहाँ अभी भी रोमेंटिक और पेट्टी बुर्जुआ है, वहीं मध्यवर्ग का दूसरा तबका लगातार रोमेंटिक दृष्टि एवं बुर्जुआ भ्रमों से क्रमशः मुक्त हो रहे हैं और सार्थक जनवादी कविताएँ लिख रहे हैं। मध्यवर्ग का तीसरा तबका वह भी है जो न सिर्फ बुर्जुआ भ्रमों बल्कि पेट्टी बुर्जुआ भ्रमों और भटकावों से भी मुक्त होकर प्रगतिशील शक्तियों को गति दे रहा है। वस्तुतः ये कवि जनवादी-वामपन्थी आन्दोलन के भटकावों, गलतियों और अन्तर्विरोधों से पूर्णतः मुक्त हो नहीं पाये, फिर भी जनवादी-वामपन्थी आन्दोलन का विकास लगातार हो रहा है।

वस्तुतः समकालीन कविता-मानवीय चेतना के सौन्दर्य बोधात्मक मूल्यों की रूपात्मक अभिव्यक्ति है। इसका आधार सामूहिक चेतना है। इसे कुछ समीक्षक

प्रगतिशील परम्परा, लोक प्रचलित प्रयोग शैलियों के वरण एवं जनवादी चेतना के रूपान्तरण की कविता मानते हैं। इस काव्य-धारा को किसी एक विचारधारा में आबद्ध करना हमारी दृष्टि में उचित नहीं है। यह कविताधारा बहुआयामी तथा मानव-मूल्यों के प्रतिपादन में व्यापक है। डॉ. विश्वम्भर नाथ उपाध्याय का यह मत द्रष्टव्य है–"समकालीन कविता अपने समय के मुख्य अन्तर्विरोधों और द्वन्द्वों की कविता है। उसमें प्राथमिकताओं के ज्ञान की शक्ति है। इन प्राथमिकताओं को अपने जीवनानुभवों से ग्रहण कर उनके लिए लड़ने का संकल्प है...समकालीन कविता में विरोध परिस्थितिजन्य तो है ही, कहीं यह बोध भी है कि हमारे सामने वर्गहीन मानवीय समाज के स्पष्ट विकल्प हैं। लड़ाई इन विकल्पों की भी है। ये विकल्प व्यवस्थित विस्तृत सामाजिक चिन्तन से उपलब्ध होते हैं। कवि इनके सारतत्त्वों से परिचित हैं। ...समकालीन कविता में...वर्तमान जनतंत्र की असफलता पर व्यंग्यों और विद्रूपों की भरमार है। सशस्त्र क्रान्ति, गुरिल्ला विद्रोह आदि की धारणाओं का प्रचार भी इसलिए बढ़ रहा है। वस्तुतः इस काव्यधारा के कवियों का मूल प्रतिपाद्य राजनीति और व्यवस्था की विद्रूपताओं के फलस्वरूप जनसामान्य में व्याप्त मूल्यहीनता को व्यंजित करना है। ये कवि मूल्यहीन स्थितियों को उद्घाटित कर जन-मुक्ति के मूल्य के प्रतिष्ठापक हैं–सही और सार्थक पहचान इनका सम्बल है।

समकालीन कविता में व्यंग्य

समकालीन कविता की पहचान अकेले व्यंग्य प्रहार से की जा सकती है। सामाजिक और राजनीतिक दृष्टि से व्यंग्य का विशेष महत्त्व रहा है। मूल्य-पहचान इससे हुई है। साठोत्तरी कविता में व्यंग्य की सोदाहरण चर्चा करते हुए डॉ. बालेन्दुशेखर तिवारी ने व्यंग्य कविता को लेखन का जोखिम माना है। व्यंग्य का यह स्वर एक जमाने में स्तरीय कविता के क्षेत्र में वर्जित था और निराला की 'कुकुरमुत्ता' को कविता मानने में भी बहुतों को आपत्ति थी, लेकिन आज स्थिति भिन्न हो गयी है।" डॉ. इन्द्रनाथ मदान के अनुसार–"यदि निराला के व्यंग्य-काव्य को उस समय कविता के पावन-मन्दिर में घुसने नहीं दिया गया तो आज उस मन्दिर को लघु-पत्रिकाओं ने तोड़ दिया है।[38] वस्तुतः व्यंग्योचित विशेषताएँ साठोत्तरी कविधर्म बन चुकी हैं। व्यंग्य को व्यंग्य समझकर काव्य सर्जना करने वाले ही सच्चे व्यंग्य कवि हैं। व्यंग्य के मैदान में अरसे से कसरत कर रहे कवियों और नये उभरते व्यंग्य कवियों की सूची लम्बी है। सन् साठ के बाद प्रादुर्भूत काव्य परिदृश्य व्यंग्य कवियों की प्रहारक क्षमता और भाषाई क्षमता का प्रमाण है। व्यंग्य का कड़वापन कहीं सीधे गोलाबारी करता है और कहीं जो कुछ तोड़ डालने योग्य है, उसे तोड़ डालता है। समकालीन कविता की परिक्रमा से संकेत मिलता है कि सामाजिक परिवेश और साम्प्रत जीवन में व्याप्त

विषमताओं का अंकन करने के सन्दर्भ में व्यंग्य कवियों ने व्यापक स्तर पर अपनी पैनी दृष्टि डाली है। विविध राजनीतिक विडम्बनाओं और छलों पर व्यंग्य कवियों ने भरपूर दृष्टि डाली है। समसामयिक व्यंग्य कविताओं से यह जाहिर होता है कि नेताओं के बाद जनता को राहत देने में असमर्थ हो गये हैं और राजनीतिज्ञों के आपसी कलह ने लगातार जनता को गुमराह करने की साजिशें की हैं। इसी कारण चुनाव के खोखलेपन से लेकर जीवन को हर बेचैनी पर राजनीतिज्ञों की छाप से जुड़ी व्यंग्य कविताएँ सजगतापूर्वक लिखी गयी हैं।

भारत का समकालीन सामाजिक परिदृश्य भी भ्रष्ट और विसंगतिपूर्ण हो गया है—इस तथ्य की सतर्क प्रस्तुतीकरण भी व्यंग्य कविताओं में विद्यमान है। समाज में चल रही कुरीतियों, परम्परित आडम्बरों, शिक्षा जगत् की धाँधली और अवसरवाद की व्यापकता को साठोत्तरी कविता में आलम्बन बनाया गया है। जो मूल्य सामाजिक सत्य से दूर चले गये हैं, उन्हें स्थापित करना ही समकालीन व्यंग्य कविता का अभिप्रेत है। यह एक ऐसा समाज बन गया है जहाँ अभिनन्दन, आदर शिक्षा, सम्पर्क, विज्ञापन जैसे सभी सन्दर्भ महज नाटक बनकर रह गया है।"[39]

समकालीन कविता में मानव-मूल्यों की पहचान कुछ कवियों ने व्यंग्य के द्वारा करनी चाही है। वैयक्तिक, सामाजिक, राजनीतिक, सांस्कृतिक स्थितियों की यथार्थ प्रस्तुति का यह एक अनिवार्य अंग बन चुका है। इसीलिए इस कविता में बनावटी परिवेश से सामाजिक जीवन के खोखलेपन को व्यंजित किया जा रहा है, सामाजिक गिरावट के अन्य सन्दर्भों के साथ ही साथ आर्थिक विसंगतियों पर भी व्यंग्य कवियों का ध्यान गया है। नेता, डॉक्टर, वकील, इंजीनियर, अफसर तथा बुद्धिजीवी आदि समाज के सभी वर्ग इसकी लपेट में हैं। व्यंग्य प्रहार अनिवार्य धर्म बन चुका है, इनकी रचनाधर्मिता का। स्पष्ट है कि सन् साठ के बाद व्यतीत वर्षों की समस्त विसंगतियों और उलझनों को व्यंग्य कवियों ने परखा और अभिव्यक्त किया है। विविध राजनीतिक, सामाजिक, सांस्कृतिक, प्रशासनिक और साहित्यिक सन्दर्भों में व्यंग्य का सहारा लेकर कवियों ने परिवेशगत कटुता एवं अन्तर्विरोधों को प्रस्तुत किया है। इस अवधि में काव्य विषय, भाषा और शैली की दृष्टि से व्यंग्य कविता इतनी सशक्त हुई कि शेष काव्याभिव्यक्तियों पर छा जाने का गुण व्यंग्य कविताओं में लक्षित होता है।[40]

साठोत्तर रचित व्यंग्य कविताएँ उन तमाम व्यंग्य करने योग्य स्थितियों का चित्रण करती है, जिन पर व्यंग्य के सिवा और कुछ नहीं किया जा सकता। ये कविताएँ सिद्ध करती हैं कि व्यंग्य का चरित्र अप्रहारक हो ही नहीं सकता। व्यंग्यकार अपने चारों ओर के वातावरण की सभी छोटी-बड़ी विसंगतियों को परखता है और उनमें व्याप्त अन्तर्विरोधों पर सीधा प्रहार करता है। ये कविताएँ स्पष्ट करती हैं कि फूलों और तितलियों का युग अभी नहीं आया है तथा प्रतीकों और उपमानों

के सहारे व्यंग्य करने का युग समाप्त हो गया है। ऐसा स्वीकारना कुछ अंशों तक भले ही सही हो, पर कविता में केवल-सपाटता उसे नीरस बनाती है। इसीलिए कविता में व्यंग्य प्रस्तुति इतनी सटीक होनी चाहिए कि कविता ऊपरी प्रतीत न हो। समकालीन कविता की अन्य अनेक विशिष्टताओं में व्यंग्य एक प्रमुख प्रवृत्ति मानी जा सकती है।

समकालीन कविता में मानव-मूल्य प्रतिपादन में भाषा का अपना महत्त्व है। समकालीन कविता में प्रस्तुति की अपनी निजता है। विशिष्टता भाषा का अपना अन्दाज है। सन् साठ के बाद भी 'हिन्दी कविता : भाषिक परिदृश्य' लेख में डॉ. दिनेश्वर प्रसाद ने इस काव्यधारा के कवियों की काव्य-भाषा की विलक्षणता की ओर संकेत किया है। यथा—कविता के रूप में हमारे सामने जो वस्तु ठोस और मूर्त स्तर पर विद्यमान रहती है, वह शब्दों की एक विशेष प्रकार की व्यवस्था है। शब्दों की इस विशेष व्यवस्था को उनकी अन्य व्यवस्थाओं से पृथक् कर देखने की आवश्यकता पर बल देने की परम्परा भी नयी नहीं है। जब अपने यहाँ काव्य भाषा के स्वरूप पर गहराई में जाकर विचार किया जाने लगा तो इसे एक ओर सामान्य व्यवहार की भाषा से अलग किया गया और दूसरी ओर शास्त्रभाषा से। यह कहा गया है कि जो गुण व्यवहार और शास्त्र, दोनों प्रकार की भाषा से काव्य-भाषा को अलग करता है, वह ध्वनि, वक्रता या सालंकारता है। आज जब इस विषय पर नये सिरे से विचार किया जाने लगा है तो कविता की भाषा की खास पहचान के रूप में बिम्ब, प्रतीक, लय आदि की चर्चा की जाने लगी है। किन्तु जिस प्रकार कवित्व सर्वकाल के लिए परिभाषित कर दी गयी वस्तु नहीं है, उसी प्रकार काव्य-भाषा भी नहीं है। यह बात सन् साठ के बाद की हिन्दी कविताओं की भाषा के आधार पर स्पष्ट हो जाती है।[41] सन् साठ के बाद लिखी गयी कविताओं का कालफलक बहुत विस्तृत है। इस फलक के अन्तर्गत सन् साठ के पहले की अवधि की रचनाधर्मिता भी सम्मिलित है और इसका विस्तार आठवें दशक के अद्यतन समय तक है। कहने की आवश्यकता नहीं कि सन् साठ के बाद की बहुत-सी कविताएँ उन लोगों के द्वारा लिखी गयी हैं जो इसके पहले से, कभी-कभी बहुत पहले से लिखते आ रहे हैं और बहुत-सी कविताएँ उन कवियों की रचनाएँ हैं जो इसके बाद उभरे हैं। हमने समकालीन कविता की पहचान का यही आधार स्वीकार किया है।

वैयक्तिक मूल्य और समकालीन कविता

समकालीन कविता में वैयक्तिक मूल्यों की रचनात्मक प्रस्तुति हुई है, किन्तु वैयक्तिक मूल्यों का प्रश्न विवाद से घिरा है। क्या रचनाकार अपनी चेतना को व्यक्तिवादिता की परिधि में आबद्ध कर दे अथवा निजमन की मीठी कड़वी

अनुभूतियों तक सीमित कर दे? नहीं, समकालीन कविता में वैयक्तिक मूल्य भिन्न सन्दर्भ में अपनी सार्थकता का एहसास कराते हैं। ये मूल्य सामाजिक एवं प्रगतिशील चेतना को आत्मसात् कर अर्थवान् हो उठते हैं। वह निजत्व में बँधे रहकर भी निर्वैयक्तिक हो उठते हैं, उनमें संवेदना और पक्षधरता का अविरल प्रवाह दिखायी पड़ता है। वास्तव में ये वैयक्तिक मूल्य जीवन-संघर्ष से प्राप्त कटु अनुभवों की यथार्थपरक ज़मीन पर विकसित हुए हैं, इसी से उनकी रचना प्रस्तुति प्रासंगिक हैं। इनका सम्बन्ध यदि व्यक्ति की अन्तरात्मा की जागरुकता से है तो वहीं उसके मूल्य संकल्पों पर भी निर्भर है। वास्तव में कवि के निज जीवन का यथार्थ कविता का यथार्थ बनने की प्रक्रिया में मानव जाति के सत्यों को उद्घाटित करने लगता है। इन वैयक्तिक मूल्यों की जीवन्तता रचयिता के व्यक्तित्व पर ही निर्भर करती है, क्योंकि क्रान्तिधर्मी कविता सृजन से पूर्व कवि-व्यक्तित्व से कुछ होने की माँग करती है। इन वैयक्तिक मूल्यों का सम्बन्ध कवि की प्रतिबद्धता से भी माना गया है। रचनाधर्मिता में अभिव्यक्त आस्था और विश्वास के सकारात्मक स्वर इन्हीं वैयक्तिक मूल्यों के प्रति कवि की गहरी निष्ठा का परिणाम है।

नैतिक मूल्यों को वैयक्तिक माना जाए अथवा सामाजिक—यह भी विचारणीय है। इसी प्रकार सौन्दर्य मूल्यों के विषय में मतभेद रहा है। मूल्यों का स्रष्टा, नियन्ता और भोक्ता जब मनुष्य है, व्यक्तित्व का विकास क्रम है तो फिर मूल्यों को व्यक्तिगत क्यों न माना जाय। पर समकालीन कवि की दृष्टि व्यक्ति की अपेक्षा वर्ग, समूह, परिवेश और समग्रता में रही है। इसीलिए ये कवि मूल्याभिव्यक्ति में कहीं-कहीं तीक्ष्ण व्यंग्य प्रहार भी करते हैं। सही सार्थक की पहचान का आधार व्यक्ति और समाज दोनों हैं।

समकालीन कविता की समाज सापेक्ष मूल्य-बोध

समकालीन कवि की पैनी दृष्टि सामाजिक अन्तर्विरोधों और द्वन्द्वों को चीरकर सत्य के आलोक का साक्षात्कार करती है। वह अर्थाधारित वर्ग विभाजित समाज में आम आदमी की तिरस्कृत नियति को संवेदनात्मक स्वर प्रदान करता है। इसीलिए उसे कदम-कदम पर चौराहे प्रतीत होते हैं। वह सड़क से संसद की काव्य-यात्रा तय करता है। वह वर्ग विषमताओं, वर्गीय समस्याओं की सही समझ रखता है, इसी से उसकी काव्य लेखनी जन पक्षधरता में विरोध और विद्रोह के स्वर प्रसारित करती है। समकालीन कविता नये जीवन-मूल्यों की तलाश तथा प्रतिष्ठा की कविता है जो जनजीवन को आर्थिक मुक्ति का मार्ग प्रशस्त कर पायें। वह आम आदमी की उपेक्षित, तिरस्कृत शोषित स्थितियों की विविध धरातलों पर प्रस्तुति करता हुआ जिम्मेदार तत्त्वों पर प्रहार भी करता है। आम आदमी की शोषित स्थितियों के लिए

जिम्मेवार कौन है? यह प्रश्न विचारणीय है। इसके लिए वह व्यवस्था, उच्चवर्ग को दोषी करार देता है। उसकी मूल्य चेतना सामाजिक बदलाव के लिए सक्रिय दिखायी पड़ती है। उसकी दृष्टि में जन क्रान्ति के बिना मानव नियति को परिवर्तित करना असम्भव है। इसलिए वह जन जागृति के रचनात्मक प्रयास करता है ताकि व्यवस्था का सही विकल्प मिल सके, जहाँ प्रत्येक आदमी को आर्थिक आत्मनिर्भरता और सामाजिक असमानता मिल सके। वह सामाजिक स्तर पर मानवीय-मूल्यों का पक्षधर है। यहाँ उल्लेख्य है कि उसकी सामाजिक मूल्य दृष्टि महत्त्वाकांक्षाओं की पाश्चात्य सभ्यता और संस्कृति का अनुकरण नहीं करती वरन् उसमें भारतीयता की गन्ध है। गँवई जीवन-मूल्यों की पक्षधरता है। केदारनाथ सिंह, धूमिल तथा जगूड़ी-कवि विशेष हैं। उसके संघर्ष के प्रयोजन जातीय जीवन की समस्याओं को हल करने हेतु है। उसमें सामाजिक सोद्देश्यता है। उसकी वर्गीय समझ परिवेशगत यथार्थ को पहचानने में सहायक है। इसमें पूर्व विवेचित जन-मुक्ति जनवादी प्रतिबद्ध दृष्टि, वर्गीय चेतना, संघर्ष सभी सम्मिलित हैं। ये कवि सामूहिक चेतना, क्रान्ति के पक्षधर हैं, इसीलिए वैयक्तिक मूल्यों की अपेक्षा सामाजिक मूल्य इनकी रचनाधर्मिता की अनिवार्यता है। डॉ. नरेन्द्र मोहन का यह स्वीकारना उचित प्रतीत होता है। समकालीन कविता में व्यापक मानवीय चेतना कोई अमूर्त धारणा नहीं है। वह एक ओर अस्तित्व के प्रश्नों से जुड़ी हुई है, दूसरी ओर सामाजिक प्रश्नों से। सामाजिक विषमता के सन्दर्भों में कवि अपनी दृष्टि केन्द्रित करता है मनुष्य पर।[42] यही कारण है कि हम अध्ययन अथवा विश्लेषण-मूल्यांकन की सुविधा हेतु मानव-मूल्यों का वर्गीकरण कर लेते हैं--अधिकांश स्थितियाँ मूल्य एक-दूसरे के पूरक हैं। समकालीन कविता में विचारतत्त्व की महत्ता प्रतिपादित करते हुए डॉ. बलदेव वंशी ने इस काव्यधारा के कवियों की कथ्य-विविधता को रेखांकित करना चाहा है। सातवें तथा आठवें दशकों के कवियों की काव्य चेतना का विकास अनेक रूपों में हुआ है। इसे राजनीतिक मोहभंग तथा नयी राजनीतिक समझ के रूप में लिया जा सकता है। समकालीन कविता के प्रथम पक्ष के कवि कहीं-कहीं कुण्ठा, हताशा, बौनापन, भय, संत्रास, अजनबीपन, अकेलापन, ऊब, निराशा, आक्रोश, विद्रोह तथा क्रान्ति की चेतना को अपनी रचनाओं में आत्मसात् किये हैं। यहाँ डॉ. रमेश कुन्तल मेघ का यह कथन उचित प्रतीत होता है--"यह सही और सच्ची, सार्थक और प्रतिबद्ध समझ सातवें दशक के अन्त में आयी है और इस बिन्दु पर युवा कवियों ने आत्मनिर्वासनबोध छोड़कर अनिवार्यताबोध अपनाया है। साहित्य की रजनीति के पाखण्ड पर्व को खण्ड-खण्ड करके देश में तरक्की राम को पटकथा दिखाते हुए राजनीतिक कविता को ही आज की सही और सच्ची कविता मान लिया है।"[43]

डॉ. वंशी ने डॉ. मेघ के प्रस्तुत कथन को आधार बनाकर इस काव्यधारा के

कवियों में प्रतिपादित राजनीतिक चेतना तथा मानवीय संवेदनाओं पर प्रकाश डालते हुए अपना अभिमत प्रस्तुत करना चाहा है–"यह राजनीतिक चेतना मानवीय स्थितियों के साथ सम्बद्ध होकर गहराई और संवेदित हुई है। क्रूर और घातक होती गयी विश्व राजनीति के सन्दर्भों के समानान्तर देशीय सन्दर्भों के विवरण और उल्लेख तथा उनकी परिणतियों के विभिन्न आयाम इस दौर के काव्य में उपलब्ध होते हैं। सिर्फ राजनीतिक शब्दों के प्रयोग तक ही कवि ठहर नहीं गये, बल्कि बिना किसी राजनीतिक शब्द के प्रयोग किये भी मानवीय स्थिति की विडम्बनाओं, वेदनाओं, पीड़ाओं को गहन अभिव्यक्ति मिली है। राजनीतिक सन्दर्भ मानवीय सन्दर्भों से अनिवार्यतः संश्लिष्ट रूप में जुड़े हुए हैं। वस्तुतः मानव स्थितियों और राजनीतिक स्थितियों को अलग कर पाना भी कठिन है। वर्तमान मानव स्थितियाँ राजनीतिक सत्ता की ही देन हैं। व्यक्ति स्थितियों की भांति ही देशीय स्थितियाँ अन्तरराष्ट्रीय राजनीति से उद्भूत एवं सम्बद्ध हैं।"[44]

राजनीतिक मूल्य पक्षधरता और समकालीन कविता

समकालीन रचनाधर्मिता के लिए राजनीतिक समझ को अनिवार्य माना गया है। इसके बिना वह विरोध की राजनीति में ईमानदार नहीं रह सकता। आजादी के बाद भारत स्वतंत्र हुआ किन्तु गाँधी के राम-राज्य का स्वप्न साकार न हो सका। भारतीय लोकतंत्र जन आकांक्षाओं को पूरा न कर सका। ऐसी स्वतंत्रता और जनतंत्र से मोहभंग का शिकार होकर जनता की सभी आशाएँ, स्वप्न धराशायी हो गये। एक जागरुक बुद्धिजीवी के रूप में रचनाकार भी इस सच्चाई को नकार न सके। यहीं से विरोध की राजनीति से जुड़ी समकालीन काव्य-यात्रा का आरम्भ होता है। इन कवियों ने अभिव्यक्ति के खतरे उठाते हुए व्यवस्था विरोध में काव्य सृजन किया। उसके सामने राजनीति से जुड़े अनेक प्रश्न हैं, जिनका समाधान करने को वह तत्पर हैं। एक प्रकार से पूर्ववर्ती काव्यधाराओं से राजनीतिक समझ इसका अलगाव पक्ष है। उसका पहला प्रश्न जनतंत्र की असफलता को लेकर है। आखिर इसके लिए जिम्मेदार कौन है? व्यवस्था इसके लिए जनता को उत्तरदायी ठहराती है और जनता इसके लिए व्यवस्था को दोषी मानती है। वास्तव में दोनों ही इसके लिए जिम्मेदार हैं–यह निर्णय समकालीन कवि देते हैं जो स्पष्ट कर देता है कि उनकी व्यवस्था विरोध पूर्वाग्रही नहीं है वरन् वह तटस्थता से समस्त स्थिति का मूल्यांकन करता है। वह व्यवस्था की स्वार्थ प्रेरित नीतियों, भ्रष्टाचार, अवसरवादिता, अन्याय और अत्याचारपूर्ण गतिविधियों पर चिन्ता प्रकट करता है, उन पर व्यंग्य करते हुए उन्हें चीर-चीर कर देने हेतु संकल्पित है, किन्तु उसका विरोध मूलभूत व्यवस्था से न होकर व्यवस्था की अमानवीय नीतियों से है। वह व्यवस्था के सही विकल्प की तलाश करते

हुए समाजवादी तत्त्वों से भी मोहभंग का शिकार होता है। आखिर प्रजातंत्र से शिकस्त खाया कवि पुनः प्रजातंत्र में ही आस्था प्रकट करता है। वह प्रजातंत्र को सही रूप में समाजवादी जनवादी आधार प्रदान करना चाहता है। इसके लिए वह अपढ़, अबोध, उपेक्षित जनता को प्रौढ़ शिक्षा देना चाहता है ताकि वे जागृत हों और जनतंत्र के निष्ठावान् प्रतिनिधियों का चुनाव कर सकें। मूलतः समकालीन कविता राजनीतिक अन्तर्विरोधों और विसंगतियों का पर्दाफाश करती है, जहाँ वह राजनीति की सच्चाइयों को छिपाने लगती है, वहीं उसकी कविता रोमानियत का शिकार होने लगती है, पर अधिकांश कवि राजनीतिक भ्रष्टाचार का यथार्थ चित्रण करते हैं। वस्तुतः समकालीन कविता प्रत्यक्ष अथवा अप्रत्यक्ष रूप में सत्ता, व्यवस्था, राजनीतिक बिखराव, प्रदर्शन के संकेत उल्लेख से युग-बोध की पहचान कराती है। राजनीतिक मूल्य विघटन से कवि नये मूल्यों के संचार के लिए विकल है—यही विकलता उसके कवि कर्म को गहन धरातल प्रदान करती है।

समकालीन कविता : आक्षेप और उपलब्धि

समकालीन कविता को लेकर समीक्षक एवं कवि इसके विपक्ष को सम्पुष्ट करने हेतु अनेक आरोप लगाते रहे हैं। मूल्यांकन—समकालीन कविताएँ जनवरी, 68 के सम्पादकीय में शम्भुनाथ चतुर्वेदी की दृष्टि इस काव्यधारा के प्रति कुछ तीक्ष्ण रही है। यथा—"साठोत्तर कवियों में सिर्फ वर्तमान में जीने की प्रवृत्ति है, वर्तमान जिजीविषा है, वर्तमान विभीषिका है, वर्तमान विकृतियाँ और वर्तमान से पीछे या आगे उनकी दृष्टि ही नहीं जाती।"[45] बाह्य परिवेश के कारण इस कविता का स्वरूप गद्यात्मक है, सांस्कृतिक चेतना का अभाव है, मूल्यहीनता की खोज तक सीमित है, जीवन दृष्टि के विकास का अभाव, पौराणिकता एवं ऐतिहासिक समझ नहीं है, सिर्फ कुण्ठाओं, सेक्स की अभिव्यक्ति हुई है। यथार्थ के स्नैप्स खींचे गये हैं, विजन ऑफ लाइफ के प्रति उदासीन, इलियट द्वारा निर्दिष्ट कवि-कर्म-दायित्व का निर्वाह भी ये नहीं कर पाये हैं। डॉ. गुप्त का यह स्वीकारना उचित है कि समकालीनता के अनेक आयाम हैं, सबको वाणी देना किसी एक के वश की बात नहीं।[46]

निष्कर्ष स्वरूप हम कह सकते हैं कि समकालीन कविता मानव-मूल्यों को अनेक रूपों में प्रस्तुत करती है। वैसे इस काव्यधारा के कवि वैयक्तिक, पारिवारिक, सामाजिक—वर्गीय मूल्यों के प्रति सचेत हैं, पर इनकी रचनाधर्मिता राजनीतिक व्यवस्था के उद्घाटन में अधिक मुखर हुई हैं। ये समस्याओं के साथ ही प्रत्येक भारतीय को इनके प्रति सचेत रहने का आह्वान देती हैं—राजनीतिक विकृतियों को सामूहिक चेतना और जन शक्ति से दूर किया जा सकेगा—ऐसा इनका विश्वास

है। प्रत्येक कवि राजनीतिक भ्रष्टाचार का यथार्थ चित्रण कर मूल्य बदलाव की सांकेतिक अभिव्यक्ति को अपना रचना-कर्म मानता है।

सन्दर्भ-संकेत

1. आधुनिक साहित्य बोध (एक परिसंवाद) पृष्ठ 5
2. आलोचना (विशेषांक 2, जुलाई 65) पृष्ठ 12
3. प्रयोगवाद और नयी कविता पृष्ठ 176
4. हिन्दी नवलेखन पृष्ठ 13
5. नयी कविता के प्रतिमान, पृष्ठ 264-65
6. निराला का आधुनिक बोध, कल्पना जुलाई 67, पृष्ठ 48
7. नये प्रतिमान : पुराने निकष, पृष्ठ 60
8. स्वातन्त्र्योत्तर हिन्दी, साहित्य, पृष्ठ 35
9. नरेन्द्र देव वर्मा, आधुनिकता बात तत्त्व बोध की, (ज्ञानोदय जनवरी 67, पृष्ठ 17)
10. कुबेर राय, आधुनिकता नयी और पुरानी (वही, पृष्ठ 32)
11. आधुनिकता : वर्तमान मनःस्थिति और नये खोज की दिशा (वही, अगस्त 67, पृष्ठ 28)
12. साहित्य और आधुनिक युग बोध, पृष्ठ 14
13. नयी कविता अंक 7, पृष्ठ 54-55
14. आधुनिकता और समकालीन रचना सन्दर्भ, पृष्ठ 22
15. शुद्ध कविता की खोज, पृष्ठ 216
16. आधुनिकता बोध और आधुनिकीकरण, पृष्ठ 314
17. नयी कविता की सीमाएँ और सम्भावनाएँ, पृष्ठ 106
18. साहित्य : नया और पुराना, पृष्ठ 31
19. नयी कविता के नाट्य-काव्य; पृष्ठ 10
20. समकालीन हिन्दी नाटक : कथ्य चेतना, पृष्ठ 13
21. नयी कविता के नाट्य-काव्य; पृष्ठ 33
22. साहित्य : नया और पुराना, पृष्ठ 29
23. नयी कविता (अंक 9-1966-67)
24. नयी कविता : स्वरूप और समस्याएँ, पृष्ठ 175-76
25. हिन्दी कविता : आधुनिक आयाम, पृष्ठ 182
26. नयी कविता के नाट्य-काव्य, पृष्ठ 32
27. साहित्य : नया पुराना, पृष्ठ 36
28. अकविता और कला-सन्दर्भ, पृष्ठ 22
29. वही, पृष्ठ 28-29
30. समकालीन कविता की भूमिका, पृष्ठ 3-4

31. विचार कविता की भूमिका, पृष्ठ 15
32. उपनगर की वापसी, पृष्ठ 6
33. दस्तावेज़ वर्ष 1, अंक 4, जुलाई 79, पृष्ठ 62
34. नयी कविता के नाट्य-काव्य, पृष्ठ 32
35. कंक (वर्ष 2 अंक 11, जुलाई-अगस्त 73), पृष्ठ 42-46
35A. समकालीन हिन्दी कविता की गतिविधियाँ, अभिव्यक्ति-1, पृष्ठ 14
35B. क्योंकि समय एक शब्द है, पृ. 455
36. कंक (वर्ष 10 अंक 56-58) पृ. 62
37. उद्धृत–वेदप्रकाश अमिताभ, हिन्दी साहित्य : विविध प्रसंग, पृष्ठ 53
38. समकालीन कविता की भूमिका, पृष्ठ 20
39. समकालीन साहित्य : एक नयी दृष्टि, पृष्ठ 38
40. बालेन्दु शेखर तिवारी, अनुवाक् (अंक 1, वर्ष 1977), पृष्ठ 62-63
41. दिनेश्वर प्रसाद, वही पृष्ठ 38
42. उद्धृत–समकालीन कविता संवाद, पृष्ठ 84
43. क्योंकि समय एक शब्द है, पृष्ठ 464
44. आधुनिक हिन्दी कविता में विचार, पृष्ठ 191
45. मूल्यांकन (समकालीन कवितांक जनवरी 68).
46. सुरेशचन्द्र गुप्त, दूब की ज्वाला, पृष्ठ 7

द्वितीय अध्याय

धूमिल की कविता : विकास एवं मूल्य-बोध

समकालीन कविता में धूमिल एक महत्त्वपूर्ण कवि प्रतिष्ठित हो चुके हैं। इनके अब तक तीन काव्य-संग्रह प्रकाशित हैं। प्रथम काव्य-संग्रह 'संसद से सड़क तक' सन् 1972 में प्रकाशित हुआ। इसमें कवि ने अपनी काव्य-चेतना के क्रमिक विकास को दृष्टि में रखा होगा, पर मरणोत्तर प्रकाशित काव्य-संग्रह 'कल सुनना मुझे' 1977 में राजशेखर ने सम्पादित किया। सन् 1984 में इनका तृतीय काव्य-संग्रह प्रकाशित हुआ, जिसका सम्पादन रत्नशंकर ने किया। प्रथम काव्य-संग्रह में कविताओं का चयन एवं प्रतिपादन स्वयं कवि द्वारा किया गया है, पर द्वितीय तथा तृतीय काव्य-संग्रह में प्रतिपादित रचनाओं में अनेक लोगों की दृष्टि रही है—इसमें कवि की चयन-दृष्टि का अभाव है। यही कारण है प्रकाशन सन् में पाँच वर्षों के अन्तराल के रहते हुए भी हमें 'कल सुनना मुझे' तथा 'सुदामा पाण्डे का प्रजातंत्र' की अधिकांश कविताएँ 'संसद से सड़क तक' में संकलित रचनाओं से पूर्व लिखित प्रतीत होती हैं। हमारा विश्वास है कि इनमें से अधिकांश रचनाओं को कवि लिख चुकने के पश्चात् प्रकाशित करवाने (करने) का विचार नहीं बना पा रहा था। कारण, कुछ रचनाओं का सृजन किसी विशिष्ट घटना अथवा स्थिति के फलस्वरूप हो जाया करता है—जब कभी उसी घटना या स्थिति का वास्तविक पक्ष कवि के सम्मुख आता है तो फिर वह अपनी प्रतिक्रिया तीक्ष्ण ढंग से व्यक्त करता है। यहाँ हम इस धारणा हेतु एक उदाहरण प्रस्तुत करना चाहेंगे। 'संसद के सड़क तक' की अधिकांश कविताओं में जनतंत्र के नाम पर नेताओं के प्रदर्शन एवं उनकी मनोवृत्ति को आधार में ले कवि की खीज, आक्रोश एवं व्यंग्य प्रहार व्यक्त हुआ है, जबकि दूसरे संग्रह की कुछेक कविताओं में उसका स्वर प्रशंसात्मक रहा है। तीसरे संग्रह की कविताएँ तो पूर्व

प्रकाशित दोनों काव्य-संग्रहों से भिन्न धरातल की हैं। कवि के रचनात्मक विकास की पहचान में अनेक बार ऐसा स्वाभाविक एवं सहज रूप में हो जाया करता है।

काव्य-विकास : कथ्य-विविधता

संसद से सड़क तक

'संसद से सड़क तक' काव्य-संग्रह में कुल पच्चीस कविताएँ हैं। भाषा की रात, राजकमल चौधरी, प्रौढ़ शिक्षा, कवि 1970 तथा मोचीराम को आकार की दृष्टि से पटकथा के बाद की श्रेणी में रखा जा सकता है। आकार में लघु होने के कारण अन्य कविताओं को नकारा नहीं जा सकता। वस्तुतः धूमिल की प्रत्येक कविता सोद्‌देश्य है—किसी-न-किसी विशिष्ट धारणा, स्थिति या प्रसंग की प्रस्तुति सही एवं सार्थक प्रयोग में की गयी है—इसीलिए ये शब्दकोशीय अर्थ-व्यंजना के साथ सन्दर्भ की व्यापकता को ग्रहण किये हैं। ऊपरी धरातल पर भाषा में प्रयुक्त शब्द घिनौने परिवेश एवं स्थितियों के प्रतीत हो सकते हैं, पर उनके द्वारा कवि विशिष्ट भाव सम्प्रेषित करना चाहता है। सपाटबयानी में अर्थ-गाम्भीर्य धूमिल की कविताओं की उपलब्धि स्वीकारी जा सकती है।

कथ्य अथवा विषय प्रतिपादन की दृष्टि से काव्य-संग्रह में संकलित कविताओं में क्रमशः राजनीतिक, सामाजिक, आर्थिक विषमताओं के साथ वर्ग-चेतना, नारी स्थान एवं नक्सलबाड़ी आन्दोलन की सांकेतिक अभिव्यक्ति हुई है। कवि की राजनीतिक समझ, ऐतिहासिक बोध एवं सामाजिक दायित्व बोध के साथ वर्ग चेतना की सही पहचान—इन सभी की सपाट एवं संश्लिष्ट अभिव्यक्ति इनकी कविताओं में हुई है। 'राजकमल चौधरी के लिए' कविता नयी कविता के महत्त्वपूर्ण हस्ताक्षर के प्रति श्रद्धास्वरूप लिखित है, पर कथ्य की व्यापकता द्रष्टव्य है। अधिकांश कविताएँ समाज की यथार्थ स्थिति को व्यंजित करती हैं। प्रत्येक रचना कवि के निजी अनुभव वक्तव्य पाठक को महत्त्वपूर्ण स्थिति का बोध कराते हैं। विशेषकर धूमिल की काव्य सृजन प्रक्रिया की धुरी सार्थक (सही) दृष्टि रही है। सभी वक्तव्य, एकालाप अथवा हलफनामें सार्थक हैं—स्थूल धरातल एवं यथार्थ बोध होने पर संवेदना काव्यात्मक है। प्रत्येक शब्द वाक्यांश प्रसंग अन्तस् को स्पर्श करता है, मस्तिष्क (विवेक) को झटकाता है तथा हमें सोचने पर विवश होना पड़ता है कि आखिर धूमिल प्यार-मकान की तलाश से कहना क्या चाहता है? पहला, सही कविता तथा दूसरा, सही सार्थक आदमी। कविता और आदमी का सही रूप उद्‌घाटित करने के लिए कवि ने ऐसी स्थितियों का पर्दाफाश किया है—जिनसे हम सब परिचित हैं—जो जनमानस में व्याप्त हैं। यही कारण है कि तीनों काव्य-संग्रहों में संकलित

कविताओं में समस्याओं की प्रस्तुति किसी-न-किसी रूप में अवश्य हुई है—वह भले ही सामाजिक धरातल की हो या राजनीतिक धरातल की। तभी वह समझता है कि, "लोकतंत्र के

इस अमानवीय संकट के समय
कवियों के जरिये
मैं भारतीय
वामपंथ के चरित्र को
भ्रष्ट होने से बचा सकूँगा—एक मात्र इसी विचार से
मैं रचना करता हूँ अन्यथा यह इतना दुस्साध्य
और कष्टप्रद है कि कोई भी व्यक्ति
अकेला होकर मरना पसन्द करेगा
वनिस्बत इनमें आकार एक
एक सार्वजनिक और क्रमिक
मौत पाने के।"[1]

इसकी अधिकांश कविताओं में वक्तव्यों के माध्यम से कवि की निजी धारणा का बोध भी होता है। इसमें कविता, जनतंत्र, आदमी, भाषा, चुनाव, हिन्दुस्तान सरीखे अन्य अनेक पक्षों पर धूमिल के विचार देखे जा सकते हैं। अभिमतों को सूत्रात्मक शैली, वक्तव्यों एवं उक्तियों में प्रस्तुत करना मानों कवि की आदत बन चुकी हो। पर इन सबमें उसकी दृष्टि सही सार्थक अवश्य रही है। धूमिल की दृष्टि में समस्या भले ही रोटी की हो या यौन (वासना) की अथवा कविता समझने की हो—वह सभी समस्याओं को सहज रूप में ग्रहण करता है, उसे रहस्यात्मक बनाने अथवा समझाने का प्रयत्न नहीं करता।

वैसे तो 'संसद से सड़क तक' की प्रत्येक कविता धूमिल की रचना-प्रक्रिया एवं काव्य चेतना की द्योतक है, पर 'मोचीराम' आकार में लघु कविताओं में वर्ग चेतना की सार्थक अभिव्यक्ति के कारण तथा पटकथा समसामयिक स्थिति बोध, इतिहास बोध एवं शास्त्री जी के प्रति कवि की चरम आस्था के आधार पर सर्वश्रेष्ठ समझी जा सकती हैं।

'आमुख' में कवि ने स्पष्टतः एक सही कविता के लिए उसे पहले एक सार्थक वक्तव्य होने की पुष्टि की है। 'कविता' नामक कविता में शब्दों से चेहरे जानने का प्रयास करते हुए अर्थ की महत्ता स्त्री के गर्भाधान की स्थिति से लड़की के तीसरे गर्भपात से धर्मशाला होने का उल्लेख है। कविता के सम्बन्ध में उसकी धारणाएँ उसकी कविता समझ एवं पहचान की परिचायक हैं। इस प्रकार के वक्तव्यों में मानव-मूल्यों के साथ परिवर्तित अथवा युगानुरूप विकासमान काव्य-मूल्यों की सांकेतिक अभिव्यक्ति अनेक कविताओं में हुई है। हालाँकि प्रथम संग्रह पश्चात्

के दोनों संग्रहों से अधिक सटीक एवं प्रौढ़ बन पड़ा है। कविता के विषय में उसकी उक्तियाँ महत्त्वपूर्ण हैं। यथा–

> ''मेरी कविताएँ
> अँधेरा और कीचड़ और गोश्त की
> खुराक पर जिन्दा है।''[2]

इस तरह कविता में शब्दों के जरिये एक कवि अपने वर्ग के आदमी को समूह की साहसिकता से भरता है''[3] तथा

> ''कविता के कान हमेशा चीख से
> सटे रहते हैं।''[4]

इस प्रकार के कविता सम्बन्धी अन्य अनेक उदाहरण तीनों संग्रहों में संकलित कविताओं से प्रस्तुत किये जा सकते हैं, पर प्रथम काव्य-संग्रह में यह पक्ष अधिक सार्थक बन पड़ा है। इसमें कविता सम्बन्धी अनेक सटीक धारणाएँ प्रस्तुत की गयी हैं। बीस साल बाद में कवि देश की स्वतंत्रता के पश्चात् की स्थितियों को सम्मुख रख अनेक प्रश्न करता है, पर किसी का भी उत्तर नहीं पाता। जनतंत्र के सूर्योदय में धूमिल को देश में व्याप्त विचित्र स्थितियों का बोध होता है–इसे गाभिन पेट तथा महरी का प्रसंग विवशता का बोध कराता है। 'अकाल दर्शन' कविता शीर्षक के अनुरूप स्थिति विवशता को प्रस्तुत करती है। कवि अनेक प्रश्नों से घिरा है पर उसे समाधान स्वरूप उत्तर नहीं मिल पा रहा। बसन्त में विवशताओं के विभिन्न सन्दर्भों को बसन्त के माध्यम से प्रस्तुत किया है। अन्तस् में तनाव की स्थिति के रहते व्यक्ति जिम्मेदारियों के कारण खोखलेपन की मनःस्थिति (यातना) भोगता रहता है। एकान्त कथा कविता में कवि को अनेक अनुभव हुए हैं तथा वह शीत शालीनता के आधार पर व्यक्तित्व के सूखे कंकाल की स्थिति देखता है और एकान्त की ओर लौटता है। व्यक्ति से परिवेश तथा परिवेश से व्यक्ति के एकान्त (अन्तर) की अन्तर्वेदना है। शान्तिपाठ रचना में देश में व्याप्त स्थितियों पर तीक्ष्ण व्यंग्य-अन्तरराष्ट्रीय समस्याएँ तथा विगत युद्ध के मध्य अपनी सड़ी नीति का उल्लेख कर कवि जनमत की वास्तविकता का बोध कराता है। उस औरत की बगल में लेटकर कविता में कुछ नये एहसासों से परिचित कराया गया है, जिसमें व्यक्ति, परिवार तथा पड़ोस की समस्याओं को देखा गया है। राजकमल चौधरी के लिए रचना में जहाँ उसकी मृत्यु से कवि का दुःख व्यंजित है, वहाँ उसकी समकालीन कवियों में महत्ता ज्ञापित करता हुआ वह युगीन सन्दर्भों को ऐतिहासिक समझ के रूप में प्रस्तुत करता है। 'मोचीराम' कवि धूमिल की एक ऐसी कविता है, जिसे अनेक दृष्टियों से इस संग्रह की प्रतिनिधि रचना का स्थान प्राप्त है। इसमें जाति, व्यवसाय के द्वारा वर्गगत चेतना को प्रस्तुत किया गया है। शहर से सूर्यास्त में भाषा विवाद तथा देश में व्याप्त चरित्रहीनता के द्वारा जनतंत्र पर व्यंग्य किया गया

है। प्रौढ़ शिक्षा में देश में व्याप्त स्थितियों को सही प्रकार से समझकर वह जनता को विद्रोही स्वर प्रदान करता हुआ परिवर्तन के नयेपन का बोध कराता है। इस कविता में प्रौढ़ शिक्षा तथा प्रकृति के उपकरण स्थिति बोध के सशक्त माध्यम उपकरण हैं। भाषा में नये शब्द परिचय से कवि का विद्रोही स्वर व्यंजित हुआ है। मकान कविता में धूमिल ने स्व-परिवर्तन का विवरण प्रस्तुत किया है। मकान एक आदमी के बदलाव की सूचना देता है, फिर एकाएक मकान सम्पूर्ण देश का विषय धारण कर लेता है। अर्थात् वैयक्तिक आत्मविभोरता से कवि शब्दों के नंगेपन और यथार्थ स्थिति को कविता का कथ्य बना लेता है। एक आदमी में कवि बहुत कुछ अनकहा छोड़ देता है, अधूरी इच्छाओं एवं सम्भावित तर्क के रूप में कवि का स्वर कुछ तीक्ष्ण है, पर वह देश में व्याप्त परस्परविरोधी स्थिति परिचय तक क्रान्ति का कार्य समाप्त समझ लेता है। उसके स्वर पर अनेक प्रकार की रोक लगायी जा रही है, यही पालतू होने की विवशता है।

पतझड़ में देश की अव्यवस्था के लिए राजनेताओं के साथ युवा पीढ़ी तथा स्वयं को भी उसने दोषी स्वीकारा है। पतझड़ की भाँति सम्बन्ध विच्छेद का रूप धारण कर चुका है। कवि 1970 कविता के प्रारम्भ में स्थिति की विपरीतता का वर्णन करता हुआ कवि कविता में शब्दों तथा व्याकरण के माध्यम से अपने धूमिल होने की उपयुक्तता प्रतिपादित करता है। यहाँ भी वह स्व-विवशता से देशव्यापी विवशता को वाणी देना चाहता है। उसका एक डर चुनना भाषा की नई समझ की ओर संकेत है। नक्सलबाड़ी कविता धूमिल को समकालीन कवियों में पृथक् स्थान प्रदान करती है। उग्र एवं आतंकवादी आन्दोलन को वैचारिक धरातल पर स्वीकारने वाला कवि। इसका मूल स्वर असहमति का है। एक प्रकार से धूमिल इस आन्दोलन का पक्ष लेता है और काफी कुछ आखिरकार अनकहा छोड़ देता है। 'कुत्ता' में कुत्ते की जीभ, दाँतों से हड्डी चबाने से भूख की समस्या को दिखलाया गया है। इस भूख समस्या को कवि ने निर्लज्जता एवं फालतूपन की स्थिति में व्यक्त किया है। 'शहर शाम और एक बूढ़ा : मैं' नामक कविता शीर्षक के अनुरूप विकसित होती है–इन सबके द्वारा वह परस्परविरोधी स्थितियों को कई संक्षिप्त उदाहरणों द्वारा प्रस्तुत करता है। यहाँ देश की यथार्थ स्थिति उद्घाटित की गयी है। सच्ची बात रचना में धूमिल यथार्थ एवं ज्वलन्त अनेक प्रश्नों को प्रस्तुत करता है। उसका विश्वास है सच्चाई सभी को प्रायः अपराध की सीमा पर छोड़ आती है–सभी में सन्देह व्याप्त है–यही इस युग की सत्यता है। हत्यारी सम्भावनाओं के नीचे कविता में आग के आदमी व देश की विवशता को दर्शाते हुए उसकी सहनशील प्रवृत्ति को नकारा गया है। कवि का विश्वास कुछ ठोस करणीय में है–इसलिए हमने धूमिल का कवि स्वर यथार्थ स्थिति के प्रति उग्र अथवा आतंकवादी माना है–इसे राष्ट्रवादी दृष्टि से आँकना कवि से बहुत बड़ा अन्याय होगा।

सहनशीलता एवं अकर्मण्यता उग्रवादी को मान्य नहीं। स्थिति से जूझना/नष्ट होना/करनी में उनकी आस्था है। इसीलिए कवि की मूल्य दृष्टि बिल्कुल स्पष्ट है।

'मुनासिब कार्रवाई' कविता में धूमिल ने कवि को कटघरे के रूप में प्रस्तुत करते हुए सभी के चेहरे देखने तथा वास्तविकता को कविता के माध्यम से व्यक्त करने की पुष्टि की है। सभी ने मुखौटे धारण कर रखे हैं—इसे वह कविता के अर्थ बदलने से स्पष्ट करता हुआ कहता है कि मगर अब चीजों के गलत होने का पता चल चुका है। इसीलिए वह कवि-कर्म को शीघ्रता में पूरा करना चाहता है—यही उग्रवादी चेतना है। 'भाषा की रात' नामक कविता के आरम्भ में उसे सब कुछ झूठ प्रतीत होता है—नफरत की व्याप्ति है। किस प्रकार अवसरवादी नेताओं ने देश में भाषा विवाद फैला रखा है—यह ऐसा दोमुँहाँ विषधर है जो कभी समाप्त नहीं हो सकेगा—इस मामूली विवाद अथवा समस्या ने महत्त्वपूर्ण समस्याओं—भूख तथा व्यवसाय से भी विकट रूप धारण कर लिया है। यहीं इस समस्या को कवि ने सड़क के अँधेरे से बाहर निकाल आदमी को ठीक करने पर बल दिया है। धूमिल इस राजनीति (परस्पर लड़ाने की नीति) से भली-भाँति परिचित है। इसलिए भाषा विवाद को छोड़ वह सही देशभक्त होने का संकल्प प्रस्तुत करता है।

'पटकथा' सोद्देश्य लम्बी कविता है। इसके प्रारम्भ में कवि बाहर आने से अभिव्यक्ति के खुले आयाम की पुष्टि करता हुआ देश की स्वतंत्रता-प्राप्ति पश्चात् की स्थिति को व्यापक धरातल पर प्रस्तुत करता है। इसमें आजादी के प्रति एक विशिष्ट भाव की ओर संकेत है—कवि पर्याप्त समय की प्रतीक्षित स्वतंत्रता-प्राप्ति पर अपने राजनेताओं में बदलाव (सुधार) की कामना करता रहा—अपने मान्य नेता (नेहरू) को आदर-सम्मान देता रहा—पर समस्याएँ घटने के स्थान पर दिनोंदिन विकट रूप धारण करती गयीं। चारों ओर देश में एक प्रकार का शोषण का वातावरण व्याप्त हो गया। इसमें कवि ने कई बार आजादी की सही प्रतीक्षित (वांछित) अर्थ खोजने का प्रयास किया, पर हाथ लगा—आग, आँसू और हाय का तथ्यहीन मिश्रण। हिन्दुस्तान के माध्यम से देश की वस्तुस्थिति को नाटकीय धरातल पर प्रस्तुत किया गया है। पूँजीवादी दिमाग के कारण सुधार के स्थान पर शोषण होता रहा—चुनाव के नाम पर भी एक छलावा हाथ लगा, धीरे-धीरे उसे वास्तविकता का बोध चेहरों को सही रूप में पहचानने से होता है—संसद और जनता का सही अर्थ जानने के लिए वह इस रचना को अनेक सन्दर्भों में प्रस्तुत करता है। इसमें प्रधानमन्त्री के निधन—पड़ोसी देशों से आक्रमणों को कवि ने अपने दुःख में व्यंजित किया है। ऐतिहासिक बोध का सही चित्र इस कविता में देखा जा सकता है।

कल सुनना मुझे : काव्य-विकास का अनिश्चित चरण

धूमिल के मरणोपरान्त उनके द्वारा रचित कुछ कविताएँ एवं युग बोध सम्बन्धी

धारणाएँ इस बीच प्रकाशित हो रही हैं। वस्तुतः यह कार्य प्रशंसनीय है कि कम-से-कम हिन्दी जगत् में लेखक/कवि की सही पहचान तो हुई। साहित्य अकादमी का पुरस्कार 'कल सुनना मुझे' उनके मृत्यु पश्चात् प्रकाशित काव्य संग्रह पर—यहाँ भारतीय दृष्टि का हमारी दृष्टि में निर्वाह हुआ है। खैर, इस पुरस्कार से और कुछ लाभ हो न हो, पर धूमिल की कविता को विभिन्न सोपानों एवं आयामों से विवेचित/विश्लेषित अवश्य किया जायेगा। धूमिल का रचना-संसार अद्भुत है—अब तक उनके तीन संग्रहों में से सबसे अधिक लोकप्रियता 'संसद से सड़क तक' काव्य-संग्रह को मिली है। उसमें कवि के सम्मुख एक निश्चित दृष्टि भी रही है जबकि 'कल सुनना मुझे' काव्य-संग्रह में इस प्रकार का दृष्टि-अभाव है। अन्य अनेक कारणों में संग्रह करते समय कवि का न रहना बहुत बड़ा कारण है। कभी-कभी मुझे ऐसा लगता है कि धूमिल ने इस संग्रह की अधिकांश कविताओं की रचना समय एवं स्थिति से प्रेरित होकर भले ही की हो, पर इनके प्रकाशन में कवि की ओर से विलम्ब इस तथ्य की ओर संकेत अवश्य करता है कि इन कविताओं का महत्त्व सीमित है—कुछ में तो दृष्टि भ्रम भी दीखता है। हम तीनों काव्य-संग्रहों के काव्य सौष्ठव की तुलना पृथक् से सविस्तार करेंगे।

'कल सुनना मुझे' काव्य संग्रह में कुल सैंतीस कविताएँ संकलित हैं। इस संग्रह में प्रस्तावना डॉ. विद्यानिवास मिश्र द्वारा लिखित है। 'मरणोत्तर धूमिल : एक कथायात्रा' शीर्षक के अन्तर्गत राजशेखर ने धूमिल की कविता सम्बन्धी अपनी भाव-विभोर स्थिति का परिचय दिया है—इसके साथ ही 'भाषा की रात में' धूमिल की भूमिका प्रस्तुत की गयी है। धूमिल को व्यक्ति एवं कवि रूप में समझने में इन तीनों संस्मरणरूपी लेखों का विशेष महत्त्व है। प्रायः सभी कविताएँ सीमित कथ्य, स्थिति अथवा प्रसंग से आरम्भ होती हैं, पर मध्य तक आते-आते कविता का दायरा विस्तार पाने लगता है। अन्त में तो कविता व्यापक अर्थ ग्रहण करती प्रतीत होती है। कुछेक कविताओं का सम्बन्ध कवि के निजी जीवन व्यवसाय एवं समस्याओं से है, पर धूमिल की विशिष्टता इसमें रही है कि निजता, स्थूलता मात्र स्थिति का संकेत देने हेतु है—अर्थ की गहनता एवं सन्दर्भ की व्यापकता अनेक कविताओं में द्रष्टव्य है। अपनी विवशता में सम्पूर्ण देश की विवशता का चित्रण कर कवि-कर्म की पूर्ति नहीं मानता। वह तो जनसामान्य को अनेक स्थितियों से जूझने का आह्वान भी करता है। जागरुक रहकर सही जनतंत्र की पहचान करवाने का उपक्रम करता रहता है। वस्तुतः इस कवि-कर्म को तीनों संग्रहों में संकलित कविताओं में देखा जा सकता है। जनता, जनतंत्र, चुनाव, नेता, कुर्सी, संविधान, टोपी, सरीखे प्रयुक्त अनेक शब्द कोशीय अर्थ की सीमा तक नहीं रह पाते, वरन् वे वर्तमान युग की सामाजिक एवं राजनीतिक व्यवस्था की सार्थक पहचान कराते हैं। इसी प्रकार भाषा, शब्द, अक्षर, वाक्य, व्याकरण, प्रतीक, बिम्ब, छन्द इत्यादि

शैल्पिक उपकरण सिर्फ कविता के शिल्प की अपेक्षा आदमी और समाज की वास्तविकता का बोध कराते हैं। वस्तुतः इसीलिए हम धूमिल को शब्दों का जादूगर मानते हैं, क्योंकि यह आम भाषा में सपाटबयानी के आधार पर अनेक समस्याओं का रचनाओं में समावेश करता है तथा इससे एक निश्चित मूल्य चेतना एवं संकल्प की पुष्टि भी हो जाती है।

विषय-प्रतिपादन की दृष्टि से इन संकलन की कविताओं को क्रमशः कवि निजता, अतीत अथवा इतिहास बोध एवं यथार्थस्थिति बोध में विभाजित किया जा सकता है। वैसे इस विभाजन का कोई अर्थ नहीं रह जाता, जब हम कवि के निज (सेल्फ) की चर्चा करते हैं, क्योंकि सभी कविताएँ कहीं-न-कहीं कवि की निजता को प्रत्यक्ष अथवा अप्रत्यक्ष रूप में व्यक्त करती हैं। भले ही वह फिर नेहरू के प्रति कवि के भाव हों या शान्तिप्रिय द्विवेदी के प्रति आस्था। इसी प्रकार रोटी और संसद भी व्यक्ति (इकाई) से समूह की व्यंजक है। फिर भी जवाहरलाल नेहरू की मृत्यु पर, और वैरागी : पं. शान्तिप्रिय द्विवेदी, लेनिन का सिर, कविता श्रीकाकुलम् तथा आतिश के अनार-सी वह लड़की—ये सभी विशिष्ट व्यक्ति एवं सन्दर्भ से युक्त कविताएँ हैं। इन कविताओं के अन्त में कवि का सन्दर्भ व्यापक रूप धारण कर लेता है। देश-प्रेम : मेरे लिए, किस्सा जनतंत्र, सुदूर पूर्व में, शब्द जहाँ सक्रिय हैं, दूसरे घर, नगर कथा, गृहस्थी, चार आयाम, सापेक्ष संवेदन, उसके बारे में, खेवली, शून के बारे में कविता, मैं हूँ, मेरी कविता, आज मैं लड़ रहा हूँ, मृत्यु चिन्ता तथा गाँव में कीर्तन वैयक्तिकता है जो कवि सीमा समूहगत चेतना में स्थानान्तरित संवेदना के धरातल पर व्यक्त करता है। अन्य कविताओं में यथार्थ स्थिति को प्रस्तुत किया गया है। यहाँ ध्यातव्य है कि इस विभाजन के पश्चात् भी ऐसी अनेक कविताएँ उदाहरणार्थ प्रस्तुत की जा सकती हैं, जिनमें उपरिविवेचित इन रूपों को देखा जा सकता है। कवि मूलतः शब्द, भाषा अथवा कविता स्थिति, प्रसंग, सन्दर्भ या उल्लेख द्वारा युग बोध की यथार्थता को प्रस्तुत करना चाहता है। स्व-विवशता से प्रेरित हो काव्य सृजन के क्षणों में वह समूह विवशता को आत्मसात् कर लेता है। प्रस्तुत विभाजन के मूल में हमारा प्रयास धूमिल की काव्य-चेतना के विभिन्न पड़ावों की ओर संकेत करना भी रहा है। यहाँ यह उल्लेख करना भी समुचित होगा कि कवि धूमिल को किसी एक वक्तव्य, उक्ति, स्थिति के उल्लेख या वर्णन के आधार पर सम्पूर्णता में जाँचना एकांकी दृष्टि का परिचायक होगा।

प्रस्तुत संकलन की अधिकांश कविताएँ निजी समस्याओं से सम्बन्धित हैं, पर निजता की सीमा की आवृत्ति समूह की व्यापकता धारण कर लेता है। अपने घर, परिवार एवं व्यवसाय के साथ समकालीन साहित्यकारों के प्रति कवि की अपनी दृष्टि रही है—सामान्य परिवार, सामान्य गृहस्थी, ग्राम्य चेतना का शहरीकरण, नौकरी जाने पर विवशता-बोध इत्यादि काव्य के बाह्य एवं आन्तरिक स्थिति की व्यंजक

परिस्थितियाँ हैं। कवि की विशिष्टता इस बात में रही है कि उसने सभी स्थितियों को सहर्ष झेला है--कहीं-कहीं आक्रोश एवं खीज भी व्यक्त हुई है। यहाँ उसकी समकालीन युवा कवियों एवं परम्पराबद्ध साहित्यकारों के प्रति विशिष्ट दृष्टि रही है। इन्हें नया प्रतीक पत्रिका में प्रकाशित धूमिल की डायरी में देखा जा सकता है। धूमिल की कविताओं में उसका निजी अक्खड़ व्यक्तित्व स्पष्ट झलकता है। परम्परा के अन्धानुकरण का विरोध--कविता में नये अन्दाज, शैली एवं कथ्य को समाविष्ट करने की तीव्रेच्छा इत्यादि को इनकी रचनाओं में प्रत्यक्ष अथवा अप्रत्यक्ष रूप से देखा जा सकता है। कवि का आत्म-संवेदन 'मैं हूँ' कविता में युग की समकालीन स्थिति का व्यंजक बन पड़ा है। यथा--

"कवि एक लय है
थकान में गिरी हुई
क्या तुमने सुना? और तुम्हें खुशी है
मगर मत भूलो
कि कवि
व्यावहारिकता की
बँटी हुई रस्सी से झूलती हुई
संवेदना की खुदकुशी है।"[5]

सुदामा पाण्डे का प्रजातंत्र : काव्य-विकास का अन्तिम पड़ाव

'सुदामा पाण्डे का प्रजातंत्र' तीसरे काव्य-संग्रह में आकार में संक्षिप्त तथा सामान्य धरातल की कुल साठ कविताएँ संकलित हैं। 'संसद से सड़क तक' तथा 'कल सुनना मुझे' काव्य-संग्रहों से यह संग्रह भिन्न धरातल का है। कथ्य एवं टेकनीक की दृष्टि से भी ये रचनाएँ अपना अलग-अलग अस्तित्व बनाये हैं। इनमें अधिकांश कविताएँ कवि की निजता एवं पारिवारिक विवशता से सम्बद्ध हैं, पर कुछ कविताएँ जनतान्त्रिक व्यवस्था और सामाजिक यथार्थ की परिचायक हैं। समकालीन चेतना की द्योतक ये रचनाएँ भूख (रोटी) काम (नारी) देश (राष्ट्र-राजनीति) के वास्तव को उजागर करती हैं। इसलिए कुछ शीर्षक वैयक्तिक एवं पारिवारिक आवश्यकताओं को व्यंजित करते हैं यथा--घर की वापसी, गृह युद्ध, रोटियों का शहर, ट्यूशन पर जाने से पहले, मैं सहज होना चाहता हूँ कमरा, एक : पं. सुदामा और मूर्ति के लिए, पत्नी के लिए तथा प्यार इत्यादि। पर इन रचनाओं को भी इस कथ्य तक सीमित नहीं किया जा सकता। ऊपरी धरातल पर सामान्य एवं सीमित कथ्यांश होने पर भी सन्दर्भित अर्थ से रचना गहराने लगती है, मूल्यों की वैयक्तिक एवं पारिवारिक पक्षों की अपेक्षा सामाजिक पक्ष की व्यापकता का परिचय देती है। इनमें कुछ कविताएँ तो क्षणिकाएँ हैं यथा--आठ : स्त्री इस प्रकार है--

"मुझे पता है
स्त्री-देह के अँधेरे में
बिस्तर की अराजकता है।
स्त्री पूँजी है
बीड़ी से लेकर
बिस्तर तक
विज्ञापन में फैली हुई।"[6]

तथा रोटियों का शहर भी संक्षिप्त रचना है–

छितो-छितो डाँग छितो
छितो-छितो डाँग डाँग
डफलने पर बजती है भूख पैर में घण्टियाँ
दुपहर की आँच में सिकती हैं
रोटियाँ
मजा करो–
तुम अपनी संसद के साथ
हम अपनी साँसत के साथ
छितो-छितो डाँग-डाँग
छितो-छितो...।"[7]

कुछ कविताएँ आकार की दृष्टि में दीर्घ हैं, जिनमें जनतंत्र एक हत्या-सन्दर्भ हत्यारे दो तथा मैमन सिंह कविताएँ विशेष उल्लेख्य हैं। हरित क्रान्ति आकार में लघु कविता होते हुए स्थिति बदलाव की सांकेतिक अभिव्यक्ति करती है। यथा–

"इतनी हरियाली के बावजूद
अर्जुन को नहीं मालूम उसके गालों की हड्डी क्यों
उभर आयी है
उसके बाल
सफेद क्यों हो गये हैं।
लोहे की छोटी-सी दुकान में बैठा हुआ आदमी सोना
और इतने बड़े खेत में खड़ा आदमी
मिट्टी क्यों हो गया है।"[8]

इस प्रकार प्रस्तुत संग्रह में सातवें तथा आठवें दशकों का प्रत्यक्ष भावबोध है। अब आग के साथ-साथ राख का संकेत है। इसीलिए वह सहज होने का संकल्प लेता है। यही कारण है कि इसमें संकलित कविताओं को हमने काव्य-विकास का अन्तिम पड़ाव माना है। स्वयं उनके बेटे तथा सम्पादक रत्नशंकर ने इस संग्रह के विषय में स्पष्ट कर दिया है–"1970 के बाद की लगभग सभी महत्त्वपूर्ण कविताओं को

इस संग्रह में समेटने का मेरा आग्रह रहा है। इसमें लगभग पच्चीस कविताएँ उनके जीवनकाल में ही पत्र-पत्रिकाओं में प्रकाशित हुई थीं। शेष अप्रकाशित पाण्डुलिपि से ली गयी हैं।''

"तुम्हारी अँगुलियाँ जैसे कविता की
गतिशील पंक्तियाँ हैं।
तुम्हारी आँखें कविता की गम्भीर
किन्तु कोमल कल्पना हैं
तुम्हारा चेहरा
जैसे कविता की
जमीन है
तुम एक सुन्दर और सार्थक कविता हो मेरे लिए।''[9]

कवि अपनी कविताओं के अँधेरे में चुपचाप वापस चला जाना चाहता है। ट्यूशन पर जाने से पहले कविता में धूमिल कविता में शब्द, पद, लिंग, वचन, सर्वनाम, संज्ञा, कारक, मात्रा के संकेत से दुनिया और सम्बन्ध की गहन स्थिति का वर्तमान पक्ष प्रस्तुत करता है। कविता के अन्त में वह इस निष्कर्ष पर पहुँच चुका है–

"हम अपने सम्बन्धों में इस तरह पिट चुके हैं
जैसे एक गलत मात्रा ने
शब्दों को पीट दिया है।''[10]

कविता के भ्रम में कविता मूल्य संकल्प के नये पक्ष की परिचायक है, जिसमें वह सहनशीलता को साहस नहीं मानता है। उसे जीवन अब भी संसद की कार्यवाही से निकाले गये वाक्य की तरह तिरस्कृत प्रतीत होता है। तभी तो अन्ततः इस निष्कर्ष तक पहुँच जाता है कि–

"कविता के भ्रम में
जीने के पहले ही
पर्दे के पीछे
नींद में मर चुके हैं।''[11]

कवि भाषा, शब्द और कविता के संकेत से आदमी, समाज और राजनीति की पहचान करता है। इसीलिए कविता के कान हमेशा चीख/से सटे रहते हैं...। एक शब्द बनने से पहले मैं एक सूरत बनना चाहता हूँ।

उसने प्रत्येक स्थिति की पहचान गहन रूप में की है। इसीलिए उसे अकाल में हर आदमी को भूखे रहने के अधिकार तथा मरा हुआ आदमी सिर्फ भुखमरी का पैमाना प्रतीत होता है। कवि भूख और जनतंत्र के उल्लेख से मूल्यहीनता, जीवन के अभाव और राजनीतिक व्यवस्था की असफलता का संकेत देता है–

"आज की भूख से भूख के अगले पड़ाव तक
लिख दें–
यह रास्ता जनतंत्र को जाता है
और इस तरह
धुन्ना कविताओं
धुन्ना राजनीति
और मुन्ना विद्रोह को ठेंगा दिखाये।"[12]

इसी प्रकार वह पेट और प्रजातंत्र के बीच सम्बन्ध को रेखांकित करता है।

"कविता में कितना जहर है और कितना दंश
अपनी गरीबी की भार का मुँह मोड़ने के लिए
एक शब्द कितना कारगर होता है
तुम्हें यह सवाल तय करना था।"

कवि को कभी कविता टोबा टेकसिंह की तरह मरती दीखती है तो कभी उसे कविता करना मण्टो का मरना प्रतीत होता है। अगली कविता के लिए रचना में धूमिल ने चुप और चीख तथा शाबाश के संकेत से मूल्य-संकल्प का परिचय दिया है। उसका विश्वास है कि व्यक्ति यदि एक ही शब्द शाबाश के कारण संकल्प से हटने लगा तो फिर उसका लक्ष्य कभी भी पूरा नहीं हो सकता। इसलिए सचेत करता हुआ कहता है–

"याद रखे यहीं से फिसलन
भी शुरू होती है।"

इतना ही नहीं, उसे कविता : एक नशा प्रतीत होती है, जिसके विषय में हिप्पी अपरिचित हैं तथा उसकी कविता अपनी डंडइयों के बीच शब्दों की राख उगलती प्रतीत होती है। सातवें दशक की कविता के अर्थ एवं भाषा के स्तर पर हो रहे परिवर्तन के प्रति भी वह सचेत है। नौजवान कविता के प्रारम्भ में ही वह अपने संकल्प का परिचय शब्द और कविता के संकेत से करता है–

"जब एक कर्मठ शब्द
दूसरे तत्पर शब्द को
कविता के भारक अभियान की योजना समझा रहा था
मैंने उसे अनाज का अतिक्रमण करते हुए देखा...।"

कहीं कविता उसे बालिग लड़की का नाम प्रतीत होती है, जिसकी आँखों में शक, आँसू हैं तथा आँसू में तैरता हुआ फितना सवाल है जो उसका चेहरा टटोलता है कि उस वक्त जनतंत्र किधर था। 'जनतंत्र : एक हत्या सन्दर्भ', मूल्यों की दृष्टि से महत्त्वपूर्ण कविता है, जिसमें कवि का संकल्प बिल्कुल साफ है, उसकी गहरी समझ और सामाजिक यथार्थ से जनतान्त्रिक राजनीतिक व्यवस्था तक की पहचान

उसने की है। इस कविता को उसने सन्तोषकुमार कपूरिया के लिए प्रस्तुत किया है, पर यह उसके रचना धर्म की व्यापकता का परिचय देती है। अन्त में यह कविता उदास आँखों वाली का रूप धारण कर लेती है। उसे कविता ऐसे में आदमी को निहारती तथा भाषा के बीहड़ों की ओर बढ़ती जाती प्रतीत होती है। किसी सही शब्द की बगल में कविता का समकालीन बनकर खड़े रहना तथा दस्ते पर हाथ फेरते हुए कवि का चाकू से कहना उसके संकल्पधर्मी पक्ष का सूचक है।

धूमिल के काव्य-विकास के सम्बन्ध में अब निश्चित रूप से कहा जा सकता है, क्योंकि उनकी लगभग सभी कविताएँ इनके तीन काव्य-संग्रहों में संकलित प्रकाशित हो चुकी हैं। हमने इन कविताओं का संक्षिप्त परिचय देते हुए तीनों संग्रहों के पारस्परिक सम्बन्ध की ओर संकेत भी किया है। वस्तुतः 'संसद से सड़क तक' संग्रह में धूमिल काव्य-विकास की जिस मंजिल को तय कर चुका था वह बात उसके पश्चात् के दोनों संग्रहों में पूरी तरह से नहीं आ सकी है। हालाँकि कुछ कविताएँ कवि की प्रौढ़ता की पुष्टि अवश्य करती हैं। प्रथम संग्रह की अपेक्षा 'कल सुनना मुझे' में कुल कविताएँ लेखन एवं भाव-विभोरता की दृष्टि से सीमित होने के कारण प्रारम्भिक रचनाएँ कही जा सकती हैं। इस संग्रह की प्रथम कविता (नेहरू सम्बन्धी) शान्तिप्रिय द्विवेदी के सम्बन्ध में लिखित कविता पूरे काव्य विकास एवं रचना-प्रक्रिया से मेल नहीं खाती। 'कल सुनना मुझे' में प्रथम संग्रह सरीखा विकासक्रम भी नहीं बन पाता है। हमें इनके खेवली, गृहस्थी : चार आयाम सरीखी कविताएँ भी काफी पहले की लिखी प्रतीत होती हैं। कवि की चेतना के आधार पर कुछ कविताओं को इस संग्रह से हटाया जा सकता था। इसी प्रकार 'सुदामा पाण्डे' का प्रजातंत्र अभी हाल ही में प्रकाशित इनके तीसरे काव्य-संग्रह में विकास की दृष्टि से कुछ कमियाँ रहना स्वाभाविक था। इसमें कुछ कविताओं में क्रम खण्डित हो गया है, कुछेक रचनाएँ स्फुट बनकर रह गयी हैं। कुछ क्षणिकाएँ तो मात्र टिप्पणी तक सीमित हैं। निस्सन्देह इस अन्तिम काव्य-संग्रह में कुछ कविताएँ कवि की रचनात्मक प्रौढ़ता की परिचायक हैं, उसके चिन्तन और अनुभूति के विकास की प्रतीति कराती हैं। अन्तिम दस कविताएँ विशेष क्रम में रचित हैं। फिर भी 'जनतंत्र एक हत्या सन्दर्भ' तथा 'हत्यारे एक दो' सरीखी कविताएँ कथ्य प्रतिपादन की दृष्टि से सम्यक् बन पड़ी हैं। हमने इस संग्रह की कविताओं के आधार पर काव्य-विकास का अन्तिम पड़ाव इसी कारण स्वीकार किया है। कारण, इनमें कवि की दृष्टि में विकास हुआ है। समस्या विवशता से वह जिस आँसू, हाय तथा आग के तथ्यहीन मिश्रण की स्थिति छठे तथा सातवें दशक में पाता था, वह सातवें की समाप्ति और आठवें के शुरू में सर्वथा बदली प्रतीत होती है, इसीलिए अब वह आग और साहस के साथ-साथ सहज होने की बात कहता है। हमारा विश्वास है कि कवि अपने अन्तिम दिनों में इस निष्कर्ष पर पहुँच चुका था कि अब खीज, निराशा, आक्रोश

इस देश में कोई विशेष परिवर्तन नहीं होने जा रहा है, तभी यहाँ आग और क्रान्ति की बात विशेष महत्त्व नहीं रखती, इसलिए सहज होने का संकल्प देता है। यह संग्रह मूल्य-संकल्प के कुछ पक्षों को उद्घाटित करता है। कवि की चेतना को समग्र रूप में समझने का यह महत्त्वपूर्ण प्रयास कहा जा सकता है।

मूल्य-संकल्प

धूमिल सही अर्थों में समस्या-प्रस्तुति तथा मूल्य-संकल्प का कवि है। देश की प्रत्येक समस्या का उसने अनुभव करना चाहा है—कुछ से उसे स्वयं गुजरना भी पड़ा है। पतझड़ कविता में धूमिल ने बेकारी समस्या पर गहरा आघात किया है। देश-प्रेम की वास्तविकता धूमिल ने जानी है। तभी तो कहता है कि आदमी का भ्रम और देश-प्रेम बेकारी की फटी हुई जेब से खिसककर बीते हुए कल में गिर पड़ता है। भूखा बेकार व्यक्ति शैतान तो बन सकता है—विद्रोही और बागी भी बन सकता है, पर उसमें देश-प्रेम किस स्तर का होगा—यह विचारणीय है। कवि नवयुवकों को रोजगार दफ्तर से निकलते देखता है तो वे कहते सुनायी पड़ते हैं—

"इस देश की मिट्टी में
अपने जाँगर का सुख तलाशना
अन्धी लड़की की आँखों में
उससे सहवास का सुख तलाशना है। तुमने भी सुना है
तुमने क्या सुना है"[13]

कहकर इस रोग की व्यापकता की घोषणा करता है। वह सभी समस्याओं को निकट से समझने का प्रयास करता है। इसीलिए पटकथा सामाजिक एवं राजनीतिक समस्याओं का काव्यात्मक लेखा-जोखा है। कवि की समस्या यह है कि सब कुछ अस्त-व्यस्त होते हुए भी सामान्य चल रहा है—कहीं कोई हलचल नहीं, कोई परिवर्तन नहीं। देश-भक्ति समाजवाद शान्ति के अर्थ ही बच रहे हैं। कार्यान्विति एवं व्यवहार में सब कुछ विपरीत है। अव्यवस्था के प्रति उसका रोष कुछ तीखा है—

"मैं रोज देखता हूँ कि व्यवस्था की मशीन का
एक पुर्जा गरम होकर छिटक गया है और
ठण्डा होते ही
फिर कुर्सी से चिपक गया है
उसमें न हया है
न दया है...मैंने हरेक को आवाज़ दी है
हरेक का दरवाजा खटखटाया है। मगर बेकार। मैंने जिसकी पूँछ
उठायी है उसको मादा

पाया है
वे सबके सब तिजोरियों के दुभाषिए हैं।"[14]

...रचना का अन्त धूमिल की मानसिक खिन्नता, घृणा तथा संशय का चरम है। वह देश की समस्याओं से स्वयं को घिरा पाता है। तभी सोचता है–

"मेरे सामने वही चिरपरिचित अन्धकार है
संशय की अनिश्चयग्रस्त बड़ी मुद्राएँ हैं
हर तरफ/
शब्दबेधी सन्नाटा है
दरिद्र की कथा
की तरह
उचाट और कुंघटा हुआ
घृणा में डूबा हुआ सारा-का-सारा देश
पहले की ही तरह आज भी
मेरा कारागार है।"[15]

व्यवस्था-समस्या : सामाजिक यथार्थ

धूमिल की काव्य चेतना का महत्त्वपूर्ण पक्ष व्यवस्था के वास्तव की प्रस्तुति है। कवि की विशिष्टता इस बात में है कि जिस किसी स्थिति/अवसर/प्रसंग/सन्दर्भ को वह काव्य का विषय बनाता है उसकी तह तक अवगाहन कर कविता के और उसके उपकरणों के बिन्दुओं को उद्घाटित करता है। यही स्थिति व्यवस्था के सम्बन्ध में कही जा सकती है। व्यवस्था प्रस्तुति में प्रजातान्त्रिक व्यवस्था एवं राजनेताओं के नारेबाजी एवं चारित्रिक पतन की चर्चा अनेक बार करता है, पर उसके लिए एक विचित्र समस्या रोटी, सड़क तथा संसद से सम्बद्ध होते हुए स्वतंत्र है, वह है–व्यवस्था के प्रति सचेत संगठित रहने की। व्यवस्था-विरोधी का जीना दूभर कर दिया जाता है। उसे सदैव लगता है कि जैसे सभी इस व्यवस्था के साथ चिपके हुए हैं...सही, सत्य को कहने की सामर्थ्य किसी से नहीं रही। सभी के आतंकित एवं भयभीत होने की स्थिति को वर्णित करता हुआ वह कहता है–

"हाँ, मैं भयभीत हूँ
व्यवस्था की खोह में
हर तरफ
बूढ़े और रक्तलोलुप मशालची
घूम रहे हैं
इतिहास की ताजगी

बनाये रखने के लिए
नौजवानों और सफल-
मौतों की टोह में
उन्हें हमारी तलाश है।"[16]

व्यवस्था तंत्र के प्रभुत्व को कवि ने अनेक बार दोहराया है। वह शासन के हाथों निर्दोष लोगों को दण्ड भोगते हुए देख चुका है—इसलिए इसे एक समस्या का रूप देना चाहता है। जब व्यक्ति किसी के विरुद्ध आवाज बुलन्द कर पाने में स्वयं को असमर्थ पाता है, तभी समझौतावादी बनता है। समझौता, मौन या तटस्थता कवि की दृष्टि में कुशासन अव्यवस्था का पक्षपात करना है। इसीलिए वह कहता है—

"और वह सड़क
समझौता बन गयी है जिस पर खड़े होकर
कल तुमने संसद के लिए आवाज़ दी थी
नहीं, अब वहाँ कोई नहीं है
मतलब की इबारत से होकर
सबके सब व्यवस्था के पक्ष में
चले गये हैं।"[17]

अन्तिम तीन पंक्तियों में हमें दो प्रकार की स्थिति का बोध होता है—प्रथम तो सभी स्वार्थी हैं, दूसरा सभी व्यवस्था के पक्षपाती हो चुके हैं। कुछ के चाटुकार होने की ओर संकेत है। कवि स्वयं को अपनी व्यवस्थाओं में बीमार कहकर गहरा व्यंग्य करता है।

रोटी की समस्या का समाधान कवि प्रत्येक दृष्टि से जाँचना चाहता है, उसे इसकी जड़ स्थिति का पता चल चुका है, पर इससे मुक्ति उसे असम्भव प्रतीत होती है, क्योंकि सभी तरफ स्वार्थता है। —रोटी समस्या अन्य समस्याओं से सीधी जुड़ी है, व्यवस्था हो या शासन द्वारा प्रदत्त न्याय—सभी में समस्या का एकमात्र कारण आम आदमी को न्याय न मिल पाना है। हिन्दी में सम्भवतः अन्य कोई कवि धूमिल की समता नहीं कर सकता, जिसने न्याय, न्यायालय तथा कानून भाषा के इतने शब्दों को काव्य-भाषा में प्रयुक्त किया हो। सही, सार्थक और सपाट का सामंजस्य प्रत्येक दृष्टि से द्रष्टव्य है।

समस्याओं के न सुलझाने का कारण कवि जानने का प्रयत्न करता है—यही उसकी रचना-प्रक्रिया का मूल क्रम है। संसद के पास सड़क का उत्तर भला कैसे सम्भव हो सकता था? संघर्ष के लिए सभी को सड़क का आश्रय लेना होगा—ऐसा कर पाना भला कठिन नहीं तो और क्या है? वहीं धूमिल व्यवस्था को सुधारने में किये गये अन्य ऐसे आन्दोलन की चर्चा भी संकेत रूप में करता है जिनका लक्ष्य

रातोंरात आतंक द्वारा परिवर्तन लाना और देश को सुधारना था। पर दृष्टि के सही न होने पर उन्हें भी विफलता ही हाथ लगती है। सुविधाजन्य अभिरुचि के कारण वास्तव में सुधार कर पाना सम्भव नहीं है। क्रान्ति या विद्रोह एवं सुविधा में परस्पर कहीं मेल नहीं है। इस व्यवस्था सुधार में रुकावट का बड़ा कारण जातिवादिता भी है। एक व्यक्ति की आग सुधार नहीं कर सकती। क्रान्ति के लिए अपेक्षित समय और योजना की आवश्यकता रहती है–इनके अभाव में कुछ भी सार्थक कर पाना असम्भव है।

देश की सामाजिक एवं राजनीतिक, दोनों प्रकार की व्यवस्थाएँ विचित्र बन चुकी हैं। कवि सब कुछ समझते हुए भी स्वयं को कुछ कर पाने में असमर्थ पाता है। पर उसकी यह विवशता भले ही कविता की पंक्तियों में

"सडाँध।
कोई भी जगह नहीं रही
रहने के लायक
न मैं आत्महत्या
कर सकता हूँ।"

हैं, पर उसके अन्त में वह यह पक्ष भी स्पष्ट कर देता है कि मेरा सम्बन्ध सदैव व्यवस्था-विरोध से रहा है। यही कारण है कि अनेक प्रसंगों में वह व्यवस्था के पक्षधरों पर तीक्ष्ण व्यंग्य प्रहार करता है। जबकि संसद में विरोध पक्ष के प्रति कई बार सहानुभूति भी। हमें तो धूमिल अनेक स्थितियों में जोखिम कविता का कवि प्रतीत होता है। विरोध-अन्तर्विरोधों के रहते हुए इसकी अभिरुचि जोखिम (रिस्क) उठाने में विशेष रही है। सम्पूर्ण हिन्दी कविता में धूमिल के समकक्ष इस आधार पर किसी की चर्चा नहीं की जा सकती। अगर यहाँ मैं यह भी कहना चाहूँ कि धूमिल ने कविता में कुछ ऐसी शुरुआतें कीं, जो अब प्रत्येक कवि का मूल आधार बन गया है तो अत्युक्ति न होगी। छायावाद के पश्चात् अब ऐसा समय आया है, जब परवर्ती कवि 'कथ्य' एवं 'शैली' की दृष्टि से प्रभावित मानते हैं। भले ही, इसे वे प्रत्यक्ष रूप में स्वीकार न करें।

धूमिल अपने युग का एक समर्थ कवि है, जिसकी कविता युग में एकाएक बदलाव की सूचना देती है। समस्याओं को बाह्य या ऊपरी धरातल से देखने पर आम स्थिति का प्रस्तुतीकरण प्रतीत हो सकता है, परन्तु शब्द, स्थिति, प्रसंग के मूल में निहित कवि-लक्ष्य काफी गहरा एवं युग-सापेक्ष है। धूमिल का समस्त काव्य सार्थकता का परिचायक है। इसीलिए व्यवस्था किसी भी स्तर पर हो, उसे विरोध का पक्ष अच्छा लगता है–कारण, यातनाओं में आनन्द मिलता है, वह विकराल स्थिति में जीवन जीने का आदी हो चुका है। यहाँ हम यह भी स्पष्ट कर दें कि धूमिल की व्यवस्थाओं के प्रति खीज से यह भी अभिप्राय नहीं लिया जाना चाहिए

कि वह स्वतंत्रता का पक्षधर नहीं है। वह चाहता है कि जनता में इतनी समझ आ जाए कि व्यवस्था गलत हाथों में है—चुनाव के माध्यम से यही लोग सड़क से संसद में पहुँचे तथा सड़क को समस्याओं की सार्थक दृष्टि से समझ सकें और आदमी अपने को एक साथ सड़क तथा संसद का प्रतिनिधि कहलाने का अधिकारी बन सके। इसीलिए वह नये प्रजातंत्र की तलाश करता है। जिससे सभी को स्थिति की समझ हो। 'सुदामा पाण्डे का प्रजातंत्र' में संकलित कुछ कविताएँ तो राजनीतिक व्यवस्था की यथार्थ स्थिति की व्यंजक हैं। कवि पेट तथा प्रजातंत्र के बीच के सम्बन्ध की तलाश करता है।

आम आदमी (सड़क) से वह संसद में पहुँच व्यवस्था की नब्ज देखता है। तभी उसकी दृष्टि अपने देश की शासन व्यवस्था पर पड़ती है—प्रजातंत्र। पटकथा में इस व्यवस्था के प्रति कवि की सही दृष्टि स्पष्ट प्रतीत होती है—

> "ऐसा जनतंत्र है जिसमें
> ज़िन्दा रहने के लिए
> घोड़े और घास को
> एक जैसी छूट है
> कैसी विडम्बना
> कैसा झूठ है। दरअसल अपने यहाँ जनतंत्र
> एक ऐसा तमाशा है। जिनकी जान
> मदारी की भाषा है।" तथा
> "हवा में एक चमकदार गोल शब्द
> फेंक दिया है...जनतंत्र
> जिसकी रोज सैकड़ों बार हत्या होती है/और हर बार
> वह भेड़ियों की जुबान पर जिन्दा है।"[18]

इससे बढ़कर किसी जनतान्त्रिक व्यवस्था की दुर्दशा क्या हो सकती है, जिसका नामलेवा स्वयं भेड़िया हो। भेड़िया शब्द मार्क्सी चिन्तन का प्रमाण है।

डॉ. विद्यानिवास मिश्र का यह अभिमत व्यवस्था सम्बन्धी कवि की सही स्थिति का परिचय कराता है। धूमिल की कविता बुनियादी तौर पर केवल व्यवस्था से नहीं जूझती, व्यवस्था की अमानवीय परिस्थिति से जूझती रही। उसकी आक्रामकता में जहाँ एक ओर लाचारी है, वहीं दूसरी ओर भविष्य के दिगन्त तक गूँज उपजाने वाली टंकार भी है।[19] प्रभात कुमार त्रिपाठी धूमिल की कविताओं के सम्बन्ध में कुछ बुनियादी प्रश्न प्रस्तुत करते हुए अपना अभिमत देते हैं—"धूमिल का जोर इस समय फौजी धावे में शामिल होने पर ज्यादा है, मन की तकलीफ की गहराई और राजनीति की क्रूरता का अनेकायामी जटिल ऐतिहासिक परिप्रेक्ष्य उनके काव्यानुभव के भीतर नहीं है।"[20] त्रिपाठी ने अपने लेख—धूमिल की कविता

में अनेक गुण भी माने हैं, पर उनकी दृष्टि कुछ विशेष ढूँढ़ने की रही है—उनका अन्दाज भी कुछ विचित्र है। हमारी लेखक के कुछेक बिन्दुओं पर सहमति है, पर ऐतिहासिक परिप्रेक्ष्य और राजनीतिक समझ के सम्बन्ध में उनका आरोप समुचित प्रतीत नहीं होता। यह सही है कि धूमिल से एक साथ कई अपेक्षाएँ नहीं की जानी चाहिए। समीक्षक को कवि-सन्दर्भ कदापि विस्मृत नहीं करना चाहिए।

पारिवारिक मूल्य

कविताओं में मूल्य-प्रतिपादन की दृष्टि से धूमिल ने समाज तथा राजनीति के व्यापक सन्दर्भों को प्रस्तुत किया है। इसीलिए वैयक्तिक एवं पारिवारिक मूल्यों की अपेक्षा इस कवि को हम सामाजिक एवं राजनीतिक मूल्य प्रस्तुति अथवा पक्षधरता का कवि मानते हैं। फिर कुछेक कविताओं में इसकी निजी एवं पारिवारिक विवशताओं का संकेत है। वह निरन्तर तलाश करता है—सम्बन्धों की तलाश से व्यवस्था की तलाश। इसीलिए इस कवि का अनुभव गहरा है, पहचान सही है। 'संसद से सड़क तक' तथा 'कल सुनना मुझे' काव्य संग्रहों में उसने नारी के विषय में सामान्य धरातल पर वक्तव्य प्रस्तुत किये हैं, जिसमें उसके (लड़की) के धर्मशाला होने, सहवास, मासिक धर्म के साथ रसोई की विवशताओं के संकेत हैं। उसकी दृष्टि में—

> "औरत आँचल है
> जैसा कि लोग कहते हैं—स्नेह है
> किन्तु मुझे डर लगता है—
> इन दोनों से बढ़कर/औरत एक देह है।"[21]

पारिवारिक विवशता और आर्थिक अभाव के कुछ संकेत भी इस संग्रह की कुछ कविताओं में मिल जाते हैं। यथा—

> "चूल्हा कुछ नहीं बोलता
> चुपचाप जलता है और जलता रहता है
> औरत गवें गवें उठती—गगरी में
> हाथ डालती है। फिर एक पोटली खोलती है।
> ...चौके में खोई हुई औरत के हाथ
> कुछ भी नहीं देखती
> वे केवल रोटी बेलते हैं और बेलते रहते हैं।"[22]

परन्तु 'सुदामा पाण्डे का प्रजातंत्र' संग्रह की कुछ कविताएँ निजी सन्दर्भ की परिचायक हैं। वह सम्बन्धों की तलाश तो करता रहता है, पर इसमें उसे सफलता नहीं मिलती। उसे अपने घर तथा पत्नी के कुछ सन्दर्भ स्मरण हैं, कविताओं में

इनका सिर्फ संकेत ही है—यह निजता और पारिवारिकता व्यवस्था की व्यापकता का सन्दर्भ ग्रहण कर लेती है या फिर कविता की पहचान कराने लगती है। पत्नी के लिए कविता में वह स्वीकार करता है—तुम्हारी अँगुलियाँ जैसे कविता की/गतिशील पंक्तियाँ हैं। कहीं उसे दीवाल पर हाथ रखते हुए अपने घर का पता चलता है तो वही प्यार सरीखी कविताओं में वह निजी सन्दर्भ प्रस्तुत करता है—

"मैं प्यार को नहीं जानता
सिर्फ जानता हूँ कि हम दोनों
ज्यादातर चुप या जब भी हम बोलते हैं
मेरे शब्द तुम्हारे शब्दों को ढँक लेते हैं।"[23]

वह औरत को आँचल तथा स्नेह की अपेक्षा देह मानता है। कवि के सम्मुख प्यार की समस्या दूसरे ढंग की है। वह प्यार से पहले पेट की आग की विवशता देखता है। ऐसा प्रायः होता है कि आदमी प्यार-प्रदर्शन के लिए आस-पड़ोस से बढ़कर देना चाहता है, पर विवशता के सम्मुख सभी नतमस्तक हैं। यहाँ बदन तो माध्यम है नारी में बराबरी भाव का—में स्त्री को दूसरे रूप में देखता है—रसोई में व्यस्तता बोध स्पष्ट है, पर विवशता चूल्हे के चुपचाप जलने और न बोलने में है। चुपचाप जलना और केवल रोटी बेलना विवशता है। अधिकार सीमित है।

"ऐसी क्या हड़बड़ी कि जल्दी में पत्नी को
चूमना—
देखो, फिर भूल गया।"[24]

प्यार, स्नेह आत्मीयता, सम्मान, मर्यादा, शालीनता—ये शब्द मूल्यों के व्यंजक हैं—इसके लिए सबसे पहले व्यक्ति की सामान्य स्थिति ठीक होनी चाहिए। यही कारण है कि धूमिल इन शब्दों का प्रयोग बहुत कम करता है—यदि कहीं करता भी है तो व्यंग्य प्रहार के रूप में। रोटी समस्या किसी भी समाज या देश का अभिशाप है—हिन्दुस्तान इस समस्या में जकड़ा हुआ है—शेष सभी कुछ इसके इर्द-गिर्द घूमता है। परिवार तथा समाज में जिस सद्भाव सौजन्य एवं मर्यादित वातावरण की अपेक्षा रहती है—उसका आधार नारी है।

मूल्य पहचान में कवि ने पीढ़ी अन्तराल को भी समझा है, यह समाज और भरीपूरी दुनिया एक बोध बच्ची, युवती तथा औरत की नज़र में किस धरातल पर भिन्न हैं, इसकी काव्यात्मक अभिव्यक्ति उल्लेख्य है—

"लेकिन बच्ची उत्साहित है
वह नहीं जानती कि बच्चा
दुनिया में कैसे आता है
युवती अभी प्यार के चोंचलों की वर्नाक्यूलर सीख रही है
उसका एक पैर लाज और दूसरा ललक पर है

लेकिन फूले हुए पेट वाली औरत को चेहरा
उसकी हथेली की तरह सपाट है
वह जानती है कि बच्चे के साथ
दुनिया में क्या आता है।"[25]

मूल्य सन्दर्भ में एक तथ्य समकालीन कविता के विषय में सदैव उल्लेख्य है कि ये कवि नारी समस्या अथवा समाज में नारी की वास्तविक स्थिति का संकेत सपाट रूप में बहुत कम देते हैं। नारी का मातृरूप, पत्नी रूप, प्रेमिका रूप, वेश्या रूप, दासी रूप, अभावग्रस्त रूप कविता में सिर्फ संकेतोल्लेख ही रहते हैं। इनके मूल में कवि सामाजिक वास्तविकता को दिग्दर्शित कराना चाहते हैं। इसीलिए धूमिल के लिए नारी के प्रेमिका रूप से कोई सरोकार नहीं है, यौन समस्या की अपेक्षा धनाभाव अथवा स्वभाव विवशता अधिक है। वेश्यावृत्ति और महरी प्रसंग, गाभिन सन्दर्भ सामाजिक यथार्थ के कुछ पक्ष हैं। नारी की आटा-दाल की समस्या से वह सामाजिक मूल्य की वस्तुस्थिति की पहचान करना चाहता है। यही कारण है कि सभी मूल्यवेत्ताओं ने सामाजिक मूल्यों का विशेष महत्त्व प्रदान किया है। वैयक्तिक एवं पारिवारिक मूल्य अंततः सामाजिक मूल्यों का रूप धारण कर लेते हैं। औरत से कविता और कविता से औरत के कुछ सन्दर्भ स्पष्ट होते हैं—यह इस कवि की विलक्षणता है। 'गृह युद्ध' कविता में कवि ने मूल्यों की ध्वस्तता का संकेत करते हुए धनाभाव और अन्य समस्या को प्रस्तुत किया है। इस महँगाई के फलस्वरूप सम्बन्धों और पारिवारिक आत्मीयता विवशता में परिणत हो चुकी है। अकविता और समकालीन कविता की आड़ में कुछ कवियों ने शारीरिक अंगों का प्रदर्शन किया है, पर यह कवि इस दृष्टि से पूर्णतः सचेत है। सामाजिक मर्यादा और शालीनता के कारण वह ऐसे प्रसंग एक सीमा के बाद गहरा देता है—

"पहले की तरह अब भी
अच्छी लगती है तुम्हारी बाँहें
लेकिन मैं चाहता हूँ कि तुम
उन्हें कुहनियों तक
ढकी रखो। पहले की तरह
अब भी मुझे विदा करती हो
लेकिन छाती पर खुली हुई बटन
बन्द कर देती हो।"[26]

अनेक उक्तियाँ/वक्तव्य सार्थक स्थिति के परिचायक हैं। कवि के मूल्य संकल्प की सांकेतिक अभिव्यक्ति का सशक्त माध्यम हैं। यथा—

"आँखें देह की इबारत के खुले हुए शब्द कोश—
हमदर्दी तुम्हारी घृणा की खुराक है।"[27]

यौवन ऐसा सिक्का है। जिसके एक ओर प्यार और दूसरी ओर गुस्सा छपा है।[28]

"अकेलापन ऊब की कवच है तथा देश आदमी-
हितों की कुंजी है सूर्योदयः
घोड़े की टाप के नीचे
नींद का कुचला हुआ चेहरा है–
यह संसद है–
यहाँ शोर करना सख्त मना है।"[29]

स्त्री : देह के अँधेरे में बिस्तर की अराजकता है–
स्त्री पूँजी है–
बीड़ी से लेकर बिस्तर तक विज्ञापन में फैली हुई।"[30] तथा

"लेकिन अब याद आता है
हम एक-दूसरे को कितना प्यार करते थे
रिश्तों को सोचते हुए
आपस में प्यार से बोलते,
कहते कि ये पिता हैं
यह प्यारी माँ है, ये मेरी बेटी है
पत्नी को थोड़ा अलग
कहते–तू मेरी
हम बिस्तर नहीं–मेरी
हम सफर है
हम थोड़ा जोखिम उठाते
दीवार पर हाथ रखते और कहते
यह मेरा घर है।"[31]

बिना बच्चे के पाँच वर्ष बीत जाने के बावजूद
उस ओर और न कभी शिकायत की और
न अपने चरित्र पर शक करने का मौका दिया है।"[32]

'सुदामा पाण्डे का प्रजातंत्र' काव्य-संग्रह की अनेक कविताओं से हमने कुछ वक्तव्य एवं काव्य पंक्तियाँ उद्धृत की हैं। प्रस्तुत वक्तव्य कवि की मस्तिष्कीय समझ के परिचायक हैं–इनसे उसकी नारी सम्बन्धी धारणा का परिचय मिलता है, साथ ही सामाजिक यथार्थ को जाना जा सकता है। ये संक्षिप्त वक्तव्य धूमिल की गहरी अनुभवशीलता और सामाजिक पहचान की पुष्टि करते हैं। अन्तिम दोनों उद्धरणों से सामाजिक मूल्यों में क्रमशः पारिवारिक सम्बन्ध और नारी मानसिकता द्रष्टव्य है। कम-से-कम शब्दों में वह बहुत बड़े पक्ष को सहज रूप में प्रस्तुत करने

में सक्षम रहा है। इसीलिए सम्बन्धों (नारी-पुरुष) और पारिवारिक विवशता और वास्तविकता की दृष्टि से इस संग्रह की कुछ कविताएँ विशेष उल्लेख्य हैं। इसीलिए धूमिल की इस प्रकार की कविताओं को पढ़ने के पश्चात् कहना पड़ता है कि यह कवि रोमानी भाव से विद्रोही एवं तीव्र प्रतिक्रियावादी रहा है।

राजनीतिक मूल्य

समकालीन कविता की पहचान का महत्त्वपूर्ण आयाम राजनीतिक व्यवस्था के प्रति सचेतना है। ये कवि राजनीति को कविता के लिए अनिवार्य समझते हैं। इसीलिए आज़ादी के सही अर्थ की पहचान करते समय राजनीतिक मूल्यहीनता की सांकेतिक अथवा सपाट अभिव्यक्ति करते हैं। जनतान्त्रिक मूल्यों में उन्हें सब कुछ छलावा मात्र प्रदर्शन प्रतीत होता है। राजनीतिक समझ के आधार पर धूमिल ने इन मूल्यों के प्रति आम आदमी को सचेत किया है। इसीलिए समकालीन कवियों में धूमिल ही एक ऐसे कवि हैं जिनकी कविताओं में राजनीतिक परिस्थितियों को नये अन्दाज एवं तेवर में प्रस्तुत किया गया है। इस कवि ने सही रूप में समकालीन समस्याओं को समझा है तथा इसी समझ के आधार पर व्यक्ति समष्टि के परस्पर संम्बन्ध एवं दायित्व को एक ओर कविता, भाषा और व्याकरण के पारस्परिक सम्बन्ध प्रस्तुत करता है तो दूसरी ओर वह उनमें व्याप्त अन्तर्विरोधों तथा जटिलताओं को राजनीतिक परिप्रेक्ष्य में प्रस्तुत करता है। यही कारण है कि इनकी अधिकांश कविताओं में जनतंत्र को कई रूपों में प्रस्तुत किया गया है। इन सभी रूपों में कवि लक्ष्य सही स्थिति की पहचान कराना रहा है। जनतंत्र की तलाश सभी रचनाओं में एक जैसी नहीं है—सन्दर्भ और अनुभव के धरातल पर कवि के सम्मुख एक ही पक्ष-प्रस्तुति के विविध आयाम हैं। वह अपने लक्ष्य की पूर्ति समस्या प्रस्तुति से नहीं समझता, वह समझ तथा पहचान से आगे का कार्य भी करता है—वह है जनजीवन में संश्लिष्ट रूप में चेतना या जागरुकता का मन्त्रोच्चार। यही कारण है कि हमें धूमिल की काव्य-चेतना में मूलतः व्यक्ति एवं समाज, सड़क तथा संसद के माध्यम से 'सामाजिक दायित्व' एवं 'राजनीतिक समझ' की सहज प्रतीति होती है। कवि को राजनीति में जनतंत्र तथा कविता में शब्दतंत्र की ऐसी पहचान करती है जो पूर्व के कवि न कर पाये हों। इसलिए वह स्पष्टतः घोषित करता है—

> "मुझे अपनी कविताओं के लिए
> दूसरे प्रजातंत्र की तलाश है।"[33]

उसने इन पंक्तियों में सचमुच संक्षिप्ततः काफी अनकहा व्यंजित करना चाहा है। पहला जनतंत्र उसकी दृष्टि में व्यर्थ रहा है, मात्र प्रदर्शन, भ्रष्टाचार तक सीमित रहा है--लोगों में रोटी (भूख) की समस्या पूर्ववत् है, इसीलिए वह राजनीतिक क्रान्ति

द्वारा दूसरे जनतंत्र की तलाश करना चाहता है। महत्त्वपूर्ण यह है कि उसे दूसरे जनतंत्र की तलाश अपनी कविताओं के लिए करनी है। इस सम्बन्ध में हम इतना कहना चाहेंगे कि धूमिल ही एक ऐसा कवि है जिसने कविता और राजनीति को एक साथ समझा है। पर प्रभात कुमार त्रिपाठी ने धूमिल की कविता में इसे विपरीत स्थिति में देखा है। लेखक का अभिमत है–"जिन पात्रों से उनका मन जुड़ता है, वे पात्र भारतीय जनतंत्र की असल ताकतें हैं, लेकिन धूमिल अपने बाहर के इन तमाम चेहरों के पास, गहरे राजनीतिक विवेक के साथ नहीं जाते। बाह्य विरूपता के पीछे काम करने वाली राजनीति के विपक्ष में उनकी कविता खड़ी है–लेकिन वे अपना पक्ष भाषा के जिस तेवर में स्पष्ट करते हैं, वह तेवर पाठक को देर तक विचलित नहीं करता। धूमिल मानव-सम्बन्धों की अधिक मूर्त दुनिया में, खासकर व्यक्ति के अन्तर्मन की दुनिया में राजनीति की क्रूरता को नहीं देखते। हालात को अपने विस्तृत जटिल आयामों में परिभाषित करते हुए अपने भीतर चलने वाले युद्ध की भाषा खोजने में धूमिल अधिक सफल नहीं हो पाये हैं।"[34] इसमें कवि को सफलता मिली है अथवा नहीं–एक बात निर्विवाद स्वीकार्य है कि कवि की दृष्टि पैनी है। वह राजनीतिक लेखा-जोखा अनेक रूपों में करता है। जनतान्त्रिक मूल्य स्थिति–तीनों काव्य-संग्रहों में उसकी चेतना के विकास की परिचायक है। युग-बोध की सार्थक अभिव्यक्ति उसका कवि-कर्म है। समकालीन कविता की सबसे बड़ी पहचान यथार्थ (वास्तव) को यथारूप में प्रस्तुत करना रहा है। 'संसद से सड़क तक' में कवि ने राजनीतिक स्थिति को उजागर करने के लिए अनेक प्रसंगों/सन्दर्भों को कविता का विषय बनाया है। यही कारण है कि धूमिल की कविता को समझने के लिए उसकी राजनीतिक समझ को जानना अनिवार्य है। वैसे तो कवि ने हर क्षेत्र में मुखौटों को अनावृत्त करने का उपक्रम किया है, पर राजनीतिक विडम्बनाओं में उसका व्यंग्य एवं खीज कुछ अधिक प्रखर रूप में सामने आती है। उसे राजनीतिक स्थिरता का आयाम मात्र टोपियों के बदलने से होता है। उसका दृढ़विश्वास है कि...

> "हाँ, यह सही है कि कुर्सियाँ वही हैं
> सिर्फ टोपियाँ बदल गयी हैं।"[35]

कुर्सियाँ यहाँ विशिष्ट सन्दर्भ की द्योतक हैं। नेहरू के पश्चात् इन्दिरा गाँधी और पश्चात् परिवारपोषण एवं अधिकार चेष्टा की ओर स्पष्ट संकेत है। इसको वह अत्यन्त नाटकीय ढंग से प्रस्तुत करता है। धूमिल की राजनीतिक दृष्टि में आज किसी प्रकार की मर्यादा, शालीनता एवं देशहित को स्थान नहीं मिल रहा है वरन् सभी तरफ आपाधापी, अधिकार-लिप्सा, प्रजातंत्र के नाम लूट का बोलबाला है। राजनेता का अर्थ ही बदल चुका है। यहाँ तक कि नैतिक मान्यताओं का सर्वथा लोप हो चुका है।

चीनी आक्रमण से स्थिति की वास्तविकता का बोध हुआ—तभी धूमिल को मोहभंग हुआ—जनता को वस्तुस्थिति का परिचय तो मिला, पर इसका परिणाम कोई सुखद नहीं हुआ। परन्तु साहित्यिक दृष्टि से एक आन्तरिक पीड़ा, खीज एवं विद्रोह स्वरूप आक्रोश का स्वर सुनायी पड़ने लगा। अधिकांश स्थिति की समझ तक अपने आपको सीमित रखते हैं, जबकि यह कवि इसकी तह तक पहुँचने के लिए उत्सुक तत्पर रहा है। यही कारण है कि वह संसद से सड़क तक सड़क से संसद तक की दूरी में जो कुछ देखता है, सुनता तथा भोगता है, उन्हें अपनी कविता का विषय बनाता है। राजनीतिक स्थिति में भी वह आरोपण का पक्षधर नहीं है, वह प्रत्यक्षतः अपनी खीज व्यक्त करता है तथा तीक्ष्ण व्यंग्य प्रहार पर उसे आश्चर्य तब होता है जब देश के नेता अपने देश की समस्याओं की ओर ध्यान न दे अन्तरराष्ट्रीय समस्याओं एवं सुधार अथवा विश्वशान्ति का प्रयार करते हैं। डॉ. शिवप्रसाद सिंह ने आधुनिक परिवेश की अनेक सन्दर्भों से चर्चा करते हुए स्वतंत्रता के पश्चात् भारतीय बौद्धिकों के इतिहास को सिर्फ आत्मबल के ह्रास का इतिहास माना है। लेखक का यहाँ तक अभिमत है कि हमारे देश ने स्वतंत्रता के सही अर्थ को आज तक नहीं समझा है—उसे मूल्यों की पहचान नहीं है। पर इस कवि का चेहरा निरन्तर टटोलता रहता है कि उस वक्त जनतंत्र किधर था, जब सब कुछ विपरीत घटित हो रहा था।

राजनीतिक मूल्यहीनता के मूल में सबसे बड़ा कारण नेताओं के व्यक्तित्व का दोहराव है। उनकी चरित्रहीनता निर्वाचित प्रतिनिधियों में दायित्व-पलायन, योजनाओं की विफलता के साथ अन्य थोथी सही का चित्रण भी किया है जिनसे कवि की राजनीतिक चेतना का परिचय सहज ही मिल जाता है। कवि स्वतंत्रता पश्चात् के वांछित सुधार एवं विकास की प्रतीक्षा करता रहा है। स्वतंत्रता-प्राप्ति से उसने अनेक अपेक्षाएँ परिवर्तन की आत्मसात् की हुई थीं। पर इससे उसे कुछ भी प्राप्त नहीं होता है—सिवाय इसके कि वह भी एक जानवर की भाँति सन्तोष कर लेता है तथा अपनी जिन्दगी को दूसरे लोगों की तरह व्यतीत करता रहता है—इसे भी वह एक प्रकार से निष्क्रिय भाव ही स्वीकारता है। देशव्यापी असन्तोष और नेताओं की कोरी कलाबाजी उसे लिखने एवं सोचने पर विवश करती है। उसे गत बीस वर्ष सभी दृष्टियों से व्यर्थ प्रमाणित होते हैं और ऐसी स्थिति में उसका मुखर होना स्वाभाविक है—

> "बीस साल बाद और इस शरीर में
> सुनसान गलियों से चोरों की तरह गुजरते हुए
> अपने आपसे सवाल करता हूँ
> क्या आजादी सिर्फ तीन थके हुए रंगों का नाम है
> जिन्हें एक पहिया ढोता है
> या इसका कोई खास मतलब होता है!"[36]

इससे स्पष्टतः कवि की खीज मुखरित हुई है। किसी राजनीतिक पद्धति विशेष में अनास्था की समस्या नहीं है। वह जनतान्त्रिक मूल्यों की हत्या होते देखता है तो बौखला उठता है, इस बौखलाहट में उसकी वाणी में बाह्य धरातल पर तीक्ष्णता अवश्य है, आन्तरिक दृष्टि से कवि पूर्णतः आश्वस्त है कि पुराना शासन पूर्णतः असफल रहा है...अब आवश्यकता नये विधान एवं नेताओं के सत्ता में आने की है। उसे तथाकथित देशभक्ति का नारा लगाने वाले नेताओं की वास्तविकता का बोध हो जाता है। तभी वह कहने पर विवश होता है–

"उस मुहावरे को समझ गया हूँ
जो आज़ादी और गाँधी के नाम पर चल रहा है
जिससे न भूख मिट रही है, न मौसम
बदल रहा है।"[37]

आम आदमी की रोटी की समस्या का समाधान राजनीतिक चेतना के आधार पर हुआ है। उसका विश्वास प्रत्येक से समाप्त होता दीखता है–यहीं कवि का निरर्थकबोध, युग की सही स्थिति को उजागर करता है। देश की उत्तरोत्तर स्थिति के विकट होते जाने से वह क्षुब्ध है, उसे आदमी, देश, आजादी तथा प्यार में मात्र नफरत ही सही प्रतीत होती है। इसमें युग-बोध को यथारूप में देखा जा सकता है। देश की स्थिति की विकरालता एवं ह्रासोन्मुखता से उसमें आक्रोश का स्वर मुखरित होना स्वाभाविक है। कवि राजनेताओं के प्रति रूष्ट तो है ही, साथ ही युवा पीढ़ी की दिशाहीनता को भी दृष्टि से ओझल नहीं करता। उसे मूलतः शासन प्रणाली एवं व्यवस्था में कमी दीखती है, तभी वह कहता है–

"मैं उन्हें समझाता हूँ
वह कौन-सा प्रजातान्त्रिक नुस्खा है
कि जिस उम्र में
मेरी माँ का चेहरा
झुर्रियों की झोली बन गया।"[38]

पटकथा के विषय में इसीलिए नेमिचन्द्र जैन मानते हैं कि देश की और अपनी बेरहम तस्वीर, इतनी बेबाकी से उतार सकना एक समर्थ सर्जनात्मक प्रतिभा द्वारा ही सम्भव है। यही कविता धूमिल को समकालीन कवियों में एक अलग, खास और ऊँचा दर्जा देती है।[39]

अनेक कविताओं में वह मूल्यहीनता को व्यक्त करता है, पर कहीं-कहीं उसकी विवशता संकल्प अथवा चुनौती का रूप धारण कर लेती है। तभी वह कहता है–

"मलाल इस कदर सहने की सीमा के पार हो
कि आदमी
चाकू की वहशत के ख़िलाफ़

दूसरा चाकू उठा ले
और जंगल के साथ
कहीं ऐसा न हो
कि घास की मासूमियत—जोश की रहजनी का शिकार हो
कहीं ऐसा न हो कि पत्तों की जुबान में
जहर भर जाये
और पेड़ों में फूल दुबारा न आये।"[40]

इसीलिए हम इस कवि को राजनीतिक दृष्टि से उस कोटि का कवि मानते हैं जो प्रत्येक स्थिति को जड़ से पकड़ने का आदी है। यही कारण है कि वह प्रजातान्त्रिक मूल्यों की आवश्यकता पर बल देता हुआ इस अव्यवस्था को मूल रूप में समाप्त करने का पक्षपाती है। वह विवशता, समस्या के साथ अपने संकल्प की अनेक बार काव्यात्मक अभिव्यक्ति करता है। वह ऐसे अनेक प्रसंगों की 'पटकथा' में संयोजना करता है जिनसे आज के राजनेताओं की वास्तविक स्थिति का पर्दाफाश होने लगता है। कवि ने ऐसे लोगां को षड्यन्त्रकारी, सुराजिये, चालाक इत्यादि विशेषणों से सम्बोधित किया है। ऐसे नेता प्रजा की कमजोरी से भली-भाँति परिचित थे तथा उन्हें गुमराह करने में सदैव सुलभ भी होते हैं। इसलिए हर पाँच वर्ष के पश्चात् चुनाव होते रहे, टोपियों के परिवर्तन के साथ नेता व्यवस्था को अपने हाथों सम्भालने में सफल रहे—उनकी वाचाल मनोवृत्ति को भारतीय जनता समझ नहीं सकी। यही कारण है कि आदमी दिनोंदिन समस्याओं से घिरता गया—और अन्ततः देश में समस्याएँ ही समस्याएँ सामने आने लगी हैं—अन्न-समस्या, जनसंख्या-समस्या और जाने कितनी समस्याएँ—ये देश समस्याओं का देश बनकर रह गया है। कवि धूमिल को किसी प्रकार के सुधार की आशा अब नहीं दीखती है। वह इसके लिए जनता को दोषी ठहराता है, क्योंकि प्रजातंत्र में शासन की व्यवस्था स्वयं प्रजा (जनता) के हाथों स्वीकार की जाती है, चुनाव परिवर्तन का आधार होते हैं, पर हुआ इसके सर्वथा विपरीत ही।

धूमिल ने देशवासियों की सुप्त (मृतप्राय) मनोवृत्ति पर भी तीक्ष्ण प्रहार किया है। उसे विश्वास है कि भारतीय जनता अकर्मण्य होने के साथ विचारशून्य स्थिति को पहुँच चुकी है। जनता की दृष्टि में क्रान्ति का कोई महत्त्व नहीं रह गया है, क्योंकि उसके लिए क्रान्ति किसी अबोध बच्चे के हाथों की जूजी है।

कवि-वैशिष्ट्य

धूमिल की कविताओं की विशिष्टता इस बात में है कि वे सोद्देश्य होती हैं—प्रत्येक उक्ति, पंक्ति, वक्तव्य एवं पूरी कविता अपने में पूर्ण अर्थ को व्यंजित करने की

सामर्थ्य धारण किये है। पटकथा में वह जनता और राजनेताओं की वस्तुस्थिति से जहाँ देश में व्याप्त अव्यवस्था को उजागर करता है, वहाँ अन्य कविताओं में कवि सड़क के आम आदमी से संसद के निर्वाचित प्रतिनिधियों तक की आन्तरिक स्थिति को पहचानता है, खूब समझता है और इसीलिए कहीं-कहीं तीक्ष्ण प्रहार व्यंग्य रूप में करता है। वह जिस किसी व्यक्ति, स्थिति, प्रसंग को एक बार पकड़ता है उसकी तह तक पहुँचे बिना नहीं रहता। यही कारण है कि राजेनताओं की चालाकी, दायित्वहीनता की वृत्तियों को ही व्यक्त नहीं करता, वरन् उनके चारित्रिक पतन का उल्लेख भी करने से नहीं हिचकता। कवि की विशेषता इस बात में है कि पाठक को ऐसी स्थितियों से परिचित वह सपाट रूप में करवाने के साथ कविता में मर्म को कदाचित् विस्मृत नहीं करता। जहाँ कहीं उसे राजनीतिक अव्यवस्था का दिग्दर्शन कराना होता है वह कविता में कहीं वाक्य, शब्द अथवा व्याकरण की चर्चा द्वारा प्रस्तुत करता है। ऐसा करने से कवि की काव्यात्मक संवेदना सर्वत्र परिलक्षित होती है। इसीलिए उसकी मूल्य पक्षधरता एवं संकल्प स्पष्ट है। वह समस्याओं को प्रस्तुत करता हुआ कुछ रचनाओं में विश्व राजनीतिक का परिचय भी देता है। उसकी राजनीतिक समझ अन्तरराष्ट्रीय समस्याओं की सांकेतिक प्रस्तुति में विशेष द्रष्टव्य है।

वह समकालीन सन्दर्भों में देशेतर समस्याओं से भली-भाँति परिचित है। यही कारण है कि इन कविताओं का फलक सड़क से संसद तक सीमित नहीं किया जा सकता। इसकी व्याख्या अथवा स्थिति के स्पष्टीकरण में कवि ने अन्य विश्वस्तरीय समस्याओं को भी उक्तियों में इंगित किया है। वह अमेरिका एवं रूस सरीखे बड़े राष्ट्रों की चालों को सही रूप में जानता है।

समकालीन कविता के विकास में कुछ कवियों में इतिहास-बोध अथवा ऐतिहासिक सन्दर्भों की संश्लिष्ट अभिव्यक्ति हुई है। कथाकारों में ऐसा सम्भव है, पर लघु अथवा लम्बी कविताओं में इस बोध का निर्वाह वस्तुतः एक समस्या है। पर कविताओं के माध्यम से इतिहास दर्शन अथवा बोध का सही सार्थक परिचय धूमिल की कविताओं में मिलता है। यहाँ उल्लेख्य है कि धूमिल की आयाम एवं फलक में सबसे लम्बी कविता 'पटकथा' में इतिहास का बोध अत्यन्त विस्तार एवं प्रतिबद्ध कवि के रूप में प्रस्तुत है, जबकि अन्य कविताओं में इसकी व्याप्ति नवीन धरातल पर हुई है—प्रतीकों-बिम्बों द्वारा ऐतिहासिक संकेत इस बोध के व्यंजक हैं। इस प्रकार हिन्दुस्तान (भारत) के गत पच्चीस-तीस वर्षों का लेखा-जोखा संश्लिष्ट स्थिति-संकेतों की सम्यक् प्रस्तुति द्वारा कवि धूमिल हमें एक ऐसे कवि के रूप में खुलता है, जिसने काव्य की ज़मीन को सही धरातल प्रदान किया है, चिन्तन की सार्थकता का निर्वाह हुआ है। इस प्रकार उसकी सभी रचनाएँ सोद्देश्य हैं, सपाटबयानी में शब्द प्रयोग किसी-न-किसी विशिष्ट स्थिति, बोध अथवा दर्शन के

सांकेतिक अर्थ की अभिव्यक्ति अवश्य करता है। हमारा लक्ष्य पटकथा एवं ऐतिहासिक बोध की अन्य रचनाओं में बोध की व्याप्ति से पूर्व इतिहास-बोध से सम्बद्ध दर्शन, विश्लेषण मूल्यांकन, समस्या एवं विज्ञान का स्पष्टीकरण रहा है। हमारे इस लक्ष्य का संकेत भूमिका में राजशेखर द्वारा इस प्रकार किया गया है—''समकालीन रचनाधर्मिता के सन्दर्भ में, धूमिल का सारा कृतित्व एक ऐतिहासिक दस्तावेज है। हिन्दी कविता के रचनात्मक विकास की प्रक्रिया में यदि यह शृंखला टूटकर बिखर गयी तो यह एक अपूरणीय राष्ट्रीय क्षति होगी।''

समकालीन अनुभव और मूल्य-दृष्टि प्रतिपादन

समकालीनता सम्बन्धी धूमिल की दृष्टि अत्यन्त व्यापक एवं विविध सन्दर्भों से प्रेरित रही है। समकालीन क्या है? के अन्तर्गत जहाँ कवि सभी तरह से स्वतंत्रता की पुष्टि करता है, वहाँ उसकी दृष्टि में समकालीनता—एक कालीनता है। अपने यहाँ समकालीनता और आधुनिकता का सवाल उठाना न तो समसामयिक है और न आधुनिक। क्योंकि जहाँ समकालीनता और आधुनिकता सामाजिक स्तर पर सामूहिक जीवन के एक बिन्दु पर एक ही साथ और एक ही समय में अंकित होता है। उनके लिए अलग काल या व्यक्ति चुन पाना सम्भव नहीं हो सकता है। ...आधुनिकता वह है जिस पर अतीत दावा न कर सके। आदमी की दुविधा, तनाव, पीड़ा, अभाव का समसामयिक अर्थ-सन्दर्भ, मुक्तिबोध कविता को समकालीन बनता है।[41] इससे कवि के कथ्य का स्पष्टीकरण सहज ही हो जाता है। इसी समझ से समकालीन कवियों में धूमिल को महत्त्वपूर्ण स्थान मिल सका है। उसके इतिहास-बोध का आधार देश की सामाजिक एवं सांस्कृतिक दृष्टि रहा है।

इतिहास-बोध एक अनन्त, अनवरत, सतत, गतिमान समय प्रवाह है। समय की संवेदना का वाहक मात्र लेखक होता है, कोई इतिहासकार या समाजशास्त्री नहीं। यही कारण है कि विश्व के महत्त्वपूर्ण सिद्धान्त अथवा दर्शन ग्रन्थों का प्रणयन साहित्यिक विधाओं में हुआ है। साहित्य वस्तुतः कालचेतना को संवेदना या प्रतिक्रिया के रूप में प्रस्तुत करता हुआ सन्दर्भों के रूप में ऐसे संकेत दे जाता है, जो इतिहास-बोध की प्रतीति कराते हैं। यह कहना अतिशयोक्ति न होगी कि साहित्य के अभाव में किसी काल का इतिहास लिखना मात्र घटनाओं को प्रस्तुत करना होगा, उसका प्राण अथवा जीवन तत्त्व तो उस युग की मूल्य अवधारणाएँ हैं जो उस समय की स्थिति का बोध कराती हैं। इसीलिए हमने इतिहास के साथ 'दर्शन' की अपेक्षा 'बोध' शब्द का प्रयोग किया है। साहित्य के इतिहास के साथ दर्शन की अपेक्षा बोध शब्द का प्रयोग अधिक व्यापक, सही एवं सार्थक प्रतीत होता है। इतिहास-बोध से मूल्य-बोध की सही पहचान हो सकती है।

धूमिल का रचना-काल स्वतंत्रता-प्राप्ति के पश्चात् का रहा है। इसलिए इसकी काव्य-चेतना एवं इतिहास-बोध का सम्बन्ध तत्कालीन युग की समस्याओं से विशेष रहा है। इसकी सभी रचनाएँ मूल्य संकल्प की परिचायक हैं। युग सन्दर्भ से तीनों संग्रहों की रचनाएँ प्रभावित हैं, काल प्रवाह की व्यंजक हैं। इनमें भूख (रोटी, कपड़ा और मकान) के साथ व्यवसाय में बेरोजगारी, शिक्षा, अकाल, साम्प्रदायिकता, छुआछूत, प्रान्तीयता एवं भाषा-विवाद सरीखे अनेक विषय समस्या रूप में इसकी रचनाओं में संयोजित हैं। राजनीतिक अस्थिरता सामाजिक मूल्यहीनता का कारण किस सीमा तक बनती है—इसे कवि ने व्यापक सन्दर्भों एवं ऐतिहासिक परिप्रेक्ष्य में समझा है। प्रथम संग्रह की कविताएँ इतिहास-बोध की दृष्टि से सटीक हैं, जबकि पश्चात् के दोनों काव्य-संग्रह वैयक्तिक (निजी) एवं सामूहिक समस्याओं को यथार्थ एवं वास्तव धरातल प्रदान करते हैं। मूल्य प्रतिबद्धता एवं सोद्देश्यता की दृष्टि से भी प्रथम संग्रह अधिक सार्थक बन पड़ा है। पर इससे अन्य दोनों संग्रहों का महत्त्व कम नहीं हो जाता। अतः यह कहना न्यायसंगत होगा कि धूमिल की रचनाएँ ऐतिहासिक चेतना अथवा इतिहास-बोध की प्रतीति कराती हैं—एक ऐसे परिवर्तन की सूचना देती हैं जो निकट भविष्य में सम्भावित हो सकता है। कविता की विवशता से रोटी, व्यवस्था, राजनीति की समस्याओं तक कवि पहुँचता है। वह इसे साधन रूप में अपनाता है। इसीलिए हमने धूमिल की कविताओं से इतिहास दर्शन की अपेक्षा बोध के संक्षिप्त उदाहरण प्रस्तुत किये हैं। यही कारण है उसे अपनी कविताओं में दूसरे जनतंत्र, प्रजातंत्र की तलाश करनी है। यहाँ स्पष्ट है कि कवि का लक्ष्य नये जनतंत्र को लाने अथवा तलाशने का है, पर इसके लिए वह कविता को आधार मानता है, कविता उसकी दृष्टि में सशक्त औजार न होते हुए परिवर्तन का मूल मन्त्र अवश्य रहा है—विशेषकर धूमिल के इतिहास-बोध एवं राजनीतिक समझ को दृष्टि में रखते हुए। 'कविता' नामक रचना के अन्त में कवि ने कविता की इसी विवशता को प्रस्तुत करते हुए इतिहास के महत्त्वपूर्ण पक्ष के बदलाव अथवा विकास की ओर संकेत किया है। यथा—

"वह बहुत पहले की बात है
जब कहीं, किसी निर्जन में
आदिम पशुता चीखती थी और
सारा नगर चौंक पड़ता था
मगर अब
अब उसे मालूम है कि कविता
घेराव में
किसी बौखलाये हुए आदमी का एकालाप है।"[42]

निस्सन्देह इन पंक्तियों में उसने कविता कर्म (लक्ष्य) को दो रूपों में प्रस्तुत किया

है। आदिम पशुता से उसकी ऐतिहासिक समझ का पता तो चलता है, साथ ही उसके किसी निर्जन में चीख मात्र से समस्त नगर में उसका सुनायी पड़ना और आश्चर्य व्यक्त करना—ये सब सांकेतिक अभिव्यक्ति कविता के महत्त्व को उजागर करती है पर अब कविता की विवशता यहाँ तक पहुँच चुकी है कि इससे (कविता से) केवल कवि आदमी की बौखलाहट का एकालाप समझा जाता है। कविता के प्रति जहाँ कवि की दृष्टि का पता चलता है, वहाँ इससे एक तथ्य और भी स्पष्ट होता है कि समाज में इसके महत्त्व को नकारा जाने लगा है। पर कविता विवशता को वह इस सीमा तक प्रस्तुत करता रहता है कि इसकी महत्ता अथवा परिणति पटकथा तक होने लगती है।

वस्तुतः धूमिल इन्हीं समस्याओं/विवशताओं के ऐतिहासिक परिप्रेक्ष्य को सर्जनात्मक आयाम की प्रतीक्षारत स्थिति का बोध कराता है, वहाँ इसी काव्य-संवेदना के फलस्वरूप धूमिल को अन्य नकारात्मक एवं अव्यवस्थित धारणाओं के कवियों से पृथक् स्थान प्रदान करता है, उनके समानान्तर गमन की भ्रान्ति के बावजूद। राजकमल चौधरी के प्रति धूमिल का विशेष भाव रहा है। (राजकमल चौधरी के लिए) और वह चौधरी की रचनाओं में व्यक्त समस्याओं, मानसिक तनावों से भली-भाँति परिचित है, पर धूमिल का काव्य सृजन अव्यवस्थित न होकर सकारात्मक एवं व्यवस्थित परिणाम की अभिव्यक्ति महसूस करता है।

हमने विश्लेषण में कविता विवशता शब्द को जान-बूझकर प्रस्तुत किया है, क्योंकि इनकी अधिकांश कविताएँ कविता की युग सापेक्ष स्थिति को उद्घाटित करती हैं, कविताओं में नित्य नये प्रयोगों परम्परा एवं खण्डित मूल्यों के स्थान पर मूल्यों में नव-निर्माण एवं परिवर्तन की पुष्टि करती हैं। कविता की आवश्यकता बदलाव है। अब प्रेम के गीतों की अपेक्षा यथार्थ स्थिति को प्रस्तुत करने की क्षमता की अपेक्षा इससे है। ऐसी अपेक्षाओं एवं आकांक्षाओं की पूर्ति अब कविताओं से सम्भव नहीं है। तभी धूमिल इसे विवशता रूप में व्यक्त करता हुआ कहता है कि "इस ससुरी कविता को जंगल से जनता तक ढोने से क्या होगा?[43] क्योंकि इससे किसी प्रकार का अर्थ संकट हल नहीं हो सकता। पर एकाएक कविता के प्रति एक अन्य बिन्दु दीखता है—

"कविता में
वहीं कहीं नफरत का
एक डरा हुआ बिन्दु है
आप उसे छुओ
वह कुनमुनाएगा
आप उसे कोंचो
वह उठ खड़ा होगा।"

इस सम्पूर्ण कविता विवशता (डर के माध्यम से) में देश विवशता अन्तर्निहित है। पर एक समकालीन समझ का कवि धूमिल देश की वास्तविकता से परिचित हो अपने दृढ़ संकल्प के प्रति सचेत है जो उसकी ऐतिहासिक समझ की पुष्टि करती है। यथा–

"वादों के लालच में
आप जो कहोगे
वह सब करूँगा
लेकिन जब हारूँगा
आपके ख़िलाफ़ खुद अपने को तोड़ूँगा
भाषा को हीकते हुए अपने भीतर
थूकते हुए सारी घृणा के साथ अन्त में कहूँगा–हाँ हाँ, मैं कवि हूँ।
कवि–याने
भाषा में भदेस हूँ, इस कदर कायर हूँ
कि उत्तर प्रदेश हूँ।"[44]

इन सब विवशताओं को समझते हुए धूमिल को अपने कवि होने पर गर्व है–और वह अपनी कविताओं में परिवर्तन की क्षमता स्वीकारता है (पुष्टि अनेक साहित्यिक मित्रों के साथ उसकी समय-समय पर हुई चर्चा संस्मरणों डायरी के पन्नों के आधार पर) देश की ऐतिहासिक समझ एक ही शब्द उत्तर प्रदेश से हो जाती है। शासन व्यवस्था का सशक्त आधार अथवा बागडोर इस प्रदेश के हाथ में रही है–प्रत्यक्ष प्रमाण है। इतना कुछ होने पर भी वह सदैव शान्त रहा है–भाषा के मामले को लेकर–इसे उसकी कायरता नहीं समझनी चाहिए। कवि शब्द प्रयोग की चर्चा में हमने स्पष्टतः इस तथ्य की पुष्टि की है कि धूमिल द्वारा प्रयुक्त प्रत्येक शब्द अपने प्रचलित कोशगत अर्थ को धारण किये हुए हैं, पर महत्ता उससे व्यंजित अर्थ की कवि के मानसिक स्तर पर है। पाठक इसी काव्य-संवेदना के आधार पर वस्तुस्थिति का परिचय प्राप्त करता है।

'मुनासिब कार्रवाई' रचना में बदलाव की सूचना के साथ धूमिल ने कविता पर बहस करने तथा शहर को अपनी ओर करने की धारणा का संकेत दिया है। वस्तुतः उसकी दृष्टि में कविता का यह अर्थ-परिवर्तन उसके व्यापक लक्ष्यबोध का व्यंजक है। तभी वह कहता है–

"कविता का अर्थ
बदल गया है
मगर अब चीजों के गलत होने का पता चल गया है।"[45]

इस कविता के अन्त में वह कविता पर बहस शुरू करने के वक्तव्य में ऐतिहासिक परिप्रेक्ष्य में उसका कहना है कि उग्र अथवा आतंक (विद्रोही) विचारधारा का कवि

सुरक्षित कम रह पाता है। इसी कारण इस सिद्धान्त में शीघ्रता या तीव्रता एवं निर्ममता की स्थिति व्याप्त है। तभी कवि अपनी आशंका को व्यक्त करता हुआ कहता है–

"वक्त बहुत कम है।
इसलिए कविता पर बहस शुरू करो।
और शहर को अपनी ओर झुका लो
क्योंकि असली अपराधी का
नाम लेने के लिए।
कविता, सिर्फ उतनी देर तक सुरक्षित है :
जितनी देर कीमा से पहले
कसाई के पीछे और
तनी हुई गँड़ास के बीच
बोटी सुरक्षित है।"[46]

इतिहास-बोध में भाषा-विवाद को भी धूमिल ने कुछ कविताओं में प्रस्तुत करना चाहा है। इस दृष्टि से भाषा की रात रचना विशेष रूप से उल्लेखनीय है। भाषा-विवाद उत्तर और दक्षिण की यह समस्या आज विचित्र रूप धारण कर चुकी है। कई बार इसके कारण जानमाल की हानि भी हुई है। इसीलिए स्तानफोर्ड एम. लाइमन की धारणानुसार धूमिल की अन्तश्चेतना समकालीन कविता समस्या से भली-भाँति परिचित है। इसलिए इसे वह 'दो मुँह' विषधर संज्ञा से अभिहित करता है। इस विवाद से सम्पूर्ण देश को हानि है। तभी वह एक जागरुक कवि की भाँति संसद तथा सड़क के अँधेरे से बाहर निकलकर भाषा से पहले आदमी को ठीक करने का परामर्श देता है। सभी प्रान्तों की भाषा में स्वयं को सम्मिलित करता हुआ वह कहता है–

"आ अपने चौहदों मुखों से
बोलता आ!
ओ देश के पोर-पोर में दुखते हुए गूंगे जनून! क्रोध की अकेली मुद्रा में
उफनते हुए सात्विक खून।
आ बाहर आ,
मैं एक अदना कवि–तेरी भाषा का मुँह-ताज मुझे अपनी बोली में शरीक
कर x x x सुविधापरस्त लोगों के
ऊपर दिमाग में
शहर की तरह उगी हुई राजनीति
शब्दों के बाहर का व्याकरण है।"[47]

व्यवस्था और राजनीति की सही पहचान उसकी मूल्य-चेतना का आधार है।

कविता सम्बन्धी अभिमतों में धूमिल ने कविता की सही पहचान करनी चाही है—विभिन्न अवधारणाओं एवं कालगत चेतना के आधार पर। यही स्थिति उसके कवि सम्बन्धी वक्तव्यों में भी द्रष्टव्य है। यदि हम कहना चाहें कि धूमिल की समस्त रचनाएँ उनके कवि होने की प्रतीति कराती हैं, तो अतिशयोक्ति न होगी। इनकी कविताओं में कवि का व्यक्तित्व अथवा स्व ढूँढ़ना तो सहज है, उसकी विवशताओं को भी जाना जा सकता है, पर कविताओं के मूल में जो ऐतिहासिक परिप्रेक्ष्य निहित है—उससे साक्षात्कार होना—एक समस्या है। जैसा कि हमने अनेक प्रसंगों में ऐसा संकेत दिया है कि कवि धूमिल का लक्ष्य अत्यन्त व्यापक है—वह निज, परिवार, समाज, देश की समस्याओं से भली-भाँति परिचित है—भूख की समस्या उसे भी सताती है—पर ये समस्याएँ उसकी रचनाओं की सीमा नहीं। वास्तव में वह इनके माध्यम से महत्त्वपूर्ण ऐतिहासिक सन्दर्भों एवं कालचेतना पर आधारित आन्दोलन की सार्थक अभिव्यक्ति करना चाहता है। यही कारण है कि उसकी अधिकांश कविताएँ उसके प्रतिबद्ध कवि होने की पुष्टि करती हैं। हम तो धूमिल को सही अर्थों में एक ऐसा प्रतिबद्ध कवि मानते हैं, जिसके अध्ययन के आधार पर अनुभव प्राप्त कर अपनी सार्थकता नहीं मान ली, वरन् वह उसे मानसिक धरातल पर आत्मसात् कर व्यवहार रूप में लाने का संकल्प कर चुका है। उसकी कुछ कविताएँ जहाँ उसके मार्क्सवादी कवि होने की प्रतीति कराती हैं—वहाँ अनेक कविताओं में उसका उग्र (आतंक) वादी रूप स्पष्ट झलकता है। वह समाज में परिवर्तन की एकाएक साकारता प्रदान करने को उत्तेजित है—कविताओं में इस उत्तेजना को अनेक रूपों में देखा जा सकता है, पर उसकी निजी विवशता उसे ऐसा रूप ग्रहण करने से रोकती है। इन विवशताओं के फलस्वरूप उसे अपनी समझ एवं प्रतिबद्ध दृष्टि के कम लोग दीखते हैं। यही कारण है कि अनेक आन्दोलन (जिनका आधार क्रान्ति अथवा परिवर्तन है) जिस तेजी से प्रचलित हुए उतनी ही तीव्रता से शिथिल भी पड़ गये। यहाँ उल्लेखनीय यह है कि नक्सलड़बाड़ी आन्दोलन जितनी तीव्रता से इस देश में आया—वैचारिक धरातल की सीमा, आन्तरिक षड्यन्त्र अथवा शासकीय दबाव के कारण वह अपनी योजना में फलीभूत नहीं हो पाया। उसे अपेक्षित सफलता नहीं मिली। इस प्रकार की अनेक समस्याएँ इस प्रतिबद्ध कवि के सम्मुख रही हैं। कुछ कविताओं के शीर्षकों से उसकी इस धारणा की पुष्टि हो जाती है। पर कवि की काव्य-चेतना के विकास में उसकी अवधारणाएँ भी क्रमशः विकसित हुई हैं। अन्तिम संग्रह की कुछेक कविताएँ उसके सहज होने की प्रतीति अवश्य कराती हैं।

इस अवधारणा को हम धूमिल की कविता 'मैं हूँ' में अन्य रूप में देखते हैं। प्रस्तुत रचना धूमिल की सभी कविताओं से भिन्न मनःस्थिति की कविता है, जिसमें स्पष्टतः इतिहास-बोध की अभिव्यक्ति न होते हुए उसके मानसिक धरातल

पर प्रतिबद्ध होने तथा आन्तरिक तड़प की प्रतीति अवश्य हुई है, मानसिक ऊहापोह की संश्लिष्ट अभिव्यक्ति हुई है। इस एक ही कविता में विवशता से विश्वास तक की यात्रा उसने करनी चाही है। धूमिल की विशिष्टता इस बात में है कि वह मात्र कुछ शब्द प्रयोग से एक महत्त्वपूर्ण आन्दोलन के विकसित एवं शिथिल होने की प्रतीति करा देता है। कविता का आरम्भ 'मुझे लिखो, मैं कटी हुई अँगुलियाँ हूँ। जिसे भूख ने खा लिया है' से होता है—यहाँ अँगुलियाँ होने से भाव उसकी प्रतिबद्धता से है—वह कुछ करना चाहता है, पर इससे पहले कि वह कुछ कर पाता उसकी अँगुलियाँ काट दी जाती हैं, जिन्हें कटने के पश्चात् भूख खा जाती है। स्पष्ट है कि भूख समस्या से वांछित नहीं कर पाता, पर ऐसी विवशता की स्थिति में भी वह सभी कष्टों, विवशताओं, शिथिलता के अन्धकार क्षणों में स्वयं को जोड़ने के लिए गाता है। कविता लेखन उसकी आदत है, विवशता है। इसी धारणा को वह शेष कविता भाग में फिट करना चाहता है। आगे की सम्पूर्ण कविता में कवि को छः सन्दर्भों-स्थितियों में दिखलाया गया है। ये सन्दर्भ उसे लोगों से प्राप्त हुए हैं क्योंकि वह कवि है—उसे ऐसी उपलब्धियाँ मिलनी उसकी नियति है। पहले रूप में वह एक ऐसा कवि है जो रेशलन (सामान्य तर्क) धरातल पर है—वह एक सुन्दर बगीचा है, जिससे तुम (जनसमूह) एक शब्द फूल तोड़ सकते हो—पर यहीं वह चेतावनी देता हुआ कहता है कि मत भूलो कि इस बगीचे को एक आदमी ने खून से सींचा है। आदमी स्वयं कवि है तथा खून से सींचने का अभिप्राय अनुभव की व्यावहारिक सार्थकता है। बगीचा धीरे-धीरे घर का प्रसंग खोलता है और कवि को चहारदीवारी के पीछे कुछ बच्चे आँखमिचौनी खेलते दीखते हैं—वह इस घर रूपी बगीचे का अगुआ भी है—यही उसकी विवशता है। इस विविशता में दायित्व-बोध की स्थिति स्पष्ट है। भूखे बच्चों से इस भूख समस्या की व्यापकता वर्णित है—इसके कारण कुछ भी सम्भव नहीं हो पा रहा है, पर कवि यहाँ भी चेतावनी देता है कि यह मत भूलो कि इस चहारदीवारी के सदस्य (देशवासी) आजादी को आक्रमण की तरह झेल रहे हैं। इसमें तीक्ष्ण व्यंग्य प्रहार के साथ वास्तव बोध व्यंजित है। धूमिल को पता है कि आजादी के पश्चात् जिस सुधार की अपेक्षा थी, नहीं हो पायी (संसद से सड़क तक की अनेक कविताओं में विशेषकर पटकथा में इस समस्या को विस्तार से प्रस्तुत किया गया है।) इसीलिए आज देशवासी कविता के प्रारम्भ में वर्णित भूख समस्या को ध्यान में रखते हुए मानता है कि सभी देशवासी आजादी को आक्रमण की तरह झेल रहे हैं। आजादी से आक्रमण सरीखा कष्ट हो रहा है। इससे बड़ी विडम्बना और क्या हो सकती है?

इस विवशता के बाद कविता पुनः नया सन्दर्भ ग्रहण करती है, जहाँ कवि स्वयं को एक मजबूत बंकर रूप में मानता है, जहाँ सभी खाली समय में अपने जूते उतार सकते हैं, बन्दूक टेक सकते हैं। जूते उतारने से विश्राम करने तथा

बन्दूक टेकने से आन्दोलनों के शिथिल होने की व्यंजना है। पर एकाएक वह इस विवशता में भी स्वयं को एक खोखला हुआ आँसू मानता हुआ कहता है–अगर तुम चाहो तो इस रक्त-सिक्त उत्तप्त आँसू से अपनी ठिठुरी हुई करुणा सेंक सकते हो। निस्सन्देह कवि अपनी भूख के कारण कटी पश्चात् खाई अँगुलियों की विवशता से ग्रसित है, पर उसमें बौखलाहट अथवा क्रान्ति की तड़प विद्यमान है–उसकी इस स्थिति को आज संवेदना के धरातल पर आँसू मिला, जिसे वह कविता में अभिव्यक्ति प्रदान कर रहा है–इससे सभी को राहत मिल सकती है। कवि के चौथे सन्दर्भ में वह स्वयं को एक ऐसे कवि के रूप में प्रस्तुत करता है जो थकान में घिरी हुई लय की तरह है–यहाँ कवि लय शिथिलता से बहुत बड़े तथ्य को उजागर करना चाहता है। जिस प्रकार बहुत ऊँचे से लय जब नीचे की ओर लुढ़कते ढलान में अटक जाए वैसे ही उसके पीछे आगे क्रान्तिकारी अथवा उग्रवादी लय की भाँति थकान रूपी विवशता में संकुचित हो गये हैं। उग्र आन्दोलन की शिथिलता पर ऐसा होता है। नैतिकता जितनी दृढ़ होती है उत्थान में उतनी ही थकान (ढलान शिथिलता) में तीव्रता से फिसलने लगती है–इन आन्दोलनों की यही विवशता है धूमिल की दृष्टि में। अन्त में कवि कहता है–

> ''और तुम्हें खुशी है
> मगर मत भूलो
> कि कवि
> व्यावहारिकता की
> बँटी हुई रस्सी से झूलती हुई
> संवेदना की खुदकुशी।''[48]

इस प्रकार आन्दोलनों की शिथिलता पर जिन्हें खुशी होती है–उन्हें चेतावनी देता हुआ अपने अनुगामी लोगों को वास्तविकता का बोध कराना चाहता है। वह अब कोरा सिद्धान्त नहीं जानता वरन् व्यवहार पक्ष से परिचित हो चुका है। इसी व्यावहारिक धरातल पर सभी अनुगामियों को सतर्क करता है कि उसे सब कुछ मत समझो, क्योंकि उसकी भी विवशताएँ हैं–इसलिए वह अपनी उस सुरक्षित संवेदना की आत्महत्या स्वयं कर रहा है। यह इस पंक्ति का शाब्दिक अर्थ तो हो सकता है, पर व्यंजित अर्थ यह है कि इसमें स्वयं की संवेदना की खुदकुशी कर इसे लोक संवेदना के रूप में जागृत करने के लिए कृत संकल्प है। यही प्रतिबद्ध कवि की उपलब्धि है, सही पहचान है।

इसी प्रकार की उग्रवादी धारणाएँ धूमिल की अन्य कविताओं में द्रष्टव्य हैं। कुछ उदाहरण इस प्रकार हैं–

> ''मेरा गुस्सा–
> जनमत की चढ़ी नदी में

एक सड़ा हुआ काठ है तथा उन्होंने समझ लिया है
एक भुक्खड़ जब गुस्सा करेगा, अपनी ही अँगुलियाँ चबायेगा।"

ऊपर विवेचित कविता में अँगुलियाँ कटी हुई स्थिति में वह स्वयं है, जिसे भूख ने खा लिया है, पर यहाँ भूख की विवशता में अँगुलियाँ चबाने की बात कही गयी है। धूमिल की क्रान्ति किसी-न-किसी रूप में विवशता के कारण सफल नहीं हो पा रही है—पर इस विलम्ब से वह हताश नहीं होता। क्रान्ति की अपेक्षित स्थिति के अभाव में इसके आने में देरी का कारण उसकी दृष्टि में—

"क्रान्ति...
यहाँ के असंग लोगों के लिए
किसी अबोध बच्चे के
हाथों की जूजी है।"[50]

धूमिल की ऐतिहासिक प्रतिबद्धता को अन्य अनेक कविताओं में देखा जा सकता है। हत्यारी सम्भावनाओं के नीचे कविता के अन्त में उसने अपनी उग्रवादिता का परिचय देते हुए ऐसे लोगों के प्रति खीज एवं आक्रोश व्यंजित किया है, जिन्होंने सहनशीलता को अंगीकार कर लिया है। उग्र आतंक में विश्वास रखने वालों के तने हाथ सहनशील लोगों को विवश न कर दें—इसलिए अच्छा होगा कि वे उनके इस मार्ग से हट जाएँ। उसकी दृष्टि में सभी का नाम हत्यारों की सूची में सम्मिलित हो चुका है, क्योंकि अब वह रात समाप्त हो चुकी है। क्रान्ति की स्थिति में इस प्रकार का भेद नहीं किया जाता—आतंक और हत्या का मूल मन्त्र उसका औजार होता है। इसकी लपेट में सभी को आना पड़ता है विशेषकर शोषक या शासक वर्ग को।

क्रान्ति या विद्रोह की स्थिति के लिए कवि का विश्वास है कि भूख विवशता ही पर्याप्त नहीं है। इसीलिए प्रत्येक देशवासी के जीवन में एक ऐसा ताप लाने का प्रयत्न करता है, जिससे सही की पहचान वह कर पायेगा। इसीलिए कहता है—

"जब मैं ठहरे हुए को हरकत
में लाता हूँ...एक उदासी टूटती है, ठण्डापन खत्म
होता है और वह जिन्दगी के ताप से भर जाता है।"[51]

'देश-प्रेम : मेरे लिए' में वह देश में व्याप्त उदासीनता की स्थिति का बोध कराता हुआ लोगों के आत्मकेन्द्रित संकुचित होने से चिन्तित है—पर निराशा-हताशा बिल्कुल नहीं। वह इस कविता के अन्त में सभी को सुन चुकने के पश्चात् कहता है—

"मैंने भी नक्शे के ऊपर
लाल कलम से जगह घेर दी

और उसी सीमा के भीतर
अपने घायल कबूतरों को फिर से उड़ना सिखा रहा हूँ।''[52]

मैं हूँ कविता के प्रजातंत्र के विरुद्ध कविता में खुदकुशी अपनी संवेदना की नहीं वरन् इस खुदकुशी की रस्सी को लटकाते हुए पेट से लड़ते-लड़ते अपने प्रजातंत्र पर हाथ उठाने को व्यंजित करती है। धूमिल की प्रतिबद्धता–उग्रवादी आन्दोलन (नक्सलबाड़ी) के प्रति आस्था का बोध कविता–'श्रीकाकुलम्' रचना से हो जाता है। कविता के आरम्भ में बाबू जयप्रकाश नारायण के वक्तव्य को उद्धृत कर वह जनक्रान्ति एवं शक्ति को बन्दूक द्वारा लाने का पक्षपाती है। उसे इस प्रकार की हत्याओं में मेकेनिज़्म टूटता मात्र प्रतीत होता है तथा हत्या का प्रमाण खून के रंग लाल तक सीमित नहीं मानता। उसकी दृष्टि में–

''असली सवाल है यह जानना
कि बहता हुआ खून क्या कह रहा है
यह हत्याकाण्ड नहीं है सिर्फ लोहे को एक नया नाम दिया जा रहा है।''[53]

किसी भी आन्दोलन में समझ का होना उसके सफल होने तथा फलित होने के लिए अनिवार्य है, पर आतंक आन्दोलन में समझ के साथ आग का होना अनिवार्य होता है। इसीलिए धूमिल ने अनेक कविताओं में आग को सही से रूप में पहचानने का परिचय दिया है। आतिश के अनार-सी वह लड़की के प्रसंग में कहता है–

''जवानी जब भी फैसले लेती है
गुस्सा जब भी सही जनून से उमड़ता है
हम साहस के एक नये तेवर से परिचित होते हैं
तब हमें आग के लिए
दूसरा नाम ढूँढना नहीं पड़ता है।''[54]

यह आग धूमिल की कविताओं का मूल स्वर है, क्रान्ति का मूलाधार है। 'शब्द जहाँ सक्रिय है' कविता में कवि ने क्रान्ति चेतना को बिल्कुल नये अन्दाज में अभिव्यक्ति प्रदान की है। बड़े, मझले तथा छोटे भाई को आधार रूप में वह क्रान्तिकारी के घर की वास्तविक स्थिति का बोध कराता है। उसका विश्वास है कि इसकी आग में फिर अन्य किसी समस्या का महत्त्व नहीं रह जाता। यथा–

''मैं सिर्फ इतना भर जानता हूँ कि शब्द
जहाँ सक्रिय है, वहाँ भूख का सिलसिला
भाईचारे की जमीन पर
छापामार सीटियाँ बजाने लगा है
और तब ही से भाईयों। मेरे पुरवासियों
मेरे पड़ोस की चुनमुन चिरैया
अपना घोंसला लोहे की जालियों से

बुनने लगी है और मेरी छप्पर का
एक नन्हा तिनका
जंगल की शाख होने का सपना
देखने लगा है।''[55]

कवि को निज एवं देश की समस्याओं का पूर्ण एहसास है, पर वह इसके कारण अपनत्व को सदैव जागृत रखे है—उसका कवि जागता है—सह की पहचान लोहे की भाँति विद्रोही (क्रान्तिकारी) कवि के रूप में करना चाहता है। बारिश में भीगकर कविता में कवि का संकल्प नये आयाम अपनाये है। अब उसे कविता में छोटी-मोटी विवशताएँ क्रान्ति की चिनगारियों का कार्य करती प्रतीत होती है। तभी वह कहता है—

''और कवि इन्हीं छोटे-छोटे ब्यौरों में गाता है
उसकी यही साख है
उसके लिए कविता सिर्फ शब्दों की विसात नहीं
वाणी की आँख है
बारिश में भीगकर आह्लादित कवि
नंगे सिर घूमना है कीच भरे रास्तों पर।''[56]

कवि ने इस मार्ग को स्वयं चुना है। निस्सन्देह इस आन्दोलन के पक्षधर जिन्दगी को जाखिम में डाल एक प्रकार के चरम सुख का अनुभव करते हैं। यह धूमिल के आह्लादित कवि का संकल्प है।

'आज में लड़ रहा हूँ' शीर्षक कविता में धूमिल का विद्रोही स्वर युवा पीढ़ी को कई प्रश्न पूछता हुआ 'खून' को आग का स्वर प्रदान करता है। यथा—

कविता की नसों में बहता हुआ खून
जरूरत की जगह
जहमत बन गया है।
अक्सर उठते हैं सवाल/कहाँ है युवजन?
परिवर्तन के अग्नि चक्र?
बुधित इतिहास?''[57]

धूमिल की कविताओं को नेमिचन्द्र जैन ने अनेक दृष्टियों से समझने-समझाने का प्रयास किया है। लेखक का यह कहना सर्वथा न्यायसंगत एवं समीचीन है कि ''धूमिल की कविता मूलतः आत्मालाप की कविता है, जिसमें आवेग की ऊर्जा है और एक तरह की अन्तःप्रज्ञा पर आधारित दिशा-बोध है, और सहज प्रभावी अभिव्यक्ति भी है।'' वस्तुतः दिशा-बोध के लिए इतिहास-बोध की समझ अपेक्षित है। इसीलिए हम धूमिल की कविताओं में इतिहास-बोध के अनेक सन्दर्भों की संश्लिष्ट स्थिति मानते हैं। इससे कवि की मूल्य प्रतिबद्धता का ऐतिहासिक आधार भी स्पष्ट हो जाता है।

मूल्य-प्रतिपादन : सार्थक पहचान

जैसा कि इसके आरम्भ में हम संकेत कर चुके हैं कि कोई भी कवि किसी अवधारणा सिद्धान्त की सपाटबयानी नहीं करता, वरन् इस प्रकार की चेतना संश्लिष्ट रूप में व्यंजित होती है। शब्दों, प्रतीकों एवं बिम्बों के माध्यम से मूल्यों के प्रति कवि की प्रतिबद्धता का परिचय मिलता है। धूमिल एक ऐसा कवि है जिसका प्रत्येक वक्तव्य सार्थक है। हालाँकि अज्ञेय इसे दूसरे सन्दर्भ में ग्रहण करते हैं। इसलिए प्रत्येक कविता में किसी-न-किसी समस्या अथवा मूल्य चेतना को प्रस्तुत करती है। इसके लिए वह ऐसे शब्द संकेतों की योजना करता है, जिनसे उसकी ऐतिहासिक समझ एवं मूल्य प्रतिबद्धता की पुष्टि सहज रूप में हो जाती है। यथा–कूतर (पंचशील) ताशकंद (शास्त्री सन्दर्भ) लोहा (कठोरता, दृढ़ता) आँसू हाय (विवशता) आग (क्रान्ति आक्रोश)। वास्तव में धूमिल की मूल्य प्रतिबद्धता उसकी तलाश में स्पष्ट होती है–गतिशीलता इसका आधार है। कहीं भी पूर्ण उपलब्धि की बात कवि नहीं करता, निरन्तर प्रजातंत्र के माध्यम से सही राजनीतिक दृष्टि का परिचय देता है। इसीलिए इनके तृतीय संग्रह का शीर्षक है–'सुदामा पाण्डे का प्रजातंत्र'। कवि की विशेषता इस बात में है कि वह एक साथ मूल्यों को वैयक्तिक, सामाजिक एवं राजनीतिक धरातल पर व्यंजित करता हुआ भाषा, व्याकरण, वाक्य, वक्तव्य, शब्दों, प्रतीकों, बिम्बों एवं सपाटबयानी तक की समकालीन लेखन की समस्याओं को प्रस्तुत करता है। इसलिए धूमिल की मूल्य प्रतिबद्धता बहुआयामी एवं संश्लिष्ट है। यथार्थ (वास्तव) सही सार्थक एवं सपाटबयानी का कवि मूल्यों की स्थूल अभिव्यक्ति एवं अन्वेषण का विरोधी है।

यही कारण है कि तीनों काव्य-संग्रहों में संकलित-प्रकाशित कविताओं में धूमिल ने अनेक समस्याओं को प्रस्तुत करना चाहा है। व्यक्ति, परिवार, जाति, वर्ग, राष्ट्र तथा अन्तरराष्ट्रीय स्तर पर वह समस्याओं एवं महत्त्वपूर्ण घटनाओं के आधार पर मूल्यों की स्थिति मानता है। समकालीन सन्दर्भ में कवि ने विरोध एवं असहमति को सही अर्थ में समझने-समझाने का प्रयास किया है। इसे वह इस रूप में प्रस्तुत करता है–

> "सहमति...?
> नहीं, यह समकालीन शब्द नहीं है
> इसे बालिगों के बीच चालू मत करो।"

कवि की मूल्य प्रतिबद्धता जहाँ उसके समकालीन होने की स्थिति में है, वहाँ वह सही आदमी की पहचान एवं तलाश करता रहा है। तभी वह कहता है–

> "शब्द किस तरह
> कविता बनते हैं

इसे देखो
अक्षरों के बीच घिरे हुए
आदमी को पढ़ो
क्या तुमने सुना कि यह
लोहे की आवाज है या मिट्टी में घिरे हुए खून
का रंग।''[58]

धूमिल की अधिकांश कविताएँ समस्याओं का लेखा-जोखा है। इनमें उसकी दृष्टि सदैव वर्तमान मूल्यहीनता की स्थिति पर रही है। वहीं सदाचार, प्रेम, सद्भाव एवं अहिंसा सरीखे मूल्य आज उसकी दृष्टि में समाप्त हो चुके हैं। चारों ओर स्वार्थान्धता है, उत्सर्ग एवं आत्मीयता के साथ मर्यादा के अभाव में मूल्यों की अवस्थिति भला किस रूप में मानी जा सकती है? इसे कवि पटकथा एवं अन्य अनेक कविताओं में प्रस्तुत कर मूल्यहीनता की स्थिति का संकेत करता है, यथा—

''मैंने अहिंसा को
एक सत्तारूढ़ शब्द का गला काटते हुए देखा
मैंने ईमानदारी को अपनी चोर जेबें
भरते हुए देखा
मैंने विवेक को
चापलूसी के तलवे चाटते हुए देखा...।''[59]

विरोधी, विपरीत अथवा प्रतिकूल स्थितियों के प्रकाशन से वह सही और सार्थक की तलाश करता है। यही कारण है वह ऐसे पात्रों, सन्दर्भों को लेता है जिनसे युग-बोध की वास्तविकता का सहज अनुमान लगाया जा सकता है। 'मोचीराम' कविता वर्ग-चेतना की अनुपम कसौटी है। जूते की नाप से धूमिल ने आदमी की पहचान करनी चाही है।

धूमिल सही अर्थों में समस्या का कवि है। देश की प्रत्येक समस्या को उसने अनुभव करना चाहा है—कुछ से उसे स्वयं गुजरना भी पड़ा है। आलोचना में प्रकाशित धूमिल के पत्रों से स्पष्ट है। अपने आस-पास की दैनिक स्थितियों एवं समस्याओं के प्रति वह जागरुक है। 'कविता' शीर्षक में यदि एक सम्पूर्ण स्त्री होने की समस्या है जो कि लड़की से धर्मशाला बन चुकी है तो 'पतझड़' कविता में धूमिल ने बेकारी समस्या पर गहरा आघात किया है। देश-प्रेम की वास्तविकता धूमिल ने जानी है तभी तो कहता है कि आदमी का भ्रम और देश-प्रेम बेकारी की फटी हुई जेब से खिसक कर बीते हुए कल में गिर पड़ता है। भूखा बेकार व्यक्ति शैतान तो बन सकता है, विद्रोही और बागी भी हो सकता है, पर उसमें देश-प्रेम किस स्तर पर होगा—यह विचारणीय है। कवि धूमिल नवयुवकों को रोज़गार दफ्तर से निकलते देखता है तो वे कहते सुनायी पड़ते हैं—

"इस देश की मिट्टी में
अपनी जाँघ का सुख तलाशना
अन्धी लड़की की आँखों में
उससे सहवास का सुख तलाशना है।"[60]

'पटकथा' तो सामाजिक एवं राजनीतिक समस्याओं का काव्यात्मक लेखा-जोखा है। कवि की समस्या यह है कि सब कुछ अस्त-व्यस्त होते हुए भी सामान्य चल रहा है—कहीं कोई हलचल नहीं, कोई परिवर्तन नहीं देश भक्ति, समाजवाद, शान्ति का अर्थ ही बच रहे हैं—कार्यान्विति एवं व्यवहार में सब कुछ विपरीत है। 'व्यवस्था' के प्रति उसका रोष कुछ तीखा है—

"मैं रोज देखता हूँ कि व्यवस्था की मशीन का
एक पुर्जा गर्म होकर अलग छिटक गया है
और ठण्डा होते ही फिर कुर्सी से चिपक गया है।
उसमें न हया है न दया है...मैंने हरेक को आवाज दी है
हरेक का दरवाजा खटखटाया है। मगर बेकार मैंने जिसकी पूँछ
उठाई है उसको मादा
पाया है।
वे सबके सब तिजोरियों के दुभाषिए हैं।"[61]

रचना के अन्त में धूमिल की मानसिक खिन्नता, घृणा तथा संशय का चरम है। वह देश को समस्याओं से घिरा पाता है, इसीलिए उसे यह देश कारागार प्रतीत होता है।

'यौन समस्या' धूमिल की कविताओं में नये ढंग से प्रस्तुत हुई है। वह किसी प्रकार का प्रणय प्रसंग नहीं उभारता और न ही नारी के रूप, अंगों के उभार से मांसल सौन्दर्य को व्यंजित करता है वरन् यौन का चित्रण इनमें विवशता के रूप में आया है—उसमें अबोधता का भाव हो सकता है जैसा कि लड़की से धर्मशाला की चर्चा में स्पष्ट है। इसी प्रकार धूमिल ने अनेक ऐसे वक्तव्य दिये हैं जो कि देश में फैली दुष्वृत्तियों का पर्दाफाश करते हैं। मूलतः सही अर्थों में कोई मूल्यान्वेषी कवि ही ऐसा कर सकता है। मर्यादा, शालीनता इनकी रचनाओं का आधार है। वह एक ऐसा संगठन अवश्य चाहता है जो परिवर्तन सही अर्थों में कर सके—इसीलिए विद्रोह और क्रान्ति को मूल्य प्रतिबद्धता के अर्थ में स्वीकारता है। धूमिल की काव्य चेतना एवं उसके मूल्य संकल्प को इन पंक्तियों में मूल मन्त्र अथवा केन्द्र रूप में माना जा सकता है—

"मेरी कविता इस तरह अकेले को
सामूहिकता देती है और समूह को साहसिकता।
इस तरह कविता में शब्दों के जरिये एक कवि

अपने वर्ग के आदमी को साहसिकता से
भरता है जबकि शस्त्र अपने वर्ग शत्रु को
समूह से विच्छिन्न करता है।''[62]

तृतीय काव्य-संग्रह की कविताओं में वह सहज होने के संकल्प को दोहराता है।

वस्तुतः धूमिल एक ऐसा समकालीन कवि है, जिसने मूल्य के व्यवहार पक्ष को सदैव महत्त्व प्रदान किया है, पर कुछ समीक्षकों ने जहाँ इसे जनवादी कवि-मार्क्सवादी घोषित करने का उपक्रम किया है, वहाँ कुछेक ने इस कवि की कविताओं की सही पहचान करके कुछ निष्कर्ष प्रस्तुत करने चाहे हैं। हमें डॉ. ओमप्रकाश ग्रेवाल का यह स्वीकारना उचित प्रतीत होता है—''धूमिल की कविता पुस्तक 'संसद से सड़क तक' जनवादी कविता के सार्थक उदाहरण के रूप में ली जा सकती है, क्योंकि इसमें बोलचाल की भाषा में मध्यवर्गीय परिवेश की पीड़ा की ओजपूर्ण अभिव्यक्ति होती है और तत्कालीन परिस्थितियों के दबावों का प्रखर चित्रण मिलता है। फिर भी इस संग्रह की रचनाओं में झलकने वाली अकवितावादी मानसिकता, काव्यानुभव के जनवादी पक्ष को बहुत हद तक विकृत कर देती है।''[63]

धूमिल समकालीन कवियों में एक ऐसा कवि है जिसकी कोई कविता मूल्यों के बिना नहीं है। 'संसद से सड़क तक', 'कल सुनना मुझे', 'सुदामा पाण्डे का प्रजातंत्र' संग्रहों की हर कविता किसी-न-किसी मूल्य का आधार लेकर चलती है। उसकी यात्रा नकारात्मकता से सकारात्मकता की ओर है। मूल्यहीनता से सही मूल्यों की तलाश उसका मन्तव्य है। सामाजिक एवं राजनीतिक पक्ष को प्रस्तुत करता हुआ वह कविताओं में एक साथ अनेक समस्याओं को सार्थक अभिव्यक्ति प्रदान करता है। धूमिल ने आम प्रचलित शब्दों—मतदान, जनता, जनतंत्र, चुनाव, शान्ति से तीक्ष्ण व्यंग्य किया है। मानव विकृतियों को आधार बनाकर वह ऐसी राह दिखाता है, जिससे जिया जाए। यथार्थ स्थिति से मूल्यों की सही पहचान का पक्षधर कवि है। उसकी कविताओं में व्यक्ति, समाज और राजनीति की सही समझ धूमिल को है। हिन्दुस्तान एक माध्यम है, कवि ने इसे मैं और वह का माध्यम बनाकर मूल्यों के ह्रास की स्थिति दिखाकर नवीन संकल्प की ओर संकेत किया है। यहाँ स्व (सेल्फ) को जानने की कोशिश अधिक है। इसीलिए मूल्य-चर्चा में हम अन्तर्निष्ठा के अन्तर्गत इसे स्पष्ट कर चुके हैं। इस रचना में चीन से हार, पाकिस्तान से हुई जीत और ताशकन्द में शास्त्री की मृत्यु जैसी घटनाओं के वर्णन में धूमिल की ऐतिहासिक समझ का पता चलता है। चीन से हुई हार को लेकर नेताओं पर व्यंग्य भी करता है। आजादी धूमिल ने ऐसे राजनीतिक मूल्य के रूप में ली है, जिसका दायरा बहुत व्यापक है। कवि कल्पना करता है कि व्यक्ति किस प्रकार मुक्त जीवन व्यतीत करेगा? देश की स्वतंत्रता के पहले कई स्थितियों को उसने पहले से सोच रखा था। स्वतंत्रता-प्राप्ति पर हमारे अपने लोग होंगे, शासन एवं जनता की दूरी

समाप्त होगी। हमारा धन हम लोगों पर ही खर्च होगा—ये सारी स्थितियाँ पटकथा में व्यक्त करता है। वह सुधार की स्थिति को अनेक अपेक्षाओं में व्यक्त करता है, लेकिन होता बिल्कुल इसके विपरीत है। तभी वह इस निष्कर्ष पर पहुँचता है कि...

> "न कोई प्रजा है न कोई तंत्र है
> यह आदमी के खिलाफ
> आदमी का खुलासा
> षड्यन्त्र है।"

इतना ही नहीं, आजादी शब्द का प्रयोग वह सन्दर्भित व्यापकता के अनुरूप करता है।

कवि का पंचशील में अहिंसा, शान्ति, विश्व को एक कुटुम्ब के रूप में मानना, सदाचार, किसी के राज्य में हस्तक्षेप न करना—इत्यादि जितनी धारणाएँ थीं—उनका उल्लेख किया है। पटकथा में धूमिल हिन्दुस्तान को माध्यम बनाकर नेताओं पर भी व्यंग्य करता है। वह हिन्दुस्तान के माध्यम से क्रान्ति की ओर ले चलता है। स्थिति में बदलाव को धूमिल एकाएक चाहता है। पटकथा में हम राजनीतिक मूल्यों की चर्चा करते समय राजा, प्रजा, शासन प्रणाली का वर्णन पाते हैं। इसमें उसकी समझ स्पष्ट है। पटकथा में राजतंत्र की बात नहीं करता है, क्योंकि आजादी के बाद राजनीति का ढाँचा प्रजातान्त्रिक अथवा लोकतान्त्रिक रहा है। चुनाव इस व्यवस्था का आधार माना जाता है। कवि इसे व्यर्थ (बेकार) से सम्बोधित करता है। वह निरन्तर चुनाव को देखता रहा है, बीस वर्षों तक चार चुनावों का उसने (भारतीयों ने) भार ढोया है। लेकिन उसे कोई परिवर्तन दिखायी नहीं दिया। चुनाव की इस स्थिति में वह लोगों पर गहरा व्यंग्य भी करता है। कवि की आस्था जनतंत्र में है इसलिए हम जनतंत्र को एक मूल्य के रूप में मानते हैं। वह जनता को जागरुक देखना चाहता है। धूमिल सही और सार्थक की बात करता है—सही की कसौटी मूल्य ही है। प्रजातंत्र से निराशा होने पर कवि इस ढाँचे को नहीं बदलना चाहता है, अपितु सुधार चाहता है। भाई-भतीजावाद को समाप्त करना चाहता है। जनतंत्र जनता के लिए न होकर, नेतागिरी के लिए हावी हो गया है। विपरीत स्थिति का बोध होता है। ऐसी स्थिति में भी जनता शालीन बनी रहती है। उसने मर्यादा का पालन किया। ऐसी भोली जनता नेताओं की पूजा करती रही, लेकिन इन भेड़ियों ने, इन बाजों ने भोली जनता का रक्त-शोषण किया। गरीब गरीब होते गये और अमीर अमीर। देश का जनतंत्र धूमिल की दृष्टि में खतरे में पड़ गया है। वह जनतंत्र के खतरे के माध्यम से जनतान्त्रिक मूल्यों की बात अनेक समस्याओं को सम्मुख रख करता है। यहाँ वह गलत के द्वारा सही की ओर चलता है। कहीं अँधेरे को गीला, कहीं अँधेरे में पूरे

देश को देखता है। वस्तुतः इन स्थितियों के यथार्थ चित्रण से कवि आशा, विश्वास, संयम, सद्भाव सरीखे मूल्यों की प्रतिष्ठा कर रहा है, मूल्यों के प्रति सचेत कवि ही, जिसने सभी स्थितियों को सहज रूप में समझा हो, वह कहता है–

"मत भूलो, कि तुम्हारा हर अटैक–
अपराधियों के लिए चोट का दूसरा दरवाजा खोलता है।
तथा जब खून में दौड़ती है आग
चेहरा आँसू से धुलता है
उस वक्त इतिहास का हरेक घाव
तजुर्वे की दीवार में
मक्के-सा खलता है साथी।"

'पटकथा' तथा अन्य अनेक कविताओं में कवि जनतंत्र की सही रूप में तलाश करना चाहता है–यही उसकी मूल्यों और समस्याओं की पहचान है। इन्हीं विचार खण्डों के रूप में स्थिति को उजागर करने के लिए कई प्रसंग जोड़ता है जोकि कविता में आकार की दीर्घता के लिए अनिवार्य शर्त है। आग उसके विद्रोह, क्रान्ति, परिवर्तन, विद्रोही स्तर की प्रतीति कराती है। आँसू में विवशता, ऊब और निराशा है। युग की स्वार्थान्ध स्थिति, आपाधापी, उसके अन्धेपन से वह भली-भाँति परिचित है। हाय में विवशता का प्रदर्शन आँसू से भिन्न है। इसीलिए आग, आँसू, हाय के तथ्यहीन मिश्रण की बात वह युग के सन्दर्भ में करता है। वह परम्परित मूल्यों का तिरस्कार कहीं भाषा के जंगल से करता है तो कहीं युगीन स्वार्थान्धता में घनीभूत पीड़ा की बात से। उसका लक्ष्य मूल्यों की सही तलाश करना है। स्थिति अथवा परिवेश के प्रति सहज कवि मूल्यों का प्रतिष्ठापक कवि माना जाता है। धूमिल के व्यक्तित्व एवं कृतित्व, दोनों में ऐसा साकार हुआ है। वह मूल्यों की सैद्धान्तिक स्थिति अथवा परिगणन अन्वेषण का पक्षपाती नहीं है, वह तो सही और सार्थक आदमी, समाज, देश एवं भाषा का सशक्त एवं समर्थ कवि है। यही कारण है कि तीनों संग्रहों में संकलित कविताएँ किसी-न-किसी समस्या की सपाट, संश्लिष्ट अथवा सांकेतिक अभिव्यक्ति करती हैं और इसी में कवि मूल्य संकल्प को साकार पाता है। कवि मूल्य संकल्प में कोरी बयानबाजी अथवा उपदेश प्रस्तुत न कर, कुछ शब्द संकेतों से वास्तविक स्थिति-बोध का परिचय देता है। उदाहरणार्थ जनतंत्र शब्द अनेक कविताओं में प्रयुक्त हुआ है तथा इससे राजनीतिक व्यवस्था तथा मूल्य का संकेत स्पष्ट है, पर यहाँ उल्लेख्य है कि सन्दर्भ से यह शब्द प्रयोग अपने में अर्थ अथवा प्रभाव विविधता आत्मसात् किये है। कहीं वह अपनी कविताओं में दूसरे जनतंत्र की पहचान या तलाश करता है–

"ऐसा जनतंत्र है जिसमें जिन्दा रहने के लिए
घोड़े और घास को

एक जैसी छूट है...
जनतंत्र एक तमाशा है...
जनतंत्र
जिसकी रोज सैकड़ों बार हत्या होती है। जंगल के खिलाफ
जनतंत्र का मलाल था।''[64]

''आज की भूख से भूख के अगले पड़ाव तक लिख दें—
यह रास्ता जनतंत्र को जाता है।

उस वक्त जनतंत्र किधर था, की कविता में पुनरावृत्ति तथा कर्फ्यू में शान्त ठण्डी सड़क पर सैनिक दस्तों के जूतों से जनतंत्र की सफेद और मार्मिक ध्वनि का निकलना।''[65] इस प्रकार के अनेक उदाहरण प्रस्तुत किये जा सकते हैं जिनसे जनतान्त्रिक व्यवस्था एवं मूल्यों का ह्रास स्पष्ट है, इसमें पुनरावृत्ति दोष नहीं है, क्योंकि वह प्रत्येक सन्दर्भ में नये पक्ष को प्रस्तुत करता है।

'पटकथा' धूमिल की कविताओं में आकार की दृष्टि से सबसे लम्बी कविता है जिसे लम्बी कविता की अपेक्षा नाटकीय कविता मानना उचित है। कारण, इस कविता का अनेक संश्लिष्ट नाटकीय दृश्यों में विभाजित होना है। इसीलिए इसका अभिनय थोड़े परिवर्तन से किया जा सकता है। इस प्रकार की लम्बी कविताओं का अभिनय किया जा चुका है। कवि ने आजादी के गत पच्चीस-सत्ताई वर्षों में जो कुछ भारत की जनता एवं शासन व्यवस्था में देखा, समझा, अनुभव किया, उसे (उस ब्यौरे की स्फुट कथा को) प्रस्तुत कविता में अंकित करना चाहा है। उसके सम्मुख अनेक प्रश्न हैं—शासकों के प्रति और आम लोगों के प्रति, वह इसमें अपनी विद्रोही प्रवृत्ति की अपेक्षा विवशता अथवा समस्या को यथार्थ रूप में प्रस्तुत करना चाहता है। इसीलिए अन्य कविताओं सरीखी उत्तेजना, आक्रोश इसमें कम है। इसमें खीज एवं व्यंग्य का पुट अधिक है। इसमें प्रस्तुत समस्याएँ सड़क से संसद तक व्याप्त हैं। कारण, कवि की मूल्य-चेतना की व्यापक आधार-भूमि है।

मुख्यतः इस कविता में आजादी के प्रति उत्साह का भाव युग नेता (काव्य नायक) के प्रति जनसामान्य का समर्पण एवं आदर-भाव है—इसी के साथ वह दिनोंदिन देश में व्याप्त हो रही समस्याओं को व्यक्त करता हुआ पड़ोसी देशों के आक्रमण तथा पराजय के मूल कारणों तक पहुँचने का प्रयत्न करता है—इसी में वह जनता और नेताओं के सम्मुख चुनाव को लेकर कई प्रश्न उठाता है—कहीं कोई समाधान न पाकर अन्ततः निराश—उदास है एवं उसकी मनःस्थिति विचित्र रूप धारण कर लेती है—आग, आँसू और हाय का तथ्यहीन मिश्रण। मूल्य संकल्प की दृष्टि से इन्हें तीन पड़ाव माने जा सकते हैं। यहाँ धूमिल की आग में क्रान्ति या आतंक का भाव नहीं है वरन् इस आग में भूख की आग है। इस रचना का इतिहास-बोध की दृष्टि से विशेष महत्त्व है। इसमें प्रस्तुत हिन्दुस्तान की कहानी है जिसमें गत पच्चीस वर्षों का लेखा-जोखा है। धूमिल

की विशिष्टता इस बात में है कि वह इतने बड़े फलक को काव्यात्मक अन्दाज में सफलता से प्रस्तुत कर सका है। लम्बी कविता के सभी गुण इसमें द्रष्टव्य हैं—नाटकीयता इसका आधार है—पात्रों की सांकेतिक अभिव्यक्ति हिन्दुस्तान हमशक्ल के रूप में हुई है। स्थिति उल्लेख में कवि ने अन्य ऐसे साधनों को भी अपनाया है, जिनमें कृति का नाटकीय विधान पुष्ट होता है।

मूल्य दृष्टि की सही पहचान इस एक ही कविता में की जा सकती है। हमारी निश्चित धारणा है कि इनके तीनों संग्रहों में संकलित सभी कविताओं का कथ्य समग्र रूप में एक साथ यह कविता प्रस्तुत करती है। यह सही है कि मोचीराम सरीखी कुछ कविताएँ कथ्य एवं मूल्य संकल्प की दृष्टि से कुछ अंशों तक निश्चित सीमा में आबद्ध हैं। मूलतः यह कवि व्यवस्था और समस्या की प्रस्तुति का है। सोद्देश्यता और निश्चित संकल्प इसकी रचनाधर्मिता है। पटकथा अन्य सभी रचनाओं से पृथक् व्यापक फलक आत्मसात् किये है। लम्बी कविता-लेखन में धूमिल को सफलता मिली है, पर इसे मुक्तिबोध की भाँति लम्बी कविता का समर्थ कवि नहीं माना जा सकता। लम्बी कविता परम्परा में 'पटकथा' का महत्त्व निर्विवाद स्वीकार्य है। मानव-मूल्यों को युगीन समस्याओं (साामजिक यथार्थ, राजनीतिक बदलाव) के धरातल पर समझने का क्रम इस कवि ने किया है। वैयक्तिक-मूल्यों, पारिवारिक-मूल्यों, सामाजिक-मूल्यों तथा राजनीतिक-मूल्यों की सही पहचान इस कवि का रचना-धर्म माना जा सकता है। इसलिए मूल्यहीन स्थितियों, सन्दर्भों की काव्यात्मक अभिव्यक्ति में यह बौखलाहट से मुक्त नहीं हो पाया है। सही सार्थक पहचान के द्वारा इसने नये मूल्यों के लिए विवेक, समझ और साहस की आवश्यकता पर बल दिया है।

सन्दर्भ-संकेत

1. धूमिल, सुदामा पाण्डे का प्रजातंत्र, पृ. 81
2. वही, संसद से सड़क तक, पृष्ठ 29
3. वही, कल सुनना मुझे, पृष्ठ 67
4. सुदामा पाण्डे का प्रजातंत्र, पृष्ठ 22
5. कल सुनना मुझे, पृष्ठ 63
6. सुदामा पाण्डे का प्रजातंत्र, पृष्ठ 91

7-12. सुदामा पाण्डे का प्रजातंत्र, पृष्ठ 39, 65, 86, 20, 23, 34

13-18. संसद से सड़क तक, पृष्ठ 64, 138-39, 141, 100, 73-74, 115, 48

19. कल सुनना मुझे, प्रस्तावना, पृष्ठ घ

20. आवेग, 22, 1978, पृष्ठ 15

21-22. कल सुनना मुझे, पृष्ठ 50, 17

23. सुदामा पाण्डे का प्रजातंत्र, पृष्ठ 90

24. कल सुनना मुझे, पृष्ठ 18

25-32. सुदामा पाण्डे का प्रजातंत्र, पृष्ठ 31, 38, 29, 35, 88, 91, 37, 40

33. संसद से सड़क तक, पृष्ठ 72

34. आवेग 22, पृष्ठ 9

35. संसद से सड़क तक, पृष्ठ 137

36-38. संसद से सड़क तक, पृष्ठ 12, 18, 20

39. तीसरा साक्ष्य, पृष्ठ 128

40. सुदामा पाण्डे का प्रजातंत्र, पृष्ठ 53

41. धूमिल, डायरी के कुछ पृष्ठ नया प्रतीक, सम्पा. स. ही. वात्स्यायन (अप्रैल 78, पृष्ठ 15)

42-47. संसद से सड़क तक, पृष्ठ 10, 67, 71, 89, 93, 105-106

48-58. कल सुनना मुझे, पृष्ठ 63, 28, तथा 95, 20, 66, 15, 21, 23, 40, 68-69, 80

59-61. संसद से सड़क तक, पृष्ठ 131, 65, 138-39

62. कल सुनना मुझे, पृष्ठ 66-67

63. समकालीन हिन्दी कविता में वाम, युग परिबोध, मई 76, पृष्ठ 5

64. कल सुनना मुझे, पृष्ठ 22

65. सुदामा पाण्डे का प्रजातंत्र, पृष्ठ 34 तथा 36

तृतीय अध्याय

समस्या बोध : विविध आयाम

धूमिल सही अर्थों में 'समस्या' का कवि है। देश की प्रत्येक समस्या का उसने अनुभव करना चाहा है—कुछ से उसे स्वयं गुजरना भी पड़ा है। ('आलोचना' तथा 'नया प्रतीक' में प्रकाशित धूमिल के पत्रों से स्पष्ट है)। अपने आस-पास की दैनिक स्थितियों एवं समस्याओं के प्रति वह जागरुक है। 'कविता' शीर्षक में एक सम्पूर्ण स्त्री होने की समस्या है जो कि 'लड़की' से धर्मशाला बन चुकी है। 'पतझड़ कविता म धूमिल ने बेकारी समस्या पर गहरा आघात किया है। देश-प्रेम की वास्तविकता धूमिल ने जानी है तभी तो कहता है कि 'आदमी का भ्रम और देश-प्रेम बेकारी की फटी हुई जेब से खिसककर बीते हुए कल में गिर पड़ता है...'[1] भूखा-बेकार व्यक्ति शैतान तो बन सकता है—विद्रोही और बागी भी बन सकता है, पर उसमें देश-प्रेम किस स्तर का होगा—यह विचारणीय है। कवि धूमिल नवयुवकों को रोजगार-दफ्तर से निकलते देखता है तो वे कहते सुनायी पड़ते हैं—

> 'इस देश की मिट्टी में
> अपने जांगर का सुख तलाशना
> अन्धी लड़की की आँखों में
> उससे सहवास का सुख तलाशना।'[1]
> 'तुमने भी सुना

तुमने क्या सुना है?' कहकर इस रोग की व्यापकता की घोषणा करता है।

'पटकथा' तो सामाजिक एवं राजनीतिक समस्याओं का काव्यात्मक लेखा-जोखा है। कवि की समस्या यह है कि सब कुछ अस्त-व्यस्त होते हुए भी 'सामान्य' चल रहा है—कहीं कोई हलचल नहीं, कोई परिवर्तन नहीं। देशभक्ति,

समाजवाद, शान्ति के अर्थ ही बच रहे हैं–कार्यान्विति एवं व्यवहार में सब कुछ विपरीत है। 'व्यवस्था' के प्रति उसका रोष कुछ तीखा है।

'मैं रोज देखता हूँ कि व्यवस्था की मशीन का
एक पुर्जा गरम होकर अलग छिटक गया है और
ठण्डा होते ही
फिर कुर्सी से चिपक गया है
उसमें न हया है
न दया है...मैंने हरेक को आवाज दी है
हरेक का दरवाजा खटखटाया है
मगर बेकार। मैंने जिसकी पूँछ
उठायी है उसको मादा
पाया है।
वे सबके सब तिजोरियों के दुभाषिये हैं'[1]

...रचना का अन्त धूमिल की मानसिक खिन्नता, घृणा तथा संशय का चरम है। वह देश की समस्याओं से स्वयं को घिरा पाता है। तभी सोचता है,

मेरे सामने वही चिर-परिचित अन्धकार है
संशय की अनिश्चयग्रस्त ठण्डी मुद्राएँ हैं
हर तरफ
शब्दवेधी सन्नाटा है
दरिद्र की व्यथा
की तरह
उचाट और कूँधता हुआ
घृणा में डूबा हुआ सारा का सारा देश
पहले की ही तरह आज भी
मेरा कारागार है।'[1]

'यौन-समस्या' धूमिल की कविताओं में नये ढंग से प्रस्तुत हुई है। वे किसी प्रकार का प्रणय-प्रसंग नहीं उभारते और न ही नारी के रूप-अंगों के उभार को, मांसल सौन्दर्य को व्यंजित करते हैं वरन् यौन का चित्रण इनमें विवशता के रूप में आया है–उसमें अबोधता का भाव हो सकता है जैसा कि हम 'लड़की' से 'धर्मशाला' की चर्चा में संकेत कर चुके हैं। इसी प्रकार धूमिल ने ऐसे अनेक वक्तव्य दिये हैं जो कि देश में फैली दुष्प्रवृत्तियों का पर्दाफाश करते हैं। इस समस्या की हम नारी-समस्या के प्रति कवि की दृष्टि के अन्तर्गत सविस्तार चर्चा करना चाहेंगे। एक बात धूमिल के सम्बन्ध में निर्विवाद स्वीकार्य है कि उसकी प्रत्येक कविता किसी-न-किसी समस्या को सपाट अथवा संश्लिष्ट रूप में अवश्य व्यक्त करती है।

व्यवस्था-समस्या

धूमिल की विशिष्टता इस बात में है कि जिस किसी स्थिति/अवसर/प्रसंग/सन्दर्भ को वह काव्य का विषय बनाता है उसका तह तक अवगाहन कर कविता और उसके उपकरणों के बिन्दुओं पर उद्घाटित करता है। यही स्थिति व्यवस्था के सम्बन्ध में कही जा सकती है। व्यवस्था का यथार्थ (वास्तव) प्रस्तुत करना कवि-लक्ष्य स्पष्ट है, इसमें प्रजातान्त्रिक व्यवस्था एवं राजनेताओं के नारेबाजी एवं चारित्रिक पतन की चर्चा अनेक बार करता है, पर उसके लिए एक विचित्र समस्या रोटी, सड़क तथा संसद से सम्बद्ध होते हुए स्वतंत्र है, वह है–व्यवस्था के साथ कैसे लोहा लिया जाए? व्यवस्था-विरोधी का जीना दूभर कर दिया जाता है। उसे सदैव लगता है जैसे सभी इस व्यवस्था के साथ चिपके हुए हैं–सही-सत्य को कहने की सामर्थ्य किसी में नहीं रही। सभी के आतंकित एवं भयभीता होने की स्थिति को वर्णित करता हुआ वह कहता है–

हाँ, मैं भयभीत हूँ
व्यवस्था की खोह में
हर तरफ
बूढ़े और रक्तलोलुप मशालची
घूम रहे हैं
इतिहास की ताजगी
बनाये रखने के लिए
नौजवानों और सफल
मौतों की टोह में
उन्हें हमारी तलाश है।[1]

व्यवस्था-तंत्र के प्रभुत्व को कवि ने अनेक बार दोहराया है। वह शासन के हाथों निर्दोष लागों को दण्ड भोगते देख चुका है–इसलिए इसे एक समस्या का रूप देना चाहता है। जब व्यक्ति किसी के बिरुद्ध आवाज बुलन्द कर पाने में स्वयं को असमर्थ पाता है तभी समझौतावादी बनता है। समझौता, मौन या तटस्थता कवि की दृष्टि में कुशासन, अव्यवस्था का पक्षपात करना है। इसीलिए वह कहता है–

और वह सड़क–
समझौता बन गयी है जिस पर खड़े होकर
कल तुमने संसद के लिए आवाज दी थी
नहीं, अब वहाँ कोई नहीं है
मतलब की इबारत से होकर
सब के सब व्यवस्था के पक्ष में
चले गये हैं।[1]

अन्तिम तीन पंक्तियों में हमें दो प्रकार की स्थिति का बोध होता है–प्रथम, तो सभी ओर स्वार्थपरकता है दूसरा, सभी व्यवस्था के पक्षपाती हो चुके हैं। सभी के चाटुकारा होने की ओर संकेत है। कवि स्वयं को अपनी व्यवस्थाओं में बीमार (कल सुनना मुझे, पृ. 57) कहकर गहरा व्यंग्य करता है।

रोटी की समस्या का समाधान कवि प्रत्येक दृष्टि से जाँचना चाहता है, उसे इसकी जड़ स्थिति का पता चल जाता है, पर इससे मुक्ति उसे असम्भव प्रतीत होती है, क्योंकि सभी तरफ स्वार्थता है।–रोटी-समस्या अन्य समस्याओं से सीधी जुड़ी है, व्यवस्था हो या शासन द्वारा प्रदत्त न्याय–सभी में समस्या का एकमात्र कारण आम आदमी को न्याय न मिल पाना है। हिन्दी में सम्भवतः अन्य कोई कवि धूमिल की समता नहीं कर सकता जिसने न्याय, न्यायालय तथा कानूनी भाषा के इतने शब्दों को काव्य-भाषा में प्रयुक्त किया हो। सही, सार्थक और सपाट का सामंजस्य प्रत्येक दृष्टि से द्रष्टव्य है।

समस्याओं के न सुलझने का कारण कवि जानने का प्रयत्न करता रहता है–यही उसकी रचना-प्रक्रिया का मूल क्रम है। संसद के पास सड़क का उत्तर भला कैसे सम्भव हो सकता था?–संघर्ष के लिए सभी को सड़क का आश्रय लेना होगा–ऐसा कर पाना भला कठिन नहीं तो और क्या है? वहीं धूमिल ने व्यवस्था को सुधारने में किये गये अन्य ऐसे आन्दोलन की चर्चा भी संकेत रूप में करता है, जिनका लक्ष्य रातोंरात आतंक द्वारा परिवर्तन लाना और देश को सुधारना था, पर दृष्टि के सही न होने पर उन्हें भी विफलता ही हाथ लगती है। सुविधाजन्य अभिरुचि के कारण वास्तव में सुधार कर पाना सम्भव नहीं है। क्रान्ति या विद्रोह एवं सुविधा में परस्पर कहीं मेल नहीं है। इस व्यवस्था-सुधार में रुकावट का बड़ा कारण जातिवादिता भी है। एक व्यक्ति की आग सुधार नहीं कर सकती। क्रान्ति के लिए अपेक्षित समय और योजना की आवश्यकता रहती है–इनके अभाव में कुछ भी सार्थक कर पाना असम्भव है।

देश की सामाजिक एवं राजनीतिक दोनों प्रकार की व्यवस्थाएँ विचित्र बन चुकी हैं। कवि सब कुछ समझते हुए भी स्वयं को कुछ कर सकने में असमर्थ पाता है। पर उसकी यह विवशता भले ही कविता की पंक्तियों में

"सड़ाँध!
कोई भी जगह नहीं रही
रहने के लायक
न मैं आत्महत्या
कर सकता हूँ।"

है पर उसके अन्त में वह यह पक्ष भी स्पष्ट कर देता है कि मेरा सम्बन्ध सदैव 'व्यवस्था-विरोध'से रहा है। यही कारण है अनेक प्रसंगों में वह व्यवस्था के पक्षधरों

पर तीक्ष्ण व्यंग्य प्रहार करता है जबकि संसद में विरोध पक्ष के प्रति कई बार सहानुभूति भी। हमें तो धूमिल अनेक स्थितियों में 'जोखिम कविता' का कवि प्रतीत होता है। विरोध-अन्तर्विरोधों के रहते हुए इसकी अभिरुचि जोखिम (रिस्क) उठाने में विशेष रही है। सम्पूर्ण हिन्दी कविता में धूमिल के समकक्ष इस आधार पर किसी की चर्चा नहीं की जा सकती। अगर यहाँ मैं यह भी कहना चाहूँ कि धूमिल ने कविता में कुछ ऐसी शुरुआतें कीं जो अब प्रत्येक कवि का मूल आधार बन गया है तो अत्युक्ति न होगी। छायावाद के पश्चात् अब ऐसा समय आया है, जब परवर्ती कवि 'कथ्य' एवं 'शैली' की दृष्टि से स्वयं को प्रभावित मानते हैं। 'आँसू' (प्रसाद) की शैली का अपने युग में काफी प्रचार हुआ—नयी कविता में 'मुक्तिबोध' तथा 'धूमिल' का प्रभाव विशेष रहा है। मुक्तिबोध आम आदमी तक स्वयं को अपने क्लिष्ट सन्दर्भ एवं नयी टेकनीक के कारण कम प्रेषित कर सका जबकि धूमिल यथार्थता एवं सपाटता के कारण हजारों कवियों का प्रेरक बन सका है। आज नयी कविता का अपना अन्दाज धूमिलीय बन चुका है। ऐसे कवि बहुत कम हुआ करते हैं जिनसे युग में एकाएक बदलाव आता है अथवा वह युग के अन्य कवियों का प्रेरक बन जाता है। धूमिल सही, सार्थक आदमी की खोज करता हुआ अन्ततः सही वक्तव्यों द्वारा सार्थक कविता तथा उसके व्यवहृत उपकरणों को समझने-समझाने का प्रयास निरन्तर करता है। यही कारण है कवि को बाध्य या ऊपरी धरातल से देखने पर आम स्थिति का प्रस्तुतीकरण प्रतीत हो सकता है, परन्तु शब्द, स्थिति, प्रसंग के मूल में निहित कवि-लक्ष्य काफी गहरा एवं युग-सापेक्ष है। धूमिल निरर्थक एक भी शब्द प्रयुक्त नहीं करता। व्यवस्था किसी भी स्तर पर हो उसे विरोध का पक्ष अच्छा लगता है—कारण यातनाओं में आनन्द मिलना है—विकराल स्थिति में जीवन जीने का आदी हो चुका है। यहाँ हम यह भी स्पष्ट कर दें कि धूमिल की व्यवस्थाओं के प्रति खीज से यह भी अभिप्राय नहीं लिया जाना चाहिए कि वह स्वतंत्रता का पक्षधर नहीं है, वह चाहता है कि जनता में इतनी समझ आ जाए कि व्यवस्था गलत हाथों में है—चुनाव के माध्यम से सही लोग सड़क से संसद में पहुँचे तथा सड़क को समस्याओं को सार्थक दृष्टि से समझ सके और आम आदमी अपने को एक साथ सड़क तथा संसद का प्रतिनिधि कहलाने का अधिकारी बन सके। इसलिए वह नये प्रजातंत्र की तलाश करता है, जिससे सभी को स्थिति की समझ हो।

आम आदमी (सड़क) से वह संसद में पहुँच व्यवस्था की नब्ज देखता है। तभी उसकी दृष्टि अपने देश की शासन व्यवस्था पर पड़ती है—प्रजातंत्र। 'पटकथा' में इस व्यवस्था के प्रति कवि की सही दृष्टि स्पष्ट प्रतीत होती है।

> "ऐसा जनतंत्र है जिसमें
> जिन्दा रहने के लिए
> घोड़े और घास को

एक जैसी छूट है
कैसी विडम्बना
कैसा झूठ है
दरअसल अपने यहाँ जनतंत्र
एक ऐसा तमाशा है
जिनकी जान
मदारी की भाषा है।'' तथा—
''...हवा में एक चमकदार गोल शब्द
फेंक दिया है—'जनतंत्र'
जिसकी रोज सैकड़ों बार हत्या होती है
और हर बार
वह भेड़ियों की जुबाना पर निन्दा है।''[1]

इससे बढ़कर किसी जनतान्त्रिक व्यवस्था की दुर्दशा क्या हो सकती है, जिसका नामलेवा स्वयं भेड़िये हो/भेड़िया शब्द मार्क्सीय चिन्तन का प्रमाण है।

डॉ. विद्यानिवास मिश्र का यह अभिमत व्यवस्था-सम्बन्धी कवि की सही स्थिति का परिचय कराता है। 'धूमिल की कविता बुनियादी तौर पर केवल व्यवस्था से नहीं जूझती, व्यवस्था के अमानवीय परिस्थिति से जूझती रही। उसकी आक्रामकता में जहाँ एक ओर लाचारी है, वहीं दूसरी ओर भविष्य के दिगन्त तक गूँज उपजाने वाली टंकार भी है।''[2] प्रभात कुमार त्रिपाठी धूमिल की कविताओं के सम्बन्ध में कुछ बुनियादी प्रश्न प्रस्तुत करते हुए अपना अभिमत देते हैं—'धूमिल का जोर इस समय फौरी धावे में शामिल होने पर ज्यादा है, मन की तकलीफ की गहराई और राजनीति की क्रूरता का अनेकायामी जटिल ऐतिहासिक परिप्रेक्ष्य उनके काव्यानुभव के भीतर नहीं है।'[3] त्रिपाठी ने अपने लेख—'धूमिल की कविता' में अनेक गुण भी माने हैं पर उनकी दृष्टि कुछ विशेष ढूँढ़ने की रही है—उनका अन्दाज भी कुछ विचित्र है। हमारी लेखक के कुछेक बिन्दुओं पर सहमति है, पर ऐतिहासिक परिप्रेक्ष्य और राजनीतिक समझ के सम्बन्ध में उनका आरोप समुचित नहीं प्रतीत होता। हमने पृथक् अध्याय में इस समस्या-बोध को इतिहास बोध के अन्तर्गत सविस्तार देखने का प्रयास किया है। यह सही है कि धूमिल से एक साथ कई अपेक्षाएँ नहीं की जानी चाहिए। समीक्षक को कवि-सन्दर्भ कदापि विस्मृत नहीं करना चाहिए।

राजनीतिक समझ

समकालीन कवियों में धूमिल ही एक ऐसे कवि हैं, जिनकी कविताओं में राजनीतिक परिस्थितियों को नये अन्दाज एवं तेवर में प्रस्तुत किया गया है। इस कवि ने सही

रूप में समकालीन समस्याओं को समझा है तथा इसी समझ के आधार पर व्यक्ति-समष्टि के परस्पर सम्बन्ध एवं दायित्व को एक ओर कविता, भाषा और व्याकरण के पारस्परिक सम्बन्ध से प्रस्तुत करता है तो दूसरी ओर वह इनमें व्याप्त अन्तर्विरोधों तथा जटिलताओं को राजनीतिक परिप्रेक्ष्य में प्रस्तुत करता है। यही कारण है कि इनकी अधिकांश कविताओं में जनतंत्र को कई रूपों में प्रस्तुत किया गया है—इन सभी रूपों में कवि-लक्ष्य सही स्थिति की पहचान कराना रहा है। वह इसकी समझ तथा पहचान से आगे का कार्य भी करता है—वह है जनजीवन में संश्लिष्ट रूप में चेतना या जागरुकता का मन्त्रोच्चार। यही कारण है कि हमें धूमिल की काव्य-चेतना में मूलतः व्यक्ति एवं समाज—सड़क तथा संसद के माध्यम से 'सामाजिक दायित्व' एवं 'राजनीतिक समझ' की सहज प्रतीति होती है। कवि को राजनीति में 'जनतंत्र' तथा कविता में 'शब्दतंत्र' की ऐसी पहचान करनी है जो पूर्व का कवि न कर पाये हों। इसीलिए वह स्पष्टतः घोषित करता है—

मुझे अपनी कविताओं के लिए
दूसरे जनतंत्र की तलाश हैं।[4]

उसने इन पंक्तियों में सचमुच संक्षिप्ततः काफी कुछ अनकहा व्यंजित करना चाहा है। पहला जनतंत्र उसकी दृष्टि में व्यर्थ रहा है, मात्र प्रदर्शन, भ्रष्टाचार तक सीमित रहा है—लोगों में रोटी (भूख) की समस्या पूर्ववत् है, इसीलिए वह राजनीतिक क्रान्ति द्वारा दूसरे जनतंत्र की तलाश करना चाहता है। महत्त्वपूर्ण यह है कि उसे दूसरे जनतंत्र की तलाश अपनी कविताओं के लिए करनी है। इस सम्बन्ध में हम इतना कहना चाहेंगे कि धूमिल ही एक ऐसा कवि है, जिसमें कविता और राजनीति की समझ एक रूप में है। पर प्रभात कुमार त्रिपाठी ने धूमिल की कविता में इसे विपरीत स्थिति में देखा है। लेखक का अभिमत है—''जिन पात्रों से उनका मन जुड़ता है, वे पात्र भारतीय जनतंत्र की असल ताकतें हैं, लेकिन धूमिल अपने बाहर के इन तमाम चेहरों के पास, गहरें राजनीतिक-विवेक के साथ नहीं जाते। बाह्य विरूपता के पीछे काम करने वाली राजनीति के विपक्ष में उनकी कविता खड़ी है—लेकिन वे अपना पक्ष भाषा के जिस तेवर में स्पष्ट करते हैं, वह तेवर पाठक को देर तक विचलित नहीं करता। धूमिल मानव-सम्बन्धों की अधिक मूर्त दुनिया में, खासकर व्यक्ति के अन्तर्मन की दुनिया में राजनीति की क्रूरता को नहीं देखते। हालात को अपने विस्तृत जटिल आयामों में परिभाषित करते हुए, अपने भीतर चलने वाले युद्ध की भाषा खोजने में धूमिल अधिक सफल नहीं हो पाये हैं।''

राजनीतिक लेखा-जोखा

धूमिल राजनीतिक चेतना एवं जागरुकता का कवि है। समकालीन कविता की सबसे बड़ी पहचान यथार्थ (वास्तव) को यथारूप में प्रस्तुत करना है। 'संसद से सड़क तक'

में कवि ने राजनीतिक स्थिति को उजागर करने के लिए अनेक प्रसंगों-सन्दर्भों को कविता का विषय बनाया है। यही कारण है कि धूमिल की कविता को समझने के लिए उसकी राजनीतिक समझ को जानना अनिवार्य है। वैसे तो कवि ने हर क्षेत्र में मुखौटों को अनावृत्त करने का उपक्रम किया है, पर राजनीतिक विडम्बनाओं में उसका व्यंग्य एवं खीझ कुछ अधिक प्रखर रूप में सामने आती है। उसे राजनीतिक स्थिरता का आभास मात्र टोपियों के बदलने से होता है। उसका दृढ़ विश्वास है कि–

हाँ यह सही है कि कुर्सियाँ वही हैं
सिर्फ टोपियाँ बदल गयी हैं।[6]

'कुर्सियाँ' यहाँ विशिष्ट सन्दर्भ की द्योतक हैं। नेहरू के पश्चात् इन्दिरा गाँधी और पश्चात् परिवार पोषण एवं अधिकार-चेष्टा की ओर स्पष्ट संकेत है। इसको वह अत्यन्त नाटकीय ढंग से प्रस्तुत करता है। धूमिल की दृष्टि राजनीति में आज किसी प्रकार की मर्यादा, शालीनता एवं देशहित को स्थान नहीं मिल पा रहा था–सभी तरफ आपाधापी, अधिकार-लिप्सा, प्रजातंत्र के नाम पर लूट का बोलबाला था। राजनेता का अर्थ ही बदल गया था। नैतिक मान्यताओं का सर्वथा लोप हो चुका है।

चीनी आक्रमण से स्थिति की वास्तविकता का बोध हुआ–तभी धूमिल को मोहभंग हुआ–जनता को वस्तुस्थिति का परिचय तो मिला पर इसका परिणाम कोई सुखद नहीं हुआ। परन्तु साहित्यिक दृष्टि से एक आन्तरिक पीड़ा, खीझ एवं विद्रोह स्वरूप आक्रोश का स्वर सुनायी पड़ने लगा। अधिकांश स्थिति की समझ तक अपने आपको सीमित रखते हैं, जबकि कवि धूमिल इसकी तह तक पहुँचने के लिए उत्सुक है। यही कारण है वह संसद से सड़क तक तथा सड़क से संसद तक की दूरी मे जो कुछ देखता, सुनता तथा भोगता है, उन्हें अपनी कविता का विषय बनाता है। राजनीतिक स्थिति में भी वह आरोपण का पक्षधर नहीं है, वह प्रत्यक्षतः अपनी खीझ व्यक्त करता है तथा तीक्ष्ण व्यंग्य प्रहार पर उसे आश्चर्य तब होता है जब देश के नेता अपने देश की समस्याओं की ओर ध्यान न दे अन्तरराष्ट्रीय समस्याओं एवं सुधार अथवा विश्व-शान्ति का प्रचार करते हैं। डॉ. शिवप्रसाद सिंह ने आधुनिक परिवेश की कई सन्दर्भों से चर्चा करते हुए स्वतंत्रता के पश्चात् भारतीय बौद्धिकों के इतिहास को सिर्फ आत्मबल के ह्रास का इतिहास माना है। लेखक का यहाँ तक अभिमत है कि हमारे देश ने स्वतंत्रता के सही अर्थ को आज तक नहीं समझा है–उसे मूल्यों की पहचान नहीं है।[7]

राजनीतिक बोध में व्यंग्य-स्वर उभरने का एक और महत्त्वपूर्ण कारण होता है–राजनेताओं की निरर्थक नारेबाजी। इसका भी धूमिल ने अनेक बार अनेक प्रसंगों में उल्लेख किया है। नेताओं के व्यक्तित्व का दोहराव, उनकी चरित्रहीनता, निर्वाचित प्रतिनिधियों में दायित्व-पलायन योजनाओं की विफलता के साथ अन्य थोथी सही का चित्रण भी किया है, जिनसे कवि की राजनीतिक चेतना का परिचय सहज

ही मिल जाता है। कवि स्वतंत्रता पश्चात् के वांछित सुधार एवं विकास की प्रतीक्षा करता रहता है। वह अन्दर ही अन्दर स्वयं से कई प्रश्न देश की वर्तमान स्थिति पर चिन्तन के रूप में करता रहता है–उसे इससे कुछ भी प्राप्त नहीं होता है–सिवा इसके कि वह भी एक जानवर की भाँति सन्तोष कर लेता है तथा अपनी जिन्दगी को दूसरे लोगों की तरह व्यतीत करता रहता है–इसे भी वह एक प्रकार से निष्क्रिय भाव से स्वीकारता है। देशव्यापी असन्तोष और नेताओं की कोरी कलावादी उसे लिखने एवं सोचने पर विवश करती है। उसे गत बीस वर्ष सभी दृष्टियों से व्यर्थ प्रमाणित होते हैं और वह मुखर होता है–

बीस साल बाद और इस शरीर में
सुनसान गलियों से चोरों की तरह गुजरते हुए
अपने आपसे सवाल करता हूँ–
क्या आजादी सिर्फ तीन थके हुए रंगों का नाम है
जिन्हें एक पहिया ढोता है
या इसका कोई खास मतलब है।[8]

इससे स्पष्टतः कवि की खीझ मुखरित हुई है। किसी राजनीतिक पद्धति-विशेष में अनास्था की समस्या नहीं है। वह जनतान्त्रिक मूल्यों की हत्या होते देखता है तो बौखला उठता है, इस बौखलाहट में उसकी वाणी में बाह्य धरातल पर तीक्ष्णता अवश्य है, आन्तरिक दृष्टि से कवि पूर्णतः आश्वस्त है कि पुराना युग एवं शासन पूर्णतः असफल रहा है–अब आवश्यकता नये विधान एवं नेताओं के सत्ता में आने की है। उसे तथाकथित देशभक्ति का नारा लगाने वाले नेताओं की वास्तविकता का बोध हो जाता है, तभी वह कहने पर विवश होता है–

उस मुहावरे को समझ गया हूँ
जो आजादी और गाँधी के नाम पर चल रहा है
जिससे न भूख मिटी है, न मौसम
बदल रहा है।[8]

आम आदमी की रोटी की समस्या का समाधान राजनीतिक चेतना के आधर पर हुआ है। उसका विश्वास प्रत्येक से समाप्त होता दीखता है–यही कवि का निरर्थक-बोध युग की सही स्थिति को उजागर करता है। देश की उत्तरोत्तर स्थिति का विकट होते जाने से वह क्षुब्ध है, उसे आदमी, देश, आजादी तथा प्यार में मात्र नफरत ही सही प्रतीत होती है। इसमें युग-बोध को यथारूप में देखा जा सकता है। देश की स्थिति की विकरालता एवं ह्रासोन्मुखता से उसमें आक्रोश का स्वर मुखरित होना स्वाभाविक है। कवि राजनेताओं के प्रति रुष्ट तो है ही, साथ ही युवा पीढ़ी की दिशाहीनता को भी दृष्टि से ओझल नहीं करता–उसे मूलतः शासन-प्रणाली एवं व्यवस्था में कमी दीखती है, तभी वह कहता है–

मैं उन्हें समझाता हूँ
वह कौन सा प्रजातान्त्रिक नुस्खा है
कि जिस उम्र में
मेरी माँ का चेहरा
झुर्रियों की झोली बन गया है।[8]

पटकथा के विषय में इसीलिए नेमिचन्द्र जैन मानते हैं कि "देश की और अपनी बेरहम तस्वीर इतनी बेबाकी से उतार सकना एक समर्थ सर्जनात्मक प्रतिभा द्वारा ही सम्भव है, यह कविता धूमिल को समकालीन कवियों में एक अलग, खास और ऊँचा दर्जा देती है।" (तीसरा साक्ष्य, पृ. 128)

राजनीतिक दृष्टि से हम धूमिल को उस कोटि का कवि मानते हैं जो प्रत्येक स्थिति को जड़ से पकड़ने का आदी है। यही कारण है कि वह प्रजातान्त्रिक मूल्यों की आवश्यकता पर बल देता हुआ इस अव्यवस्था को मूल रूप में समाप्त करने का पक्षपाती है। वह अनेक ऐसे प्रसंगों की 'पटकथा' में संयोजना करता है, जिनसे आज के राजनेताओं की वास्तविक स्थिति का पर्दाफाश होने लगता है। कवि ने ऐसे लोगों को षड्यन्त्रकारी, सुराजिये, चालाक इत्यादि विशेषणों से सम्बोधित किया है। ऐसे नेता प्रजा की कमजोरी से भली-भाँति परिचित थे तथा उन्हें गुमराह करने में सदैव सफल भी होते रहे हैं—इसलिए हर पाँच वर्ष के पश्चात् चुनाव होते रहे, टोपियों के परिवर्तन के साथ नेता 'व्यवस्था' को अपने हाथो सम्भालने में सफल होते रहे—उनकी वाचाल मनोवृत्ति को भारतीय जनता समझ नहीं सकी। यही कारण है कि आम आदमी दिनोंदिन समस्याओं से घिरता गया है—और अन्ततः सम्पूर्ण देश में समस्याएँ ही समस्याएँ सामने आने लगी हैं—अन्न समस्या, जनसंख्या समस्या और न जाने कितनी समस्याएँ—यह देश 'समस्याओं का देश' बनकर रह गया है। कवि धूमिल को किसी प्रकार के सुधार की आशा नहीं दीखती है। वह इसके लिए जनता को दोषी ठहराता है, क्योंकि प्रजातंत्र में शासन की व्यवस्था स्वयं प्रजा (जनता) के हाथों होती है, चुनाव परिवर्तन का आधार होते हैं, पर हुआ इसके सर्वथा विपरीत।

धूमिल ने देशवासियों की सुप्त (मृतप्राय) मनोवृत्ति पर भी तीक्ष्ण प्रहार किया है। उसे विश्वास है कि भारतीय जनता अकर्तव्य होने के साथ विचारशून्य स्थिति को पहुँच चुकी है। जनता की दृष्टि में क्रान्ति का कोई महत्त्व नहीं रह गया है, क्योंकि उसके लिए क्रान्ति किसी अबोध बच्चे के हाथों की जूजी है।

धूमिल की कविताओं की विशिष्टता इस बात में है कि वे सोद्देश्य होती हैं—प्रत्येक उक्ति, पंक्ति, वक्तव्य एवं पूरी कविता अपने में पूर्ण अर्थ को व्यंजित करने की सामर्थ्य धारण किये हैं। 'पटकथा' में वह जनता और राजनेताओं की वस्तु-स्थिति से जहाँ देश में व्याप्त अव्यवस्था को उजागर करता है, वहाँ अन्य कविताओं में कवि सड़क के आम आदमी से संसद के निर्वाचित प्रतिनिधियों तक

की आन्तरिक स्थिति को पहचानता है, खूब समझता है और इसीलिए कहीं-कहीं तीक्ष्ण प्रहार व्यंग्य रूप में करता है। वह जिस किसी व्यक्ति, स्थिति, प्रसंग को एक बार पकड़ता है उसकी तह तक पहुँचे बिना नहीं रहता। यही कारण है कि राजनेताओं की चालाकी, दायित्वहीनता की वृत्तियों को ही व्यक्त नहीं करता, वरन् उनके चारित्र्य पतन का उल्लेख भी करने में नहीं हिचकता। कवि की विशेषता इस बात में है कि पाठक को ऐसी स्थितियों से परिचित वह सपाट रूप में करवाने के साथ कविता के मर्म को कदापि विस्मृत नहीं करता। जहाँ कहीं उसे राजनीतिक अव्यवस्था का दिग्दर्शन कराना होता है वह कविता में कहीं वाक्य, शब्द अथवा व्याकरण की चर्चा द्वारा प्रस्तुत करता है। ऐसा करने से कवि धूमिल की काव्यात्मक संवेदना सर्वत्र लक्षित होती है।

विश्व राजनीति एवं रणनीति

धूमिल की राजनीतिक चेतना को देश तक सीमित नहीं माना जाना चाहिए, क्योंकि वह समकालीन सन्दर्भों में देशेतर समस्याओं से भली-भाँति परिचित है। यही कारण है कि इनकी कविताओं का फलक सड़क से संसद तक सीमित नहीं किया जा सकता। इसकी व्याख्या अथवा स्थिति के स्पष्टीकरण में कवि ने अन्य विश्वस्तरीय समस्याओं को भी उक्तियों में इंगित किया है। वह अमेरिका एवं रूस सरीखे बड़े राज्यों की चालों को सही रूप में जानता है। इसी प्रकार के कुछ संकेतों से धूमिल भी वस्तु-स्थिति को प्रस्तुत करता है। इसकी सविस्तार चर्चा हमने इतिहास-बोध में की है।

नारी-समस्या : धूमिल की कविताओं में नारी समस्या अनेक रूपों में प्रस्तुत की गयी है। यहाँ कवि किसी प्रकार की उपदेशात्मक वृत्ति को नहीं अपनाता वरन् सहज रूप में ऐसी स्थितियों, प्रसंगों को काव्यात्मक अभिव्यक्ति प्रदान करता है, जिनसे नारी की समाज में वास्तविक स्थिति का अनुमान लगाया जा सकता है। यह सही है कि समाज में नारी की अवहेलना अथवा सम्मान का ब्यौरा-प्रस्तुत नहीं करता वरन् अन्य अनेक समस्याओं के सन्दर्भ में इसे भी देखना चाहता है। गृहस्थी में नारी का महत्त्व उसकी दृष्टि में है, क्योंकि पति-पत्नी के मेल से परिवार का विकास सम्भव है। हाँ, कई बार रोटी की भूख की समस्या के कारण वह 'यौन समस्या' पर तीक्ष्ण व्यंग्य भी करता है। नारी को एक समस्या के समाधान के लिए अन्य समस्याओं का शिकार होना पड़ता है।

नर-नारी के पारस्परिक वैधानिक-अवैधानिक सम्बन्धों को प्रस्तुत करने वाले शब्दों से कवि किसी न किसी महत्त्वपूर्ण समस्या को उजागर करना चाहता है—सचमुच वह पाठकों की रुचि से परिचित है। इसीलिए सर्व परिचित समाज में जानी-पहचानी स्थितियों को आधार बनाता है।

1. अन्धी लड़की की आँखों में
उससे सहवास का सुख तलाशना है।[8]

2. औरतें
योनि की सफलता के बाद
गंगा का गीत गा रही हैं।
मासिक धर्म रुकते ही सुहागिन औरतें
सोहर की पंक्तियों का रस
(चमड़े की निर्जनता को गीला करने के लिए)
नये सिरे से सोखने लगती हैं।
...उसका मर जाना पतियों के लिए
...अपनी पत्नियों के प्रतिव्रता होने की गारण्टी है।
मासिम धर्म में डूबे हुए क्वाँरेपन की आग से
अन्धे अतीत और लँगड़े भविष्य की
चिलम भर रही है
वर्तमान की सतह पर।[8]

3. वर्ना तुम कर भी क्या सकते हो।
यदि पड़ोस की महिला का एक बटन
तुम्हारी बीवी के ब्लाउज से
(कीमत में) बड़ा है
और प्यार करने से पहले
तुम्हें पेट की आग से होकर
गुजरना पड़ा है।[8]

4. औरत : आँचल है
जैसा कि लोग कहते हैं–स्नेह है,
किन्तु मुझे लगता है–
इन दोनों से बढ़कर
औरत एक देह है।[9]

5. चूल्हा कुछ नहीं बोलता
चुपचाप जलता है और जलता रहता है
औरत–
गवें गवें उठती–गगरी में
हाथ डालती है
फिर एक पोटली खोलती है। पृ. 16

× × ×

चौके में खोई हुई औरत के हाथ
कुछ भी नहीं देखते
वे केवल रोटी बेलते हैं और बेलते रहते हैं।[9]

6. एक सम्पूर्ण स्त्री होने के पहले ही
गर्भाधान की क्रिया से गुजरते हुए
उसने जाना कि प्यार
घनी आबादी वाली बस्तियों में
मकान की तलाश है...
हर लड़की
तीसरे गर्भापात के बाद
धर्मशाला हो जाती है।[10]

उपर्युक्त उद्धरण हमने एक साथ जानबूझकर प्रस्तुत किये हैं। इनमें धूमिल की नारी-सम्बन्धी धारणाओं के विभिन्न पक्ष तो स्पष्ट होते हैं–साथ ही उसकी 'समझ' का परिचय भी मिलता है। उसका लक्ष्य समाज में नारी को तिरस्कृत-अपमानित घोषित करना नहीं है वरन् वह जिन स्थितियों में देखता है, समझता है–कहने की चेष्टा करता है। हमने नारी-समस्या उपशीर्षक विशेष दृष्टि से रखना चाहा है। वस्तुतः यह एक ऐसी सामाजिक समस्या है, जिस पर सभी कुछ अवलम्बित है। इस एक ही समस्या में अन्य समस्याओं का परिचय स्वयमेव हो जाता है। नारी-विवशता (भले ही वह रोटी की हो या प्रदर्शन की हो अथवा समान धरातल पाने की) के मूल में काफी कुछ अनकहा कवि छोड़ देता है। वह उद्धरण 1 तथा 6 में सहवास और गर्भाधान तथा गर्भपात पर बल नहीं देता, वरन् विवशता की व्यंजना करता है। फिर 'अन्धी लड़की की आँखों में सहवास का सुख तलाशना'–में अभिधा से काम नहीं चलेगा। इस सहवास में भी विवशता–है और इस स्थिति में किसी प्रकार की सुखानुभूति की चर्चा एक प्रकार का मजाक करना होगा। वस्तुतः सम्भोग की आनन्दानुभूति की प्रतीति आँखों से होती है और आँखों से अन्धी है–स्वेच्छा का अभाव है। इसी प्रकार कवि की दृष्टि में 'प्यार' 'मकान तलाश' से बढ़कर कुछ भी नहीं है। प्यार में आत्मीयता, समर्पण की अपेक्षा व्यवसाय, काम निकालने तक की स्थिति निहित है। कवि समाज की इस कटुता से भी परिचित है कि किसी भी विवाहित स्त्री की सम्पूर्णता गर्भाधान से मानी जाती है–यह भारत की विलक्षणता है, जहाँ माँ बनना जरूरी है। गहरा व्यंग्य किया है। उद्धरण में 'प्यार' की जगह 'स्नेह' शब्द का प्रयोग कवि ने विशेष लक्ष्य से किया है। वह औरत को 'आँचल' तथा 'स्नेह' की अपेक्षा 'देह' मानता है। उद्धरण 3 में प्यार की समस्या दूसरे ढंग की है। 'प्यार' से पहले पेट की आग की विवशता है। ऐसा प्रायः होता है कि आदमी प्यार-प्रदर्शन के लिए आस-पड़ोस से बढ़कर देना चाहता

है, पर विवशता के सम्मुख सभी नतमस्तक हैं। यहाँ बदन तो माध्यम है नारी में बराबरी भाव का। उद्धरण 5 में स्त्री को दूसरे रूप में देखता है—रसोई में व्यस्तता-बोध स्पष्ट है, पर विवशता चूल्हे के चुपचाप जलने और न बोलने में है। चुपचाप जलना और केवल रोटी बेलना में विवशता है। अधिकार भी सीमित है। इसीलिए कवि धूमिल ने स्फुट रूप में प्रकाशित कविताओं में इस समस्या को कई रूपों में देखा है। आवेग-22 में प्रकाशित कविता 'एक झूठ-एक सच : कुछ नहीं' में भी वह नून-भात तथा आटे दाल की विवशता को नये अन्दाज एवं नारी-दायित्व में प्रस्तुत करता है। कुछ पंक्तियाँ द्रष्टव्य हैं—

"...फिर वही नून-भात
आटा दाल तेल नहीं
ऐसे भी जी लेना
मामूली खेल नहीं
और तभी मुन्ने की माँ
कहती है--'सो जाओ
बीत रही रात है
भटक रहे हो कहीं
बोलो, क्या बात है? चाहता कह दूँ मैं
सब बात सही-सही
लेकिन उसे दुःख होगा
कहता हूँ
कुछ नहीं...।"

तथा

"ऐसी क्या हड़बड़ी कि जल्दी में पत्नी को/चूमना—
देखो, फिर भूल गया।"[11]

प्यार, स्नेह, आत्मीयता, सम्मान, मर्यादा, शालीनता—ये शब्द मूल्यों के व्यंजक हैं—इसके लिए सबसे पहले व्यक्ति की सामान्य स्थिति ठीक होनी चाहिए। यही कारण है कि धूमिल इन शब्दों का प्रयोग बहुत कम करता है--यदि कहीं करता भी तो व्यंग्य-प्रहार के रूप में। रोटी-समस्या किसी भी समाज या देश का अभिशाप है—हिन्दुस्तान इस समस्या में जकड़ा हुआ है--शेष सभी कुछ इसके इर्द-गिर्द घूमता है। परिवार तथा समाज जिसे सद्भाव, सौजन्य एवं मर्यादित वातावरण की अपेक्षा रहती है--उसका आधार नारी है, पर सब कुछ अव्यवस्थित होने के कारण विवशता के फलस्वरूप बहुत कुछ न चाहते हुए भी हो रहा है। 'बसन्त' में कवि ने इसे एक अन्य धरातल पर प्रस्तुत किया है—

"...जिस उम्र में

मेरी माँ का चेहरा
झुर्रियों की झोली बन गया है
उसी उम्र की मेरे पड़ोस की महिला
के चेहरे पर मेरी
प्रेमिका के चेहरे-सा लोच है।"

उद्धरण 3 में वह बीवी के ब्लाउज के बटन की तुलना पड़ोस की महिला के बटन के मूल्य से करता है और यहाँ माँ के रूप में पड़ोस की तुलना विवशता को उजागर करने के लिए करता है। इन स्थितियों में तीक्ष्ण व्यंग्य तो है ही। तभी डॉ. नामवर सिंह को भी स्वीकरना पड़ा कि धूमिल के मन में कहीं स्त्री-विषयक रोमेंटिक दृष्टि के विरुद्ध तीव्र प्रतिक्रिया का भाव था।'[12]

विरोधों : अन्तर्विरोधों का कवि

अन्य अनेक कविताओं में हम संकेत दे चुके हैं कि सही, सार्थक कविता और आदमी की पहचान करने वाले कवि धूमिल के वक्तव्यों में परस्पर विरोध एवं अन्तर्विरोध को देखा जा सकता है। सड़क से संसद तक की दूरी तय करने वाले कवि के लिए इससे मुक्त हो पाना मुश्किल था। उसका मन्तव्य इन अन्तर्विरोधों से स्थिति की विपरीतता द्वारा सही स्थिति की ओर लोगों को प्रेरित करना था। यहाँ यह भी ध्यातव्य है कि कवि धूमिल को इसी आधार पर प्रतिबद्ध (सही तथा तथाकथित दोनों ही) आलोचक अन्य कवियों की अपेक्षा बौखलाया कवि मानते हैं। हमारी धारणा इसके विपरीत है–इस प्रकार के विरोधों एवं अन्तर्विरोधों द्वारा धूमिल स्थिति के नंगे यथार्थ से तो परिचित कराना चाहता है, साथ ही ऐसे धन्धे में लीन लोगों एवं तथाकथित जन नेताओं का पर्दाफाश भी करना चाहता है। 'पटकथा' में ऐसे अनेक वक्तव्य दिये गये हैं, जिनसे उसकी राजनीतिक चेतना एवं मूल्यहीन स्थिति का परिचय मिलता है। 'संसद से सड़क तक' के अन्य अनेक कविताओं में इस प्रकार के उदाहरण दिये जा सकते हैं। 'कल सुनना मुझे' की कुछेक रचनाओं में कवि की यह टेकनीक द्रष्टव्य है। यथा–

बुद्ध की आँखों से खून चू रहा था
नगर के मुख्य चौरस्ते पर
शोक-प्रस्ताव पारित हुए,
हिजड़ों ने भाषण दिये
लिंग-बोध पर
वेश्याओं ने कविताएँ पढ़ीं–
आत्म-शोध पर।[13]

हमें तो धूमिल की प्रत्येक कविता में ऐसा संकेत अथवा सपाट वक्तव्य अवश्य मिलता है, जिसमें कवि के परस्पर-विरोधी स्थितियों को पहचानने का प्रयास है। सामाजिक एवं राजनीतिक बोध की कविताओं में यह व्यंग्य की व्यापकता का द्योतक है जबकि व्यक्ति इसका माध्यम रहा है। धूमिल सभी के कई चेहरे देखता है, पहचानने का प्रयत्न करता है, पर कवि-दृष्टि सदैव पाठक को सही पहचान करवाता रहा है। यथा–

कानून की भाषा बोलता हुआ
अपराधियों का एक संयुक्त परिवार है।

साथ ही ईमानदारी का चोरबाजारी से सम्बन्ध और विवेक का चापलूसों के आगे गिड़गिड़ाना, अपराध का सदाबहार फूल होना, राष्ट्र के कर्णधारों का सड़क पर किश्तियों की खोज हेतु भटकना इत्यादि से वह विरोधी स्थितियों को दिखलाकर 'सही' की पहचान कराना चाहता है। इस प्रकार के विरोधों एवं अन्तर्विरोधों की स्थितियों का हमने काव्य-भाषा में कौमा, ब्रेकट की चर्चा करते हुए सविस्तार उल्लेख किया है। वस्तुतः धूमिल की प्रायः सभी कविताओं में समस्याओं की सही पहचान के लिए भी इस ढंग को अपनाया गया है, समकालीन कविता की यह प्रवृत्ति है तथा समकालीन बोध की सार्थकता।

काव्य विकास एवं रचना-प्रक्रिया : विरोधी आयाम

धूमिल का काव्य-विकास दो रूपों में हुआ है–प्रथम, दो प्रकाशित काव्य-संग्रहों में प्रकाशित कविताओं के आधार पर, द्वितीय, स्फुट प्रकाशित रचनाओं की दृष्टि से। हमने इन कविताओं का संक्षिप्त परिचय देते दोनों संग्रहों के पारस्परिक सम्बन्ध की ओर संकेत किया है। वस्तुतः 'संसद से सड़क तक' संग्रह में धूमिल काव्य-विकास की जिस मंजिल को तय कर चुके थे यह बात उनकी स्फुट रूप में प्रकाशित 'भूख' तथा 'कविता सावधान' सरीखी रचनाओं में तो सुरक्षित है, पर इनकी अपेक्षा 'कल सुनना मुझे' में संकलित कुल कविताएँ लेखन एवं भावविभोरता की दृष्टि से सीमित होने के कारण प्रारम्भिक रचना कही जानी चाहिए। हालाँकि 'आवेग' में प्रकाशित कविताओं तथा 'भूख' कविता को इसमें सम्मिलित किया जा सकता था। इस संग्रह की प्रथम कविता (नेहरू सम्बन्धी), शान्तिप्रिय द्विवेदी के सम्बन्ध में लिखित कविताएँ पूरे काव्य-विकास एवं रचना प्रक्रिया से मेल नहीं खातीं। 'कल सुनना मुझे' में प्रथम संग्रह सरीखा विकास क्रम भी नहीं बन पाता है। हमें इनके खेवली, गृहस्थी : चार आयाम सरीखी कविताएँ भी काफी पहले की लिखी प्रतीत होती हैं। कवि की चेतना के आधार पर कुछ कविताओं को हटा दिया जाना चाहिए था। खैर, एक अच्छा कार्य होने के कारण ऐसी तुच्छ भूलें विशेष

महत्त्व नहीं रखतीं। हमारा सुझाव है कि दोनों संग्रहों में संकलित कविताएँ तथा स्फुट रूप में प्रकाशित कविताओं को एक साथ विवेचित-विश्लेषित किया जाए (हमने इसमें ऐसा प्रयास किया है) तो सभी कविताओं को क्रमशः समस्या-बोध, संशय-बोध, संत्रास-बोध, व्यंग्य-बोध, इतिहास-बोध एवं मूल्य-बोध शीर्षकों के अन्तर्गत रखा जा सकता। समकालीन बोधों के आधार पर धूमि को विशेष स्थान दिया जाना चाहिए।

समस्या–जनवादी, साम्यवादी अथवा मार्क्सवादी चिन्तन

धूमिल निस्सन्देह समकालीन कविता का एक महत्त्वपूर्ण हस्ताक्षर है। पर प्रत्येक विचारधारा के समीक्षक अपनी रुचि, मान्यता अथवा आग्रह के आधार पर इनकी कविताओं का मूल्यांकन-विश्लेषण करना चाहते हैं। मार्क्सवादी समीक्षक चाहेंगे कि इसे प्रतिबद्ध कवि के नाते मान्यता मिले और जनवादियों की कामना रहेगी कि धूमिल को जनवादी कवि प्रतिष्ठित किया जाये और साम्यवादी चाहेंगे कि धूमिल की कविताएँ साम्यवादी चेतना की सार्थक अभिव्यक्ति का प्रमाण प्रस्तुत करें। इस प्रकार आज धूमिल की काव्य-दृष्टि अथवा विचारधारा कम और आरोपण या प्रतिष्ठापन अधिक हो रहा है। यही कारण है कि इनकी रचनाओं पर मात्र वक्तव्य प्रस्तुत किये जा रहे हैं अथवा कुछ पंक्तियों के आधार पर इनके सम्पूर्ण चिन्तन की घोषणा कार्य किया जा रहा है। हमारी दृष्टि में ऐसा करना कवि के साथ अन्याय होगा–तभी तो इसे (कवि धूमिल को) मार्क्सवादी चेतना की ओर प्रेरित करने वाले समीक्षक डॉ. नामवर सिंह ने भी उसे 'गँवई अनुभव और किसानी संस्कार' का कवि कहना उचित समझा है। उसकी मूल धारणा अथवा वृत्ति ग्रामीण रही है, इसमें सपाटबयानी, सामान्य बोलचाल की भाषा, स्थिति का वास्तव रूप में बखान इत्यादि गुण भी उसे इस संस्कृति का कवि प्रतिष्ठित करते हैं। इतना ही नहीं; धूमिल को किसी एक वाद, काव्यधारा अथवा विचारधारा तक सीमित रखने वाले समीक्षक को चिन्ता होने लगती है। वस्तुतः ये एक ऐसे जनवादी कवि हैं, जिन्होंने मार्क्सवादी चिन्तन एवं साम्यवादी सिद्धान्तों का अध्ययन तो किया था, पर उसे वक्तव्यों में कविता का विषय नहीं बनाया। जिस रूप में स्थिति को देखा, समझा कविता का विषय बना दिया–यही धूमिल की उपलब्धि है। फिर भी धूमिल की सम्पूर्ण कविताओं एवं डायरी के पन्नों में दिये वक्तव्यों के आधार पर किसी एक धारणा, चिन्तन अथवा विचारधारा का अनुमान लगाया जा सकता है।

साहित्य की श्रेष्ठता का आधार क्या होना चाहिए? दूसरे शब्दों में साहित्य अथवा कविता के प्रतिमान निश्चित, स्थायी या परिवर्तनशील हैं–इस सन्दर्भ में ये सब स्थितियाँ भी विचारणीय हैं। इस आधार पर यदि धूमिल के काव्य का

मूल्यांकन रसवादी चिन्तन (भारतीय काव्यशास्त्र) की दृष्टि से करेंगे तो हिन्दी काव्य परम्परा में इसे कुछ कवि मानने से भी इनकार कर सकते हैं। पर नयी कविता एवं समकालीन कविता के प्रतिमानों के आधार पर धूमिल के काव्य का विशेष महत्त्व है। प्रतिमानों (मूल्यों) की चर्चा में हम तथ्य का स्पष्टीकरण कर चुके हैं। यहाँ हमारा मन्तव्य इस कवि के सम्बन्ध में व्यक्त परस्पर विरोधी अभिमतों का औचित्य निर्धारित करना है। किसी प्रामाणिक धारणा से पूर्व हम यहाँ यह भी स्पष्ट कर देना चाहते हैं कि धूमिल के अभिमतों एवं काव्योक्तियों (वक्तव्यों) में अन्तर्विरोध हैं। ऐसे कवि के सम्बन्ध में किसी निश्चित धारणा का बन पाना असम्भव नहीं तो कठिन अवश्य है। उसकी कविताओं का आधार 'सही' और 'सार्थकता' है। सही कविता, सही भाषा 2 व्याकरण, वाक्य, शब्द से वह सही आदमी, परिवार, जाति, समाज, देश एवं स्थिति तक की यात्रा तय करना चाहता है। हमारा विश्वास है कि प्रत्येक कविता अपने में सर्वथा स्वतंत्र कथ्य से सम्बद्ध होते हुए मूल स्थिति (केन्द्र बिन्दु) की ओर अग्रसर होना चाहती है, वह है—समस्या। इस प्रकार समस्याओं को वह कभी भी दृष्टि से ओझल नहीं होने देता। यही कारण है कि हमें डॉ. विनय का यह अभिमत कि 'उनका सम्पूर्ण लेखन तात्कालिक सार्थकता का निर्वाह करता है, समग्रता का नहीं' उचित नहीं लगता। इतना ही नहीं, लेखक ने धूमिल के काव्य में जन-समूह से असम्पृक्त जनवाद की स्थिति मानी है। इसी प्रकार के निर्णयात्मक कुछ वक्तव्य लेखक ने प्रस्तुत किये हैं। यथा—

'धूमिल अधिकतर भूति-निरपेक्ष वस्तुवादी रहे हैं—यह नहीं कि आत्मिक भाव ने उनकी रचना का स्पर्श नहीं किया। उनकी रचनाओं में स्थान-स्थान पर उभरने वाली भावगत असम्बद्धता यह स्पष्ट करती है कि जहाँ कहीं भी रचनात्मकता की आन्तरिकता का स्वाभाविक दबाव उन्होंने महसूस किया, वहीं अपनी अतिरिक्त वस्तुवादिता के कारण उसे सायास काव्यानुभव में आने से रोका।'[14]

अपने पूरे लेख में समग्रता के अभाव का उल्लेख करता हुआ उसकी कविताओं को तात्कालिक मानते हैं। प्रस्तुत लेख में व्यक्त विचारों से हमारी सहमति नहीं है क्योंकि डॉ. विनय एक समीक्षक की अपेक्षा कवि की भाषा में अधिक कहना चाहते हैं। यही कारण है कि समकालीन कविता के सन्दर्भ में आत्मिक भाव की चर्चा करते हैं, जबकि धूमिल अपने लक्ष्य से भली-भाँति परिचित है। कवि ने अपनी रचनाओं में कहीं भी समग्रता का दावा नहीं किया है। समकालीन कवि का तत्काल से प्रत्यक्ष सम्बन्ध अपेक्षित है। फिर उसे तो सार्थक वक्तव्यों को ही सही कविता का रूप देना था। कवि से इस प्रकार की अपेक्षा कहाँ तक न्यायसंगत है? —विचारणीय है।

समस्याओं की दृष्टि से डॉ. नामवर सिंह का अभिमत धूमिल के काव्य का महत् पक्ष उद्घाटित अवश्य कर देता है। लेखकानुसार—'दरअसल कवि धूमिल की

शक्ति का उत्स ही उनका गँवई अनुभव और किसानी संस्कार है। वह दुनिया को किसान की दृष्टि से ही देखते हैं। इसीलिए उनकी परिभाषाएँ, बिम्ब तथा मुहावरे आदि अनायास ही किसानी दुनिया से आते हैं।' डॉ. नामवर सिंह का धूमिल को किसानी संस्कार और दुनिया का कवि मानना तो समुचित है, पर इसे उसकी सीमा नहीं समझना चाहिए। प्रस्तुत अभिमत 'कल सुनना मुझे' की कुछेक कविताओं के आधार पर व्यक्त किया प्रतीत होता है, जबकि 'संसद से सड़क तक' और 'कल सुनना मुझे' की अधिकांश कविताएँ शहरी मध्य वर्ग (निम्न भी) की समस्याओं का लेखा-जोखा हैं। वह तो सड़क से संसद तक का कवि है। यदि वह पगडण्डी से सड़क और सड़क से संसद तक पहुँचता है तो इस किसानी संस्कार को उत्स अथवा शक्ति मानना उचित था। उसकी खीझ, आक्रोश पूँजीपति वर्ग के प्रति, नेताओं के प्रति स्पष्ट है, पर अपने वर्ग के लोगों (मध्यवर्ग) से किसी प्रकार का पक्षपात वह नहीं करता। सीधी, सपाटबयानी में अनेक पक्ष प्रस्तुत करना चाहता है–उसकी जनवादी चेतना का व्यापक धरातल इसी कारण है। हाँ, 'कल सुनना मुझे' में उसका गँवई अनुभव अधिक मुखर हुआ है–वह ग्रामवासियों से प्रत्यक्ष अथवा अप्रत्यक्ष रूप से सहानुभूति तो प्रदर्शित करता है, पर उनके अन्धविश्वासों तथा रूढ़ियों में स्वयं को सीमित बना रहा है, जबकि तथाकथित शहरी बुद्धिजीवी जिनमें वकील, वैज्ञानिक, अध्यापक, नेता, दार्शनिक, लेखक, कवि, कलाकार–सभी को अपराधियों का एक संयुक्त परिवार मानता है।

इसमें किंचित् भी सन्देह नहीं कि धूमिल के दृष्टि-विकास में डॉ. नामवर सिंह का विशेष योग रहा है। इसीलिए 'आजकल' (मार्च 1980) में प्रकाशित इनका इण्टरव्यू धूमिल की रचना-प्रक्रिया के अनेक पक्ष स्पष्ट करने में सहायक है। विशेषकर लेखक का यह मानना कि 'इसी किसानी दृष्टि के द्वारा धूमिल ने हिन्दी कविता को एक जीवन्त नयी भाषा दी : केवल शब्द नहीं, बल्कि वाक्य-विन्यास और बातचीत का लबो-लहजा भी...।'[15]

प्रायः सभी समीक्षकों ने धूमिल की कविताओं का विश्लेषण कम किया है, आरोपण अथवा अपेक्षा की ओर इनका विशेष ध्यान रहा है। हमने ऐसे समीक्षकों के मत जान-बूझकर प्रस्तुत किये हैं ताकि सभी धूमिल के प्रति एकांगी दृष्टि से परिचित हो सकें। प्रत्येक रचयिता किसी-न-किसी विशिष्ट स्थिति, मनःस्थिति से प्रेरित हो रचना करता है। उसके सम्मुख नपा-तुला दर्शन, सिद्धान्त अथवा मान्यता का प्रतिष्ठापन नहीं रहता। ऐसा करने से कविता की वास्तविकता का लोप होने लगेगा। इसी प्रकार की अपेक्षा डॉ. श्रीवास्तव एवं डॉ. शर्मा ने भी की है। जबकि नेमिचन्द्र जैन ने धूमिल की काव्य-चेतना के व्यापक सन्दर्भ प्रस्तुत करते हुए कवि को समकालीन कवियों में विशेष स्थान प्रदान करना चाहा है। इसके विपरीत 'संसद से सड़क तक' काव्य-संग्रह की कविताओं को एक साथ विवेचित करते हुए डॉ.

परमानन्द श्रीवास्तव ने अनेक दृष्टियों से अपने मत प्रस्तुत किये हैं। कविताओं के कथ्य-प्रतिपादन से लेकर खतरों एवं इतिहास की चर्चा तक तो लेखक ने देखना चाहा है—साथ ही, कुछ अपेक्षाएँ भी स्पष्टतः की गयी हैं। 'प्रौढ़ शिक्षा' के सन्दर्भ में लेखक रेटारिक की कमी का उल्लेख करते हुए कहता है—"धूमिल की कविता की असल कमजोरी यही रेटारिक है क्योंकि यह उनकी उक्तियों को दिलचस्प तो बनाता है, पर अक्सर अतर्क्य रूप से ही। मोटा और कोटा, चीज और तमीज, भूल और फिजूल—इस खिलवाड़ का काव्यात्मक उपयोग करना हो तो सबसे पहले धूमिल को एक बार इस रूपविधि के पुनराविष्कृत करने की जरूरत होगी।'[16]

असल में 'धूमिल' में जिन्दगी का अहसास और उससे सीधी टकराहट काफी गहरी है। उनकी कविताओं का "कथ्य जिन्दगी के बीच से उसमें डूबकर उठाया गया कथ्य है। यही कारण है कि इसमें समकालीन सन्दर्भ; मानव-स्थिति और बिल्कुल ताजी घटनाओं पर की गयी प्रतिक्रिया भी समायी हुई है। यह अच्छी बात है कि उनकी कविता में किसी प्रकार का कोई विलास नहीं : न जिन्दगी का, न कल्पना का और न भाषा-शैली का, जो है वह सब एक बेबाक सच्चाई और जीवन की असंगतियों-संगतियों और रोजमर्रा के सन्दर्भों की कड़ी पहचान है।"[17]

अन्ततः कहा जा सकता है कि धूमिल समस्याओं को अनेक रूपों में प्रस्तुत करने वाला कवि है—इसकी कविताएँ रोटी-समस्या, व्यवसाय-समस्या से समाजिक समस्याओं एवं राजनीतिक समस्याओं का लेखा-जोखा प्रस्तुत करती हैं। यही उसकी काव्योपलब्धि है तथा प्रामाणिक दृष्टि है।

टिप्पणी-संकेत

1. संसद से सड़क तक, पृ. 64, 138-39, 14, 100, 73-74, 115, 48
2. विद्यानिवास मिश्र, 'प्रस्तावना', 'कल सुनना मुझे', सम्पादक : राजशेखर (वाराणसी : युगबोध प्रकाशन, 1977), पृ. घ
3. आवेग—22, 1978, पृ. 15
4. संसद से सड़क तक, पृ. 72
5. आवेग—22, पृ. 9
6. संसद से सड़क तक, पृ. 137
7. द्रष्टव्य : शिवप्रसाद सिंह, आधुनिक परिवेश और नवलेखन (इलाहाबाद : लोकभारती, 1970), पृ. 7
8. संसद से सड़क तक, पृ. 12, 18, 20, 65, 32-33, 84
9. कल सुनना मुझे, पृ. 50, 17
10. संसद से सड़क तक, पृ. 9
11. कल सुनना मुझे, पृ. 18

12. नामवर सिंह, 'गँवई अनुभव और किसानी संस्कार का कवि : धूमिल', 'आजकल', द्रोणवीर कोहली (सम्पादक), नयी दिल्ली : प्रकाशन विभाग, वर्ष 35, अंक 11, मार्च 1980, पृ. 9
13. कल सुनना मुझे, पृ. 29
14. विनय, 'धूमिल का काव्य : जन-समूह से असम्पृक्त जनवाद', 'आजकल' (अंक 11, मार्च 1980), पृ. 11
15. नामवर सिंह, 'धूमिल', वही, पृ. 8
16. परमानन्द श्रीवास्तव, 'संसद से सड़क तक', हिन्दी साहित्याब्द कोश 1972, सम्पादक : देवेन्द्रनाथ शर्मा तथा गोपाल राय (पटना : ग्रन्थ निकेतन, 1973), पृ. 146
17. हरिचरण शर्मा, पुनश्च (जयपुर : अनुपम प्रकाशन, 1975), पृ. 276

चतुर्थ अध्याय

संशय-बोध : काव्यात्मक सार्थकता

संशय की अनिश्चयग्रस्त ठण्डी मुद्राएँ हैं
हर तरफ
शब्दवेधी सन्नाटा है।
दरिद्र की व्यथा की तरह
उचाट और कूंथता हुआ। घृणा में/
डूबा हुआ सारा का सारा देश
पहले की ही तरह आज भी
मेरा देश कारगार है।[1]

'संशय' को काव्य में अनेक रूपों में व्यक्त कर धूमिल ने आज के युग की वास्तविकता को प्रस्तुत करना चाहा है। समकालीन कविता में जितनी संशय की चर्चा, व्याख्या एवं साहित्यिक प्रतिबिम्बन हुआ है उतना अन्य किसी युग में नहीं हुआ। युग का अन्धापन वस्तुतः इसी का परिणाम है। मनुष्य में विकार एवं सामाजिक ह्रास इसी के फलस्वरूप है। समकालीन साहित्य में इसीलिए संशय की चर्चा अनेक दृष्टियों से की जाती है।

'मानव-विवेक संशय का पिता है'—कथन के समकक्षी कथनों के आधार पर कहा जा सकता है कि विवेक (ज्ञान) ही संशय का केन्द्र बिन्दु एवं प्रेरक है। अज्ञानी अथवा अविवेकी व्यक्ति में संशय का बोध हो ही नहीं सकता, क्योंकि संशय के मूलतः दोनों सन्दर्भों (निर्माण एवं विध्वंस) में विवेक की अपेक्षा रहती है। वस्तुतः निर्णय (डिसीजन) तथा अनिर्णय (इण्डिसीजन) स्वीकृति-अस्वीकृति, विश्वास-अविश्वास, आस्था-अनास्था, करणीय-अकरणीय इत्यादि परस्पर विरोधी धारणाओं, मान्यताओं

अथवा स्थितियों के फलस्वरूप संशय की अवस्थिति मानी जाती है। संशय एक ओर जहाँ मानव को वास्तविकता, सत्य के अन्वेषण की ओर प्रेरित करता है, वहाँ इसके (संशय के) फलस्वरूप व्यक्ति स्वयं को अथवा अन्य को समाप्त करने तक के लिए तत्पर हो जाता है। इस प्रकार संशय-बोध स्थिति, सन्दर्भ एवं परिणाम के आधार पर अत्यन्त व्यापक आयाम ग्रहण किये हैं। यही संशय जहाँ जिज्ञासा को जन्म देता है तथा व्यक्ति को विवेकशील बनाता है, वहाँ इसमें अति अथवा सार्थकता का अभाव हानिकर भी सिद्ध हो सकता है।

संशय : अभिप्राय तथा स्पष्टीकरण

संशय अंग्रेजी के 'डाउट' (Doubt) शब्द का हिन्दी रूपान्तर है। इसे शंका, सन्देह, भय, हानि, जोखिम इत्यादि शब्दों के समकक्ष माना जाता है। इसकी स्थिति अनिश्चय में मानी जाती है। इतना ही नहीं, विश्वास, आस्था, श्रद्धा एवं निश्चय की स्थिति में संशय की सत्ता ही समाप्त हो जाती है। संशय से ही व्यक्ति में जिज्ञासा की भावना जागृत होती है तथा वह विवेक (ज्ञान) के आधार पर वास्तविक स्थिति का निर्णय करने के लिए उद्यत होता है। पाश्चात्य दर्शन में संशय से आधुनिक ज्ञान-मीमांसा का प्रारम्भ स्वीकार किया जाता है। वस्तुतः संशय के कारण व्यक्ति किसी भी कथन-मत अथवा वक्तव्य को सिर झुकाकर स्वीकारने को तत्पर नहीं होता, उसमें एक सहज सप्रश्नता रहती है तथा इसके बल पर वह सत्यान्वेषण करता है। स्थिति-विश्लेषण द्वारा निश्चय-निर्णय तक पहुँच पाता है। अतः कहा जा सकता है कि संशय जहाँ विवेक की सार्थकता व्यंजित करता है वहाँ वह कभी-कभी एक अरुचिकर दशा एवं निरर्थकता का बोध भी कराने लगता है। संशय स्वयं में एक दर्शन है तथा दर्शन ही संशय है (Philosophy is doubt), इसलिए जितना अधिक कोई समाज (शिष्टमण्डल) संशययुक्त होगा—उतना ही विवेकशील एवं प्रगतिशील होगा। स्पष्ट है कि संशय में जिज्ञासा, विवेक, गति, सहनशीलता होने से व्यक्ति उचित दिशा अथवा दृष्टि के प्रति सजग हो सकता है, परन्तु जब यही संशय एक मनोविकार या मनोग्रन्थि बन जाती है तो इसके कारण व्यक्ति बड़ी से बड़ी कुण्ठा अथवा हानि का शिकार हो सकता है। इसीलिए संशय की स्थिति में विवेक एवं तर्क का विशेष महत्त्व स्वीकार किया जाता है।

'अंग्रेजी भाषा कोश' में डाउट शब्द के प्रयोग पर विविध अर्थों का परिचय सहज मिल जाता है। सम्मति में हिचकिचाहट (Hesitation in opinion), अनिश्चय (Uncertainty), अविश्वास के प्रति झुकाव (Inclination towards disbilief), उपलब्धियों एवं परिस्थितियों के प्रति अनिश्चय की दशा तथा विशिष्ट स्थिति में प्रमाण का अभाव इत्यादि स्थितियाँ विशेष उल्लेख्य हैं जो कि संशय के मूलभूत

कारण अथवा अवशेष माने गये हैं।[2] मनोवैज्ञानिक आधार पर संशय मनोविकार (मनोग्रन्थि) के अधिक निकट आ जाता है। ऐसी संशयात्मक स्थिति में अत्यधिक रुचि पागलपन के चिह्न भी हो सकते हैं (Obsessive doubt can literally be maddening), इतना ही नहीं, बल्कि जीवन और परमात्मा का क्या, कैसा, क्यों का चक्कर संशय का मूल है। किसी भी कार्य को करने से पूर्व का चिन्तन कई बार व्यक्ति को किसी अनिष्ट घटित होने से बचाता है। इसी की चर्चा में विद्वान् लेखक ने व्यर्थ संशय तथा चिन्तन (Obsessive doubt or rumination) को एक ही साथ प्रयुक्त किया है, जबकि दोनों में पर्याप्त भेद है। Rumination का शाब्दिक अर्थ चिन्तन (जुगाली के भाव) है जबकि संशय में चिन्तन तो रहता है जुगाली नहीं। संशय में व्यक्ति विवेक एवं तर्क के आधार पर वास्तविक स्थिति का परिचय प्राप्त करने के लिए प्रयत्नशील रहता है, जबकि 'रुमीनेशन' में संशय जैसा भाव कहीं नहीं होता। दोनों में प्रक्रिया की समता किन्हीं अंशों में तो मानी जा सकती है; पर दोनों को परस्पर पर्यायवाची नहीं माना जा सकता।

अतः संशय 'डाउट' का सभी दृष्टि से पर्यायवाची शब्द सम्भवतः नहीं है। हाँ, सन्देह (Suspicion), भ्रम (cunfusion), संदिग्ध (dubtious-shady), हिचकिचाहट (hesitation) इत्यादि प्रचलित शब्द संशय के साथ पर्याप्त सीमा तक मेल रखते हैं।

पाश्चात्य चिन्तकों ने संशय को एक स्वस्थ कृति के रूप में स्वीकार कर ज्ञानमीमांसा का प्रेरक माना है, वहाँ भारतीय चिन्तनधारा में इसकी विनाशक (मनोविकारी) रूप की चर्चा अधिक की गयी है। गीता में 'संशयात्मा विनश्यति' तथा 'न सुखं संशयात्मनः' कह कर एक प्रकार से इसे एक विकार माना जाता है जो कि व्यक्ति को दुःखी रखता है तथा विनाश के मार्ग की ओर ले जाता है। भारतीय चिन्तकों ने इस जिज्ञासा, ज्ञान (विवेक), पहचान एवं सत्यान्वेषण एवं वास्तविक स्थिति-बोध के लिए परमावश्यक स्वीकार किया है। श्रीवाचस्पति मिश्र ने संशय को जिज्ञासा की जन्मदात्री माना है (जिज्ञासा संशयस्य कार्यम्), क्योंकि जिज्ञासा के अभाव में ज्ञानोपलब्धि सम्भव नहीं होती।

भारतीय प्राचीन ग्रन्थों में ज्ञान के लिए संशय की महत्ता भी मानी गयी है। संशय के लिए अनिश्चित ज्ञान अथवा संदिग्ध अनुभव का प्रयोग किया गया है। (अनवधारणं ज्ञानं संशयः) संशय की स्वरूपगत चर्चा तर्कसंग्रह में भी की गयी है। इसके अनुसार संशय वह ज्ञान है, जिसमें एक ही पदार्थ अनेक विरोधी धर्मों या गुणों से युक्त प्रतीत होता है—एकस्मिन् धर्मिणि विरुद्धनाना धर्मवैशिष्यावगहि ज्ञानं संशयः। इस कथन का स्पष्टीकरण एक उदाहरण द्वारा किया जा सकता है। बहुत दूर किसी स्तम्भ को देखकर निश्चयपूर्वक यह न कहा जा सके कि वह स्तम्भ है अथवा कोई मनुष्य। मन की यह द्विविधाग्रस्त स्थिति को धर्मों अथवा स्थिति-बोधों

के बीच की अनिर्णय की भावना ही संशय है। वस्तुतः मन की ऐसी ही विप्रतिपत्तियुक्त, द्विधागत; निश्चयरहित या विकल्पात्मक अवस्था को संशय कहा जाता है। यह अवस्था न केवल ज्ञानाभाव तथा (रज्जु में सर्प के) भ्रम या विपरीत ज्ञान (विपर्यय) से ही किन्तु यथार्थ निश्चित ज्ञान से भी भिन्न होती है। गौतम के अनुसार समान धर्मोपपत्ति आदि पाँच कारण माने गये हैं। विश्वनाथ ने एक पदार्थ में भावात्मक तथा अभावात्मक विविध कोटि के ज्ञान को संशय कहा है तथा इसकी उत्पत्ति उभय साधारण धर्मादि के दर्शन से होती है। संशय चूँकि जिज्ञासा को उत्पन्न करता है, अतः इसे न्याय का अंग अथवा मोक्ष के प्रति सहायक माना जाता है। यही कारण है कि गौतम ने न्याय दर्शन में प्रमाण आदि सोलह पदार्थों में संशय की गणना भी की है। यहाँ हम संशय सम्बन्धी अन्य धारणाओं के विवेचन की दृष्टि से उसे कुछ मुख्य पक्षों में वर्गीकृत करना चाहेंगे। वैसे संशय को हम व्यक्ति, धर्म, दर्शन एवं साहित्य–चार मुख्य श्रेणियों में विभक्त करेंगे। इसकी सविस्तार चर्चा हम आगे करेंगे। यहाँ हम संशय-सम्बन्धी कथनों को ज्ञान, दर्शन, धर्म, श्रद्धा, विश्वास के आधार पर प्रस्तुत करेंगे। मूलतः संशय का सम्बन्ध दर्शन से है। इसे यौगिक मनोविज्ञान, मनोविकार के अन्तर्गत भी सम्मिलित किया जाता है। इसलिए संशय पर दर्शन एवं साहित्य में एक पृथक् वाद (संशयवाद) प्रचलित है। इसकी चर्चा भी हम आगे करेंगे।

दर्शन-कोशों एवं इनसाइक्लोपीडिया ऑफ अमेरिकाना तथा ब्रिटेनिका में संशय को दर्शन का विषय माना गया है, जिसका आधार विवेक (ज्ञान) है। संशय का आरम्भ सम्भवतः धार्मिक विश्वासों, परम्परित मान्यताओं के प्रति उपस्थित हुआ। तर्क एवं विवेक के आधार पर धर्म, ईश्वर के प्रति संशय होने लगा, साथ ही अन्तिम अथवा वास्तविक सत्य के प्रति भी सन्देह की स्थिति पनपने लगी। संशयवादी चिन्तक परस्पर मत-वैभिन्न्य, विश्वास, आस्था के साथ ही जीवन जीने तथा जीवन के आदर्शात्मक एवं नैतिक मानदण्डों के प्रति संशय उठने लगे। यहीं पर व्यक्ति अनुभव, ज्ञान एवं विश्वास की सीमाओं में प्राबद्ध होने के कारण वास्तविकता अथवा सत्य-सम्बन्धी अन्तिम एवं सर्वमान्य धारणा का सृजन नहीं कर सकता। इतना ही नहीं, संसार-सम्बन्धी कोई निश्चित या सन्तोषप्रद सिद्धान्त बुद्धि द्वारा स्थापित नहीं किया जा सकता।

संशय की चर्चा में आत्म-बोध (Self knowledge) तथा विवेक (knowledge) का विशेष महत्त्व है। इन दोनों के आधार पर ही व्यक्तित्व की परख भी की जाती है। इसलिए संशय की उपादेयता भी तभी होगी, जब व्यक्ति विवेक एवं तर्क के द्वारा वास्तविक सत्य के प्रति सजग रहता है। एक अन्य कोश के अनुसार इमसें मानव-विवेक की सापेक्षता की ओर विशेष ध्यान सामान्य रूप से इसे प्रमाणित करने की सम्भावनाएँ विशिष्ट वातावरण एवं परिस्थिति पर निर्भर करता है :

"Attention to the relativity of human knowledge, the impossibility of proving in formally and its dependence on various circumstances"

इतना ही नहीं, संशय तो मात्र सामान्य ज्ञान एवं प्रामाण्य ज्ञान की सम्भावना तक ही सीमित अन्तिम निर्णय की स्थिति में नहीं आ पाती–

"Doubt as to possibility of any generally recognised and demostrable knowledge under lay the moral conception of antique"[3]
वस्तुतः आदर्श एवं नैतिक मान्यताओं के प्रति सशंकित दृष्टि व्यक्ति के विवेक को जागृत करती है, इससे उसमें एक ओर जहाँ जागने की प्रबल इच्छा रहती है वहाँ उसे सहनशील भी बनाती है। शब्द प्रामाण्य अथवा अन्धश्रद्धा के प्रति सन्देह विवेकवाद अथवा प्रज्ञावाद (रेशनेलिज्म) की ओर बढ़ने की पहली पीढ़ी है। सप्रश्न जिज्ञासु धीरे-धीरे वैज्ञानिकों की अपूर्णता तक पहुँचता है और उसे लगता है कि कुछ ज्ञात है, उससे अज्ञेय और भी बहुत कुछ है।

पाश्चात्य चिन्तकों, दार्शनिकों एवं विद्वान् साहित्यकारों ने भी संशय-सम्बन्धी अपनी मान्यताएँ प्रतिपादित करनी चाही है। मूलतः यहाँ भी संशय के प्रति दो दृष्टिकोण स्पष्ट रहे हैं। प्रथम वर्ग के विद्वान् संशय को विवेक (ज्ञान) के लिए आवश्यक मानते हैं, जबकि द्वितीय वर्ग इसे मनोविकार के रूप में स्वीकार कर इसे त्यागने का परामर्श देते हें। इतना कुछ होते हुए भी संशय-सम्बन्धी जितनी चर्चा पाश्चात्य जगत् में हुई है, उतनी भारत में नहीं हो पायी। पाश्चात्य चिन्तकों ने संशय को श्रद्धा, आस्था, अन्धविश्वास, परम्परित मान्यताओं को यथारूप में स्वीकारने अथवा मानने के पूर्व विचारने का एक महत्त्वपूर्ण आयाम माना है। इतना ही नहीं, संशय जब व्यक्ति को रचनात्मक कार्यों (Creative actions) की ओर अग्रसर अथवा प्रेरित करता है तभी उसे जीवन में ग्राह्य एवं सार्थक माना जाता है, पर जब कभी इसके द्वारा ग्रन्थियाँ बनने लगती हैं, व्यक्ति प्रत्येक स्थिति एवं अवस्था को सशंकित दृष्टि से देखने का अभ्यस्त हो जाता है और तभी यह त्याज्य एवं अग्राह्य माना जाता है। किसी भी व्यक्ति में संशय की अवस्थिति उसके व्यक्तित्व एवं उसकी चेतना-शक्ति पर निर्भर करती है। सभी स्थितियों में संशय की सार्थकता अथवा उपयुक्तता के लिए कारण एवं प्रमाण (Reason and evidence) की अपेक्षा रहती है।[4] इनके अभाव में व्यक्ति निर्णय एवं अनिर्णय अथवा करणीय तथा अकरणीय में भेद ही नहीं कर पायेगा। संशय के सम्बन्ध में प्रायः कहा जाता है कि इसकी सार्थकता जहाँ कारण एवं प्रमाण से सम्बद्ध है, वहाँ स्थिति का भी इसमें विशेष महत्त्व माना जाता है। यथा–

"Doubts that are unreasonable or absurd in situation may be quite reasonable in another, although the avilable evidence or ground is the same in both cases."[6]

पाश्चात्य चिन्तक टी.टी. मुंगर (T.T. Munger) ने संशय को अधिकांशतः जीवन का स्वाभाविक प्राकृतिक (natural phase) स्वीकारते हुए इसे अस्थायी भी माना है।[7] वस्तुतः यही इसका सही उपयोग है। जब तक किसी व्यक्ति में अनिश्चय, अनिर्णय, सन्दिग्ध स्थिति रहती है तभी तक संशय की सार्थकता है। निश्चय, निर्णय, वास्तविक स्थिति में इसकी आवश्यकता ही नहीं रह पाती। फ्रांसिस बेकन (Francis Bacon) का अभिमत है कि "यदि एक व्यक्ति अवश्यम्भाविताओं (निश्चितियों) से आरम्भ करेगा तो उसकी समाप्ति संशयों में करेगा पर यदि वह संशयों से प्रारम्भ करने की धारणा बनायेगा तो वह अन्त निश्चितियों में करेगा।"[8]

पाश्चात्य विद्वानों ने संशय-सम्बन्धी चर्चा में अनेक स्थितियों, सन्दर्भों, पूर्वाग्रहों को आधार बनाया है कि सभी की मान्यताओं का उल्लेख करना हमारे लिए असम्भव ही नहीं जटिल समस्या है। अनेक चिन्तक तो संशय की चर्चा आप्त वाक्यों में करना चाहते हैं। यथा–

"Philosophy in Doubt, Defence of philosophy doubt, our doubts are traitors, and new philosophy calls in doubt, when in doubt, win the trick, and with knowledge doubt enters,"

सरीखे कथनों से भले ही संशय की सैद्धान्तिक विवेचना नहीं हो पायी, पर कुछ कथन महत्त्वपूर्ण अवश्य हैं।

हेनरी फ्रेडरनिक अमिल (Henri Fredernic Amiel) दर्शन के सन्दर्भ में संशय के स्वरूप का विश्लेषण करते हुए यह प्रतिष्ठित करना चाहते हैं कि दर्शन से अभिप्राय पहले संशय है तथा पश्चात् ज्ञान की चेतना है। अनिश्चितता तथा अज्ञानता की चेतना के साथ ही सम्भावना तथा सीमा की चेतना दर्शन प्रदान करता है। इसलिए एक सामान्य व्यक्ति के संशय व्यर्थ हैं तथा उससे व्यर्थता का बोध होगा।

"Philosophy means, first doubt, and afterwards the consciousness of what knowledge means, the consciousness of uncertainty and of ignorance, the consciousness of limit, shade, degree possibility. The ordinary man doubts nothing and suspects nothing.

पाश्चात्य विद्वान् इमर्सन (Emerson) संशय के प्रति विपरीत दृष्टि का परिचय देते हुए कहते हैं कि सशंकित व्यक्ति एक बुरा नागरिक होता है, रूढ़िवादी नहीं–उसमें सम्पत्ति की लालसा रहती है तथा संस्था के प्रति उनींदापन (drowsiness) रहता है। इस स्वरूप-विश्लेषण में लेखक ने संशय का मनोविकारी (बुरा) रूप सम्मुख रखा है।

आधुनिक समीक्षक इलियट का तो यहाँ तक अभिमत है कि अधिकांशतः व्यक्ति मस्तिष्क आलस्य से ग्रसित होते हैं–इसलिए उनमें अधिक संशय अथवा

श्रद्धा की अपेक्षा नहीं की जा सकती।[1] सैमुअल टेलर कालरिज (Samuel Taylor Coleridge) ने संशय में श्रद्धा एवं विश्वास की महत्ता प्रतिष्ठित करते हुए कहा है—"To doubt has more faith, even to disbelieve than that blank negation of all such thoughts & feelings which is the lot of the herd of church & meeting trollers".

लीलियन स्मिथ (Lillian Smith) का कथन है कि संशय तथा श्रद्धा दोनों के परस्पर मेल से ही अज्ञात वक्रता (Unknown Curve) के समीप पहुँचा जा सकता है। बर्ट्रेण्ड रसल (Bertrand Rusell) संशय की महत्ता प्रतिपादित करते हुए "संशय की इच्छा (Will to doubt) को विश्वास की इच्छा (will to believe) से आवश्यक मानते हैं। वस्तुतः इस कथन के मूल में जानने की इच्छा पर बल दिया गया है। विश्वास हो जाने पर किसी स्थिति/कथन/वक्तव्य के प्रति उतने सजग एवं गतिशील नहीं पाते जितने संशय बोध से। पर यहाँ संशय के होने से ही सारी स्थिति स्पष्ट नहीं हो जाती—व्यक्ति और उसका निजी व्यक्तित्व इसकी उपादेयता का मेरुदण्ड अथवा केन्द्रबिन्दु माना जाता है। इसीलिए तो डानडॅन महोदय संशय एवं श्रद्धा की कसौटी व्यक्ति मानते हुए कहते हैं—"The doubts of an honest man contain more moral truth than the profession of faith under a worldly yoke."[9]

उपर्युक्त संशय-सम्बन्धी परिभाषाओं एवं स्वरूप-विश्लेषण के आधार पर एक तथ्य तो निर्विवाद स्वीकार्य है कि संशय की स्थूल विभाजन की दृष्टि से दो स्थितियाँ मुख्य हैं। प्रथम वह जो व्यक्ति में सकारणता लाती है तथा वह तर्कों के आधार पर स्थिति-तथ्य की वास्तविकता को जानने का प्रयास करता है। इस प्रकार का संशय व्यक्ति में गति प्रदान के साथ ही विवेकशील भी बनाता है—वह परम्परागत मान्यताओं को सिर झुकाकर (श्रद्धावश) स्वीकारने की बजाय तथ्यों एवं प्रमाणों के आधार पर वास्तविक सत्य को जानने के लिए प्रयत्नशील रहता है। इससे व्यक्ति में तार्किक क्षमता के साथ ही सहनशीलता की वृत्ति भी बलवती होती है। विवेक (ज्ञान) का संशय के आधार पर ही सदुपयोग सम्भव है। द्वितीय संशय का मानोविकारी रूप है, जिसकी सभी विद्वानों ने निन्दा की है। गीता में भी इसी प्रकार की संशय की निन्दा की गयी है। संशय का यही रूप जब किसी व्यक्ति में अपनी सत्ता स्थापित कर लेता है, तब यही संशय सद्वृत्ति की अपेक्षा मनोग्रन्थि बन जाती है। इसका परिणाम कभी-कभी घातक (जानलेवा) होता है—व्यक्ति बड़े से बड़ा अपराध करने के साथ ही आत्महत्या (Suicide) तक कर बैठता है। उपेन्द्र ठाकुर ने आत्महत्या के कारणों में संशय भी एक कारण माना है।

अतः संशय के सम्बन्ध में निर्विवाद अथवा प्रामाणिक रूप से कुछ नहीं कहा जा सकता है। वस्तुतः संशय एक ऐसी मनोवृत्ति है जिसकी उपादेयता (सार्थकता) व्यक्ति के व्यक्तित्व, अनुभव, चेतना एवं विवेक पर आधारित है। विवेकशील व्यक्ति में यही

संशय जहाँ जिज्ञासा, सहनशीलता एवं गति प्रदान करता है, वहीं अविवेकी व्यक्ति को कुण्ठित एवं आत्मघाती तक भी बना सकता है। वस्तुतः विवेकशील व्यक्ति में यही संशय 'शील' रूप में घर कर लेता है—यही इनकी सार्थकता एवं उपादेयता है।

वस्तुतः संशय के साधनों (Sources) एवं प्रकारों (modes) की धर्म के परिप्रेक्ष्य में अल्पोर्ट का विवेचन सार्थक माना जा सकता है। इन्हीं के विवेचन को क्लार्क ने मनोवैज्ञानिक एवं धर्म के सन्दर्भ में विकसित किया। इस प्रकार लेखकद्वय ने संशय की प्रकृति, साधन एवं प्रकार का मिश्रित विवेचन किया है। परन्तु संशय के मानव जीवन की सम्पूर्णतः एवं व्यक्तित्व के आधार पर चर्चा नहीं की गयी है। संशय के स्वरूप-उद्घाटन में हम कह चुके हैं कि संशय की अवस्थिति व्यक्तित्व, चेतना एवं विवेक पर केन्द्रित है। इतना ही नहीं, नास्तिक एवं आस्तिक व्यक्ति की अपेक्षा अनास्तिक व्यक्ति का संशय अधिक उपादेय होता है, क्योंकि वह न तो पूर्णतः आस्तिक होता है और न ही नास्तिक। ऊहापोह, किंकर्तव्यविमूढ़ एवं अनिर्णय की स्थिति में ही संशय की सार्थकता है। इसके विपरीत नास्तिक एवं आस्तिक में क्रमशः अस्वीकृति एवं स्वीकृति का भाव स्पष्ट रहता है। पर अनास्तिक दोनों के बीच की स्थिति में होता है; वह न तो पूर्णतः आस्तिक ही बन पाता है और न ही नास्तिक, वरन् संशयी विवेक (ज्ञान) अथवा तर्क के द्वारा वास्तविक बोध के प्रति सजग रहता है। रही बात संशय के साधन एवं प्रकार गिन लाने की। इस सम्बन्ध में भी अन्तिम एवं प्रामाणिक रूप में कुछ नहीं कहा जा सकता। इतना निर्विवाद कहा जा सकता है कि संशय की उपादेयता एवं सार्थकता उसे प्रवृत्ति रूप में स्वीकारने में है, जब यही मनोग्रन्थि अथवा विकार का रूप धारण कर लेता है, तब विध्वंसक भी प्रमाणित हो सकता है। निर्णय-अनिर्णय, विश्वास-अविश्वास, स्वीकृति-अस्वीकृति, आस्था-अनास्था, निष्ठा-अनिष्ठा, श्रद्धा-अश्रद्धा के बीच की स्थिति संशय के मूल स्रोत हैं जो कि व्यक्ति को सोचने अथवा वास्तविक स्थिति-बोध की ओर ले जाते हैं। अतः संशय को एक ऐसा ब्रेक माना जा सकता है जो चिन्तन-प्रक्रिया को ठहराव के साथ ही गति प्रदान करती है।

धूमिल के काव्य से संशय की अवस्थिति अनेक रूपों में हुई है। समकालीन कविता की विशिष्टता इस बात में है कि इसमें युग की वास्तविकता को प्रस्तुत किया जाता है। इसमें आज के युग की संशयात्मक स्थिति को व्यक्ति, परिवार, समाज एवं देश के धरातल पर देखा जाता है। 'पटकथा' में हिन्दुस्तान का गत छब्बीस वर्षीय लेखा-जोखा प्रस्तुत करते हुए कवि युग के अन्धेपन को सविस्तार एवं अनेक रूपों में देखता है। स्थिति की वास्तविकता से परिचित होने पर वह अनेक प्रकार के प्रश्न प्रस्तुत करता है। इसलिए हम धूमिल की कविताओं में इस संशय-बोध को निम्नलिखित रूपों में व्यक्त देखते हैं।

(क) संशय को परम्परा रूप में : युगीन सन्दर्भों को व्यक्त करने के लिए,

यथार्थ स्थिति-उद्घाटन के लिए।

(ख) इसे वस्तु-स्थिति जानने के लिए साधन रूप में–

(ग) इसे स्थिति की विपरीतता से परिचित कराने के लिए–

(घ) संशय का प्रयोग अनेक प्रश्नों या समस्याओं द्वारा कविता की आकार-वृद्धि हेतु।

(ङ) गहनता एवं प्रभावोत्पादकता के लिए

(च) टेकनीक की नवीनता हेतु

वस्तुतः यह विभाजन-मात्र समझने के लिए किया गया है, क्योंकि काव्य-सृजन किसी प्रकार पूर्वनियोजित स्थिति में नहीं होता है–इनका समावेश स्वाभाविक रूप में होने से काव्य की महत्ता होती जाती है।

धूमिल के काव्य में संशय-बोध की अभिव्यक्ति

धूमिल की अधिकांश कविताएँ स्पष्ट-सपाट होने के बावजूद तीव्र व्यंग्य प्रहार भी करती हैं। कहीं-कहीं कवि ने व्यक्ति के सशंकित मन को भी उद्घाटित करना चाहा है। 'सच्ची बात' में सत्य को उद्घाटित करते समय कवि कहता है कि

"वैसे हम समझते हैं कि सच्चाई
हमें अक्सर अपराध की सीमा पर
छोड़ आती है
आदतों और विज्ञापनों से दबे हुए आदमी का
सबसे अमूल्य क्षण सन्देहों में
तुलना है।"[12]

'पटकथा' में संशय-बोध की व्याप्ति-स्पष्ट है। संशय के दोनों रूपों को प्रस्तुत रचना में देखा जा सकता हैं। पहला रूप वह है जिसे हमने ज्ञान, विवेक अथवा जिज्ञासा के रूप में माना है। दूसरा इसका मनोविकारी विनाशक रूप है। धूमिल काव्य-नायक के रूप में सोचता हुआ कहता है कि...

हमारा संशय
हमें कौंचता था
हम उत्तेजित होकर
पूछते थे–यह क्या है? ऐसा क्यों है?"[12]

–वस्तुतः संशय का सप्रश्न रूप ज्ञानोपार्जन का मूल उत्स है। इसके अभाव में ज्ञान-वृद्धि सम्भव नहीं है। दूसरे रूप में कवि का काव्य-नायक चारों ओर के वातावरण (परिवेश) से सन्तप्त है–उसे लगता है वह कहाँ आ गया है? तभी सोचता है–

"हर तरफ ऊब थी
संशय था
नफरत थी
मगर हर आदमी अपनी जरूरतों के आगे असहाय था।"[12]

संशयात्मक पर नयी स्थितियों की ओर अग्रसर होते युग का बोध स्पष्ट हो जाता है। आग, आँसू तथा हाय इन तीनों शब्दों में धूमिल ने तथ्यहीन मिश्रण में बहुत बड़े तथ्य को उद्घाटित करना चहा है। 'आग' से क्रोध (आक्रोश), 'आँसू' से दुःख तथा 'हाय' से पीड़ा की पराकाष्ठा का चित्र खींचा है।

वस्तुतः 'पटकथा' में स्वतंत्रता-पश्चात् की राजनीति, समाज-नीति एवं अर्थनीति को उजागर करते हुए कवि व्यंग्य-प्रहार भी करता है। यह व्यंग्य स्थूल की अपेक्षा सूक्ष्म अधिक है। काव्य-नायक को 'हिन्दुस्तान से भेंट' अपने-आपमें व्यंग्य की सूक्ष्म स्थिति का प्रत्यक्ष प्रमाण कहा जा सकता है। इस हिन्दुस्तान में आज मनुष्य के चारों ओर चरित्रहीनता, भीषणता, व्यभिचारिता एवं असत्यता का बोलबाला है। ईमानदारी का मीलों दूर कहीं नामो-निशान नहीं रहा। समाजवाद का नारा खोखला पड़ चुका है। 'पूँजीवाद' के प्रति धूमिल का व्यंग्य द्रष्टव्य है—

"यद्यपि यह सही है कि मैं
कोई ठण्डा आदमी नहीं हूँ
मुझमें भी आग है। मगर वह
भभककर बाहर नहीं आती
क्योंकि उसके चारों तरफ चक्कर काटता हुआ
एक
एक पूँजीवादी दिमाग है
जो परिवर्तन तो चाहता है
मगर आहिस्ता-आहिस्ता कुछ
इस तरह कि चीजों की शालीनता बनी रहे।"[12] तथा
"मगर मैं जानता हूँ कि मेरे देश का समाजवाद
मालगोदाम में लटकी हुई
उन बाल्टियों की तरह है
जिन पर 'आग' लिखा है
और उनमें बालू और पानी भरा है।"[12]

जैसा कि संकट-बोध की चर्चा में हम स्पष्टतः स्वतंत्रता के बाद की स्थिति को उद्घाटित करते समय 'थोथावाद' के यथार्थ धरातल का उल्लेख कर चुके हैं। 'कथनी और करनी' में स्पष्टतः अन्तर आ चुका है। चुनाव से पूर्व लोगों को बड़ी-बड़ी योजनाओं और आशाओं की शोभा-प्रदर्शनी दिखलायी जाती है—पश्चात् वही होता है जो हम गत

पच्चीस-तीस वर्ष से देख रहे हैं। यही कारण है कि धूमिल चुनाव को जनतंत्र का एक ऐसा चिह्न मानता है जो सिर्फ पाँच वर्षों में एक बार दिखलायी देता है। इसे वह व्यंग्य में सही इलाज कहता है तथा संशय के रूप में दूसरी स्थिति पाता है—

"मैंने देखा कि हर तरफ
मूढ़ता की हरी-हरी घास लहरा रही है
जिसे कुछ जंगली पशु
खूँद रहे हैं
लीद रहे हैं
चर रहे हैं।"[12]

देश में व्याप्त स्थिति में वह हर तरफ संशय की स्थिति पाता है। सही और गलत की पहचान का कोई आधार ही नहीं रहा है। उसे लगता है कि बुरे एवं देशद्रोही सज्जन एवं देशभक्त बन रहे हैं। उसका संशय मात्र चिन्तन के धरातल पर नहीं रहता, वह सब कुछ घटित होता देखता है। यथा—

"मैंने विवेक को
चापलूसों के तलवे चाटते हुए देखा...।
मैं वह सब देख ही रहा था कि नया रेला आया।
उन्मत्त लोगों का बर्बर जुलूस। वे किसी आदमी
को हाथों की गठरी की तरह उछाल रहे थे
उसे एक-दूसरे से छीन रहे थे। उसे घसीट रहे थे।
चूम रहे थे। पीट रहे थे। गालियाँ दे रहे थे।
गले से लगा रहे थे...
उसकी जीभ बाहर लटक रही थी। उसकी आँखें बन्द
थीं। उसका चेहरा खून और आँसू से तर था...
मैं हतप्रभ-सा खड़ा था
और मेरा हमशक्ल
मेरे पैरों के पास
मूर्च्छित-सा पड़ा था।"[12]

संशय की स्थिति में तीन प्रकार के कार्य व्यक्ति करता है। इसकी सविस्तार चर्चा हमने सिद्धान्त रूप में कर दी है। यहाँ 'पटकथा' में धूमिल को सारा देश, सम्पूर्ण वातावरण संशय से ग्रसित प्रतीत होता है। इसके कारण देशवासी कई तरह के दूषण परिणामों को झेल रहे हैं। यह जानते हुए भी कि इस स्थिति का दायित्व उन नेताओं पर है, जिन्होंने स्वार्थान्धता के कारण जनता को गुमराह किया है, परन्तु संशय अपना काम नकारात्मक स्थिति में सकारात्मक रूप धारण कर लेता है। भूख और संशय का दोहरा प्रभाव भारतवासियों पर पड़ रहा है तभी तो वह कहता है—

"भूख ने उन्हें जानवर कर दिया है
संशय ने उन्हें आग्रहों से भर दिया है
फिर भी वे अपने हैं
अपने हैं
जीवित मनुष्यों के सुन्दरतम सपने हैं
नहीं—यह मेरे लिए दुःखी होने का समय
नहीं है। अपने लोगों की घृणा के
इस महोत्सव में
मैं शापित निश्चय हूँ। मुझे किसी से भय नहीं।"[12]

इस उद्धरण में कवि ने दोहरे रूप में प्रहार किया है—एक तो संशय के कारण व्याप्त अनिर्णय-अनिश्चय के भाव को व्यंजित किया है—दूसरी ओर 'निश्चय' तथा 'निर्भय' से सकारात्मक स्थिति से नकारात्मक पक्ष को प्रस्तुत कर रहा है। विवशता एवं साधनहीनता अथवा समस्याओं के देश में भला व्यक्ति स्वयं को निश्चित एवं निर्भय किस रूप में मान सकता है, जहाँ भूख को अभिव्यक्त करने पर भी प्रतिबन्ध लगा हो। इस प्रकार धूमिल की एक ही कविता 'पटकथा' समकालीन बोध को सही अभिव्यक्ति प्रदान करने वाला रचना सिद्ध होती है। व्यंग्य और संशय की विभिन्न स्थितियों में प्रस्तुत किया गया है।

कवि काफी समय तक संशय को टालता रहा और बार-बार समझने का प्रयास करता रहा कि सुधार होगा। पर हुआ इसके विपरीत ही। संशय की दुविधामयी अनिर्णय एवं अनिश्चय की स्थिति से वह एक निष्कर्ष, निर्णय एवं निश्चय तक पहुँचकर कहता है—

मैं रोज देखता हूँ कि व्यवस्था की मशीन का
एक पुर्जा गरम होकर
अलग छिटक गया है और
ठण्डा होते ही फिर कुर्सी से चिपक गया है
उसमें न हया है
न दया है।"[14]

संशय-बोध में अनेक बार की समस्याओं को आधार बनाकर प्रश्न किये जाते हैं। धूमिल के सम्बन्ध में यह धारणा अधिक सार्थक प्रतीत होती है—उसकी प्रायः सभी कविताओं में किसी न किसी समस्या को आधार रूप लिया गया है—इसके कारण वह स्वयं प्रश्न कर कई बार उत्तर स्वयं से पा लेता है जबकि कई बार वह प्रश्न के आस-पास की स्थिति को चित्रित कर कविता-समाप्ति की घोषणा करता है। इसीलिए इन कविताओं में समझने-समझाने, सुनने-सुनाने में वह इस संशय को व्यक्त करता है। 'अकाल-दर्शन' में कवि का संशय जनतंत्र की ओर है। यथा—

'वह कौन-सा जनतान्त्रिक नुस्खा है
कि जिस उम्रमें
मेरी माँ का चेहरा
झुर्रियों की झोली बन गया है
उसी उम्र की मेरे पड़ोस की महिला
के चेहर पर
मेरी प्रेमिका के चेहरे-सा
लोच है।"[14]

संशय की ऐसी स्थिति है जिसमें वह सब कुछ जानते हुए भी कुछ नहीं जान पाया। प्रश्नों की संशयात्मक स्थिति को वह भी स्वीकारता हुआ कहता है—

'मैंने सहसा पाया कि मैं खुद अपने सवालों के
सामने खड़ा हूँ और
उस मुहावरे को समझ गया हूँ
जो आजादी और गाँधी के नाम पर चल रहा है।"[14]

कवि का संशय देश की वर्तमान स्थिति को लेकर अनेक कविताओं में द्रष्टव्य है। अनेक कविताओं में सीधा वह जनतंत्र की चर्चा करते हुए जहाँ विभिन्न समस्याओं से परिचित कराता है, वहाँ उसे एक दूसरे जनतंत्र की तलाश है। संशय में 'तलाश' जारी रहती है। इसीलिए धूमिल कहीं तलाश सही कविता, भाषा, व्याकरण और शब्दों को करता हुआ समकालीन कविता के बदलाव की सूचना देता है, कहीं सही आदमी तलाशता है, कहीं अपनी कविताओं में वह जनतंत्र की तलाश करना चाहता है। अनेक प्रकार के प्रश्न उसके सम्मुख हैं—

"मैं पूछता हूँ—
'यह तीसरा आदमी कौन है?'
मेरे देश की संसद मौन है।"[15]

'मैं हूँ' कविता में कवि का संशय स्पष्ट है—अनेक पक्षों में वह सोचता है, अनेक विकल्प वह प्रस्तुत करता है। 'शब्द जहाँ सक्रिय है' रचना में वह कविता के आधार पर कुछ जानना चाहता है—

"कविता—
मझले भाई ने रस्सी बंटते हुए
कहा—जब ज्यादातर लोग सहमत होने
लगते हैं सुविधा के किसी खास
नुक्ते पर वाजित शंकाओं के साथ
हक जैसे एक मामूली शब्द को मोर्चे पर बहाल करता है।
सत्य की सुरक्षा हो इसलिए।"[15]

शंका (संशय) में वाजित (सही) को जानने की तलाश निरन्तर रहती है।

धूमिल के संशय-बोध को हम उनकी टेकनीक के आधार पर भी देख सकते हैं। वह अनेक कविताओं में जहाँ प्रश्न या समस्या और निर्णय, अनिश्चय की स्थिति में संशय की स्थिति को प्रस्तुत करता है वह शैली विषयक अनेक लेखिम (डिवेशन) की स्थिति से भी इसे व्यक्त करता है। कुछेक कविताओं में वह ऐसा सायास करता है, जबकि कुछेक कविताओं में बल देकर समस्या के प्रति संशय के रूप में बहुत कुछ अव्यक्त छोड़ना चाहता है। 'लेनिन के सिर' कविता में एकाएक बहुत बड़ा परिवर्तन देखता है, जिससे उसकी ऐतिहासिक समझ एवं प्रतिबद्ध दृष्टि का परिचय मिलता है। इसके पश्चात् वह कविता में--नये तेवर का डैश तथा डॉट्स से अभिव्यक्त करता है--व्यापक सन्दर्भ एवं संशयात्मक स्थिति स्पष्ट करता है। यथा, "...सैकड़ों नीली-नीली नसें कौंधती हैं ताजा और तेज खून लेकर भागती हुई जहाँ...।"[13] आदमी के लिए सैकड़ों जिन्दा विचार भाष्य बनने के लिए व्याकुल हैं। कहीं इसके विपरीत भी होता है कि कवि वास्तव को संशय की स्थिति में देखना चाहता है। 'जवाहरलाल नेहरू की मृत्यु पर' कविता में वह इस टेकनीक को इसीलिए अपनाता हुआ कहता है–

"सबके मन में केवल इतनी चाह है–
कोई आये...और...और
इतना कहे।
–अरे सत्य यह नहीं, महज अफवाह है
अभी-अभी तो हम
विकास के अभियानों में जुड़े हुए
आगे बढ़े, किन्तु फूलों से चमन हमारा भरा नहीं है
रुको हवाओं
समाचार के पीछे, मत हमको दौड़ाओ
अभी हमारा वीर जवाहर मरा नहीं है।"[13]

'मुक्ति के तुरन्त बाद' रचना में वह संत्रास और संशय को एक साथ पाता है। चारों ओर वातावरण की भयावहता के कारण आतंक, संत्रास की संशयात्मक स्थिति व्याप्त है। ऐसी स्थिति में वह कई विकल्प प्रस्तुत करता है, पर कविता के विकास के साथ कवि घाव की खामोशी में गहन से गहनतर जाता है। तभी वह एक विचित्र स्थिति में स्वयं को पाता है अथवा सारा देश ही इस स्थिति को झेल रहा प्रतीत होता है। यथा–

"और मैं यहाँ था अन्धे कुएँ से बाहर : मुक्त और निस्संग
मौत और हथेली के बीच फर्क तय करता हुआ।
और तब। पहली बार दूर से आता हुआ आदमी। एक पूरा देश

लग रहा था
क्या मैंने पेड़ की आत्मीयता की बात की
क्या मैंने कहा कि धूप माँ की गोद-सी गर्म थी?
क्या मैंने कहा कि थरथराती हुई जुबान
डबडबायी आँख में बदल गयी थी
नहीं, मैंने ऐसा कुछ नहीं किया
घाव की अपनी खामोशी होती है साथियो।''[13]

धूमिल का संशय विभाजित प्रकारों से भिन्न कोटि का कहा जा सकता है, क्योंकि वह 'क्यों' से मात्र शंका अथवा जिज्ञासा व्यक्त नहीं करता है। स्थिति से भली-भाँति परिचित होने पर भी वह अनेक बार पाठक को उसकी गहनता अथवा वास्तविकता से अवगत कराने के लिए इस प्रकार की संशयात्मक (प्रश्नात्मक) स्थिति में रखता है। यथा–

'...मैं समझने लगता हूँ कि दुनियाँ
ज्वालामुखियों के दहाने पर भी
इतनी ठण्डी क्यों है।'

विपरीतता में संशय-बोध की व्याप्ति प्रमाणित है। ज्वालामुखी का गुण आग है, उष्णता है; पर ठण्डक या शीतलता से स्थिति की विपरीतता द्वारा कवि बल देना चाहता है। 'पटकथा' में इसे विशेष रूप से प्रस्तुत किया गया है, कविता की आकारदीर्घता एवं पाठक की अभिरुचि बनाये रखने में ऐसा कई बार आवश्यक होता है। कवि सभी संशय से वस्तुस्थिति पर पहुँचता है तो कभी वस्तुस्थिति जानते हुए जान-बूझकर संशय की स्थिति का निर्माण करता है। उसे अपनी तथा देश की वस्तुस्थिति का भली-भाँति बोध है, पर अनेक बार ऊब, कुहासे एवं निराशा से वह वातावरण में व्याप्त संशयात्मक स्थिति को दिखलाता है। वस्तुतः संशय का विनाशक रूप इसी में है–इसमें जहाँ विकास का भाव है वहाँ ह्रास, अवनति एवं टूटन भी विद्यमान है। पर कवि का संशय नकारात्मक होते हुए सकारात्मक है, क्योंकि वह 'आँसू' और 'हाय' से स्थिति को दयनीय बनाकर नहीं छोड़ता वरन् 'आग' और लोहे से वह अपनी प्रतिबद्धता का परिचय भी देता है। संशय उसको, सभी को वास्तविकता से परिचित कराता है, इसीलिए अनिश्चय एवं संत्रास की स्थिति में वह यह तो जानता है कि उसे पारिवारिक उलझनों एवं आन्तरिक दुःख से कई बार पछाड़ खानी पड़ी है, पर वह इसे 'जीवन की हार' नहीं मानता है। यही कारण है कि वह परिवर्तन के लिए 'लोहे' और 'आग' को हथियार रूप में स्वीकारता है। संशय एक बहुत बड़ा माध्यम बनता है, इस स्थिति तक पहुँचने का।

टिप्पणी-संकेत

1. संसद से सड़क तक, पृ. 141
2. The Universal Dictionary of the English Language, ed. Henri Cecil Wyld (London : Routledge & kegan, 1961), p. 331.
3. A Dictionary of Philosophy, ed. by M. Rosenthal and P. Yudin (Moscow : Progress Publishers, 1967) p. 398.
4. हिन्दी साहित्य कोश (भाग 1), सम्पादक : धीरेन्द्र वर्मा (वाराणसी : ज्ञानमण्डल, संवत् 2020), पृ. 864
5. Walter Huston Clark, The Psychology of Religion (New York : Macmillan, 1958), p. 139.
6. The Encylopedia of Philosophy, Vol II, Ed. Paul Edwards (New York : Macmillan, 1967) p. 413.
7. Ibid.
8. The New Dictionary of Thoughts ed. Tryon Edwards (London : Stan Book, 1971) p. 154.
9. The Advancement of Learning, Vol I, ed. G.W. Kitchen [London : Dent (J.M.)].
10. Great Quotations, ed. George Seldes (New York : Lyle Stuart, 1926)
11. Ibid., p. 296.
12. संसद से सड़क तक, पृ. 82, 112, 121, 126-7, 139, 131, 132, 133
13. कल सुनना मुझे, पृ. 34, 9, 25, 32
14. संसद से सड़क तक, पृ. 138, 20, 18
15. कल सुनना मुझे, पृ. 33, 37

पंचम अध्याय

संत्रास-बोध : धूमिल का काव्य

समकालीन बोध में संत्रास-बोध का विशेष महत्त्व है। इसका विकास प्रायः युद्धोपरान्त विकसित विनाशकारी स्थितियों से होता है। 'संत्रास' में अनेक विकृत भाव सम्मिश्रित रहते हैं। संत्रास-बोध का सन्दर्भ भले ही सीमित हो पर प्रभाव बड़ा व्यापक एवं विनाशक होता है। इसके कारण व्यक्ति एवं समाज में अनेक ऐसी विकृतियों का जन्म होता है, जो घातक हैं। इसलिए 'संत्रास' विषम परिस्थितियों के मध्य संचरणशील मानव के मन की असन्तोष और भय से मिश्रित दुःखमूलक मनःस्थिति है।[1] अनेक स्थितियों में 'संत्रास' भय के साक्षात्कार की पूर्व कल्यपनायुक्त अवस्था मानी जाती है। वस्तुतः जब हम 'संत्रास-बोध' की एक साथ चर्चा करते हैं तब हमारा अभिप्राय युद्धोपरान्त समाज में व्याप्त फलस्वरूप स्थितियों से है। दोनों महायुद्धों के पश्चात् तीसरे महायुद्ध की आशंका के कारण चारों ओर लोगों में एक आतंक का वातावरण बना हुआ है, ज्यों-ज्यों वैज्ञानिक प्रगति हो रही है, त्यों-त्यों मानव के सम्मुख कई प्रकार की वृत्तियाँ व्याप्त हो गयी हैं। आज के युग को अन्धायुग इसी कारण कहा जाता है क्योंकि प्रेम, स्नेह, आस्था, विश्वास, सद्‌भाव, श्रद्धा का स्थान घृणा, अपमान, संशय, अनास्था, अविश्वास, अश्रद्धा ने ग्रहण कर लिया है। हम संत्रास को इन सब का मूल मानते हैं। 'संत्रास-बोध' का आयाम अत्यन्त विस्मृत है। वस्तुतः यह एक ऐसा बोध (ज्ञान), अवस्था या स्थिति है, जिसमें पीड़ा, निराशा, भय, कुण्ठा, असन्तोष, पराजय, संशय एवं आतंक इत्यादि का समावेश रहता है। धूमिल के काव्य में इस बोध को अनेक रूपों में प्रस्तुत किया गया है। इसका मूल कारण संघर्ष (युद्ध) है, वह बाह्य एवं आन्तरिक दोनों तरह का हो सकता है। धूमिल का एक काव्य-विकास 'निज' से समूह तक

की यात्रा में अनेक ऐसी स्थितियों को उजागर करता है जिनका मूल उत्स आतंक, भय एवं विवशता से हुआ है।

संत्रास : सामान्य परिचय

'संत्रास' शब्द की व्युत्पत्ति 'सम्/त्रस्+घत्र् से हुई है। 'त्रस्' धातु का अर्थ भयभीत होना है। अब संत्रास का अभिप्राय बहुत अधिक अथवा तीव्र त्रास और आतंक है। अधिकांश कोशों में तो 'संत्रास' शब्द के स्थान पर 'त्रास' शब्द का प्रयोग हुआ है—कुछ 'भय' के अन्तर्गत संत्रास स्थिति का उल्लेख करते हैं। 'मानक हिन्दी-अंग्रेजी कोश' में इसके लिए इण्टीमीडेशन (Intimidation) शब्द का प्रयोग किया गया है। डॉ. रघुवीर ने 'अभित्रास' शब्द का प्रयोग किया है। वस्तुतः विभिन्न कोशों में प्रयुक्त 'संत्रास' के समानार्थी अथवा पर्यायवाची शब्दों में भय, आशंका, आतंक, भीति, विभीषिका, उद्वेग, परिताप, वेदना, यातना इत्यादि शब्दों का उल्लेख किया जाता है। 'संत्रास' शब्द का समानार्थी अथवा पर्यायवाची शब्द हमारी दृष्टि में कोई नहीं हो सकता उपरिवर्णित शब्दों में कुछ संत्रास के परिणाम हैं, कुछ साधन हैं तो कुछ विभिन्न स्थितियों के परिचायक। अतः हमारी स्पष्ट धारणा है कि जिस 'संत्रास-बोध' की हम चर्चा कर रहे हैं उसका समानार्थी शब्द न हिन्दी में है और न ही अंग्रेजी में, अधिकांश कोशों में हारर (Horror) शब्द का प्रयोग किया गया है। इसके लिए फीयर (Fear) शब्द का प्रयोग भी किया जाता है। वस्तुतः प्रथम, का सम्बन्ध आतंक से है तथा द्वितीय से भय का बोध होता है। संत्रास को न तो भय माना जा सकता है और न ही आतंक। जैसा कि हम उल्लेख कर चुके हैं कि संत्रास भय मिश्रित दुःखमूलक मनःस्थिति है। संत्रासव्यक्ति एवं भयभीत व्यक्ति की स्थिति में भी मनोभमि में सूक्ष्म धरातल पर अन्तर अवश्य है। हम 'संत्रास' के लिए सुविधार्थ ड्रेड (Dread) शब्द का प्रयोग करना चाहेंगे। हालाँकि हिन्दी साहित्य में जिस धरातल पर 'संत्रास' शब्द प्रचलित है अथवा इसे साहित्यिक अभिव्यक्ति दी गयी है—उसका न तो अंग्रेजी शब्द है, न ही हिन्दी शब्द में उसका कोई पर्यायवाची शब्द है। निर्मल वर्मा ने कहानियों में प्रयुक्त संत्रास का आरम्भ दास्तोवस्की से माना है—लेखक की मान्यता है कि हिन्दी कथाकारों ने संत्रास की गम्भीरता से स्वरूप विश्लेषित किया है।—इतना प्रतिष्ठित करना तो सही है पर संत्रास को आतंक (टेरर) मानना समुचित न होगा। संत्रस्त एवं आतंकित व्यक्ति में धरातल का अन्तर अवश्य है। जोसेफ एडीसन (Joseph Addison) ने ड्रेड तथा हारर का एकसाथ प्रयोग कर दोनों के अर्थ-वैभिन्य को स्वीकारा है जो कि हमारे विश्लेषण की पुष्टि करता है। जिस प्रकार अंग्रेजी के ड्रेड, हारर, टेरर, फीयर, फ्राइट तथा एंगुइश (Anguish) शब्दों में स्पष्ट अन्तर है, वैसे ही हिन्दी में प्रयुक्त

तथाकथित संत्रास के समानार्थी शब्दों में भी पर्याप्त अन्तर है। इसीलिए डॉ. रामचन्द्र वर्मा ने 'मानक हिन्दी कोश' में ड्रेड का अर्थ 'त्रास', विभिषका किया है। 'त्रास' ऐसा भय है जिससे विशेष अनिष्ट, हानि, क्षति की आशंका होती है।

'संत्रास' शब्द के तथाकथित प्रयुक्त समानार्थी शब्दों में सर्वाधिक प्रयोग 'भय' शब्द का हुआ है, पर दोनों को एक किसी रूप में नहीं माना जा सकता है। हमने संत्रास का समानार्थी शब्द 'ड्रेड' माना है तथा अंग्रेजी का 'फीयर' शब्द भय का द्योतक है। शेक्सपियर ने दोनों शब्दों का एक साथ प्रयोग एक ही पंक्ति में कर स्पष्ट अन्तर करना चाहा है।[2] अमृत राय ने 'आधुनिक भाव-बोध की संज्ञा' में संत्रास को 'टेरर' का पर्यायवाची मानते हुए अनेक प्रश्नोत्तर में इस शब्द का स्पष्टीकण किया है।

'हिन्दी साहित्य कोश' में त्रास तथा भय का अन्तर 'गात्रोत्कम्पो मनः कम्पः सहसा त्रास उच्यते। पूर्वापर विचारोत्थं भयं त्रासात् पृथक् भवेत'—अर्थात् ''त्रास में सहसा कम्प होता है, किन्तु भय पूर्वापर के विचार से उत्पन्न होता है'' कथन के आधार पर किया है। 'संत्रास' शब्द का प्रयोग यहाँ भी नहीं हुआ। 'परन्तु संस्कृत-शब्दार्थ कौस्तुभ' में 'संत्रास' का अर्थ आतंक तथा भय किया गया है।

''भरत के अनुसार बिजली की चमक, उल्का, गर्जन, भूकम्प, बादल, बड़े-बड़े जानवरों का घोष इत्यादि कारणों से त्रास उत्पन्न होता है; अर्थात् किसी रूप या शब्द के गोचर होने पर तत्क्षण कँपा देने वाला मनोवेग त्रास है। भय से आलम्बन की निश्चित भावना होती है तथा उसका लक्ष्य भी निश्चित होता है, जबकि त्रास में विषय की स्पष्ट भावना नहीं होती और न कोई उसका लक्ष्य ही होता है। इसीलिए त्रास संचारी है, स्थायी नहीं।''[3] इसके साथ ही प्रस्तुत कोश में शंका, चिन्ता, ग्लानि, त्रास, दीनता इत्यादि भय के व्यभिचारी भाव है। वस्तः संत्रास और भय का अन्तर मात्र संचारी तथा स्थायी भाव से नहीं हो जाता है। हिन्दी में संत्रास-बोध का प्रयोग मिश्रित रूप में हो रहा है; इसमें संत्रस्त होने का लक्ष्य है और स्पष्टतः नहीं भी। यह स्थिति धूमिल की रचनाओं में संवेदना के धरातल पर व्यंजित है—साथ ही इतिहास-बोध की व्यंजक भी।

वार्दिस्फ के अनुसार—'भय या त्रास अन्तर्जगत् के खतरे का द्योतक है, आतंक उग्रवेदना का संवेग है, जो मनुष्य के अन्तर्बाह्य दोनों को झँझोड़कर रख देता है।'

संत्रास पर मैक्स बेबर के विचार एक विशिष्ट दृष्टि से उल्लेख्य हैं। उन्होंने आधुनिक संगठनों के प्रशासन का व्यक्ति पर पड़ने वाले प्रभावों की स्थिति का स्पष्टीकरण अधिक किया है। वस्तुतः हिन्दी साहित्य में जिस संत्रास-बोध की अवधारणा विद्यमान है उसमें युद्धोपरान्त उत्पन्न विकृतियों में से एक मनःस्थिति है जिसमें भय, निराशा, आतंक, आशंका इत्यादि की स्थिति मिश्रित रहती है। इसका सम्बन्ध इसीलिए समकालीन बोध की कविता से अधिक रहा है। 'त्रास' शब्द—जो

कि प्राचीन भारतीय ग्रन्थों में उल्लिखित है—से अवश्य ही कुछ स्पष्टीकरण हो जाता है। संत्रास की स्थिति वैयक्तिक अधिक है, सामूहिक संत्रास से कुछ आशंका-बोध, अनिष्ट कल्पना, पूर्व घटित स्थिति बोध में से कोई भी कारण हो सकता है।

जैसा कि हम आरम्भ में संकेत कर चुके हैं कि 'संत्रास' का व्यावहारिक पक्ष पर्याप्त समय से प्रचलित है, कविता और कहानी सरीखी विधाओं में प्रायः सभी लेखक संत्रास की स्थिति का अनुभव कर रहे हैं, परन्तु इसकी सैद्धान्तिक चर्चा नहीं की गयी है। कुछ समीक्षक आतंक या भय को पर्याय रूप में मान इस शब्द का उल्लेख करते हैं। अमृतराय ने संत्रास की चर्चा कुछ प्रश्नों के आधार पर करनी चाही है। संत्रास को व्यापक सन्दर्भ में व्याख्यायित करते हुए लेखक ने क्या, कैसा तथा क्यों के आधार पर श्री ओंकार शुक्ल, विश्वेश्वर जी, रामगोपाल एवं चन्दन नेगी धारणाओं का संक्षेप में उल्लेख किया है। ओंकार शुक्ल की आपत्ति से हमारी पूर्णतः सहमति है, पर उनका अभिमत भी अपूर्ण है। यथा–

"अब प्रश्न है कि क्या यही घुमड़न, आक्रोश, असन्तोष, तनाव 'संत्रास' है?" आपके अनुसार 'नहीं' क्योंकि आपने 'संत्रास' का अर्थ 'टेरर' से लिया है, या इसी 'टेरर' से 'संत्रास' निकला। किन्तु मैं कहना चाहता हूँ कि "अपने अनिष्ट की आशंका से उद्भुत भावनाओं का संकोच 'संत्रास' है जो कि अपने-आप में इसी घुमड़न, इसी आक्रोश, इसी तनाव और इसी असन्तोष को सहेजे है।"[3]

संत्रास-बोध : स्वरूप-विश्लेषण

भारतीय साहित्यशास्त्र में भय तथा त्रास की चर्चा भावों के अन्तर्गत होती रही है, परन्तु विश्व युद्धोपरान्त संत्रास-बोध की व्याप्ति आज समाज में व्याप्त है—प्रत्येक व्यक्ति में एक विशिष्ट प्रकार की निराशा, भय, आशंका एवं आतंकमूलक मिश्रित भाव घर चुका है। अपमान, संशय एवं संत्रास आज के अन्धे युग की विकसित विकृतियाँ हैं, जिनसे व्यक्तित्व का नया विचित्र स्वरूप उद्घाटित होने लगा है। आज जबकि हम 'विश्वकुटुम्बकम्'—जग-हितैषी, शान्तिप्रिय एवं मानवतावादी होने का दावा कर रहे हैं, दूसरी वैज्ञानिक प्रगति, बौद्धिक विकास—महानगरीकरण-औद्योगीकरण अथवा तकनीकीकरण के कारण व्यक्ति व्यक्ति से, परिवार परिवार से, राष्ट्र से राष्ट्र टूट रहा है। सभी को प्रत्यक्ष अथवा अप्रत्यक्ष रूप में अन्य को नीचा दिखलाने; अपमानित करने की होड़ लगी हुई है। चारों ओर अनास्था, आशंका, भय, अविश्वास, संशय एवं अपमान के कारण संत्रस्त वातावरण व्याप्त है। व्यक्ति, समाज एवं देश परस्पर एक-दूसरे से संत्रस्त हैं। हिन्दी साहित्य की विविध विधाओं में संत्रास की व्याप्ति का मुख्य कारण बाह्य परिवेश एवं कुण्ठित मनोवृत्तियाँ हैं। धूमिल ने इसे काव्य में अनेक सन्दर्भों, स्थितियों में प्रयुक्त किया है। समकालीन

कविता ने इसे व्यापक अर्थवत्ता प्रदान की है। इसी के कारण मूल्यों में विघटन की स्थिति बनी हुई है।

समाजशास्त्री 'संत्रास' की चर्चा 'संगठन' की दृष्टि से करते हैं। संत्रास-बोध व्यक्ति में उसके अस्तित्व-बोध पर निर्भर करता है, कोई संत्रस्त तभी होता है जब वह किसी स्थिति अथवा बोध का अन्दाज (कल्पना) कर लेता है। इसलिए 'संत्रास' की स्थिति ऐसे लोगों में अधिक होती है, जिन्हें जीवन जीने में कठिनाई का सामना करना पड़ता है और वे धैर्य त्याग बैठते हैं। मामूली से आतंक, भय, यातना अथवा दुःख से जीवन से ऊबने वाले व्यक्ति अधिक संत्रस्त रहते हैं। इस प्रकार के व्यक्ति अपने अस्तित्व के महत्त्व को नहीं समझते। यह कारण है कि पाश्चात्य देशों में मानव अस्तित्व को सर्वोच्च प्रतिपादित किया गया है तथा ईश्वरीय सत्ता से मोहभंग होने लगा है। पर भारतीय परिवेश में संत्रास-बोध को हम दूसरे धरातल पर देखते हैं। यहाँ लोगों का एक पक्ष घोर आशावादी है तो दूसरी ओर पूर्ण निराशावादी। संत्रास में अस्तित्व-बोध की महत्ता निर्विवाद स्वीकार्य है। इसके साथ ही संत्रास-बोध का कारण 'लोकमत का भय' भी माना जाता है। वस्तुतः संत्रास में लघुता का बोध भी रहता है। व्यक्ति जब स्वयं किसी समुदाय या संगठन के विरुद्ध खड़ा होना चाहता है उसमें जो स्थितियाँ पनपती हैं उसके फलस्वरूप या तो वह टूट जाता है अर्थात् उसका अस्तित्व समाप्त हो जाता है या फिर 'संत्रास' व्यक्ति की भाँति अपनी पराजय मान लेता है। इसलिए संत्रास-बोध परिवेशगत माना जाता है। कोई भी घटना (दुर्घटना) व्यक्ति को संत्रस्त बना सकती है। इसे हम तीन रूपों में देख सकते हैं—स्मृति—प्रत्यक्ष—कल्पना। 'स्मृति' का सम्बन्ध अतीत-प्राचीन से है, प्रत्यक्ष वर्तमान पर केन्द्रित है जबकि कल्पना में आशंका का भाव रहता है। हम 'संत्रास-बोध' में उपर्युक्त तीनों कारणों को स्वरूप-विश्लेषण में महत्त्वपूर्ण मानते हैं। इसलिए 'संत्रास' का सम्बन्ध तीनों कालों से होते हुए वर्तमान पर केन्द्रित है। वह संत्रस्त जीवन की स्वर्णिम बेला का आनन्द भी नहीं ले पाता।

संत्रास-बोध की इन तीनों स्थितियों में व्यक्तिगत प्रतिक्रिया होनी स्वाभाविक है। यह प्रतिक्रिया भी तीन रूपों में होती है—संघर्ष, पलायन एवं पराजय। हम सर्वप्रथम पराजय को लेते हैं—वे संत्रस्त व्यक्ति जो जीने में स्वयं को असमर्थ मान बैठते हैं—अस्तित्व को पहचानते नहीं, क्षणिक स्थितियों को निरन्तर मान लेते हैं और इन स्थितियों में अपने को समाप्त कर लेते हैं। 'पराजय-बोध' तभी होता है—यह स्थिति व्यक्ति को जड़ बना देती है। दूसरा 'पलायन-बोध' है। भारत में यह स्थिति अपेक्षाकृत अधिक है—जो भाग्यवादी होते हैं मूर्ति-पूजा, ईश्वर-पूजा अथवा दैवी शक्ति के अनुसार सब कुछ घटित मानते हैं, उनसे कोई छल करे, उन्हें कोई अपमानित करे, कोई अनुचित लाभ ले—अथवा किसी संकट या समस्या का सामना करना पड़े तो वे नियति (भाग्य) पर आस्था एवं विश्वास रख स्वयं को मुक्त कर

लेते हैं। अधिकांश भारतीय पलायन-बोध से ग्रसित हैं। जीवन का सम्बल वे अदृश्य शक्ति में ढूँढ़ लेते हैं। अतः संत्रास-बोध से वे कभी-कभी चिन्तित तो अवश्य होते हैं, पर अपना सर्वस्व नियति को समर्पित कर कुण्ठित होने से बच जाते हैं। अन्तिम स्थिति संघर्ष की होती है—साहित्यिक अभिव्यक्ति में इसी का चरम रहता है—यही पात्र के अन्तस्, द्वन्द्व की परिचायक स्थिति है। संत्रस्त व्यक्ति प्रतिक्रियास्वरूप संघर्ष का मार्ग जब अपना लेता है तो दोनों स्थितियाँ होती हैं या तो वह दूसरे का ध्वंस (विनाश) करता है या स्वयं नष्ट होता है।

काव्याभिव्यक्ति

संत्रास-बोध के विवेचन के पश्चात् जब इसके आधार पर धूमिल की कविताओं में इस बोध की स्थिति को देखते हैं तो एक तथ्य सदैव ध्यान में रखना होगा कि कवि किसी भी स्थिति, प्रसंग, बोध अथवा दर्शन का प्रभाव ग्रहण कर उसे संकेतों, संश्लिष्ट उल्लेखों में प्रस्तुत करता है। यही स्थिति धूमिल की रचनाओं में संत्रास की रही है। जैसा कि हम इसके काव्य-विकास में संकेत रूप में बतला चुके हैं कि धूमिल समस्याओं का कवि है—ये समस्याएँ अकेले से समूह तक की यात्रा तय करती हुई कवि के दृढ़संकल्प एवं विश्वास के रूप में क्रान्ति अथवा विद्रोह तक पहुँचती हैं। इस मध्य कवि का मानसिक ऊहापोह आशंका, भय एवं नेताओं की भ्रष्टाचारी नीति के कारण दुःखी एवं संत्रस्त भी होता है। इसी को वह अनेक प्रसंगों में अभिव्यक्ति प्रदान करता है। इतिहास-बोध एवं राजनीतिक समस्याओं की चर्चा में इसकी सांकेतिक स्थिति द्रष्टव्य है।

संत्रास-बोध की दृष्टि से 'राजकमल चौधरी के लिए', 'मोचीराम', 'पतझड़', 'पटकथा', 'गृहस्थी : चार आयाम', 'मैं हूँ', 'उसके बारे में', 'प्रवेश पत्र', 'गाँव का कीर्तन', 'मुक्ति के तुरन्त बाद' इत्यादि अनेक कविताएँ विशेष उल्लेख्य हैं। वस्तुतः इन रचनाओं में युद्धोपरान्त भयमिश्रित दुःख की स्थिति की अपेक्षा ऐसी समस्याओं को कवि हमारे सामने प्रस्तुत करता है जो देश में व्याप्त है—उनसे निरन्तर संघर्ष करते, कभी चुपचाप झेलते पर उनसे संत्रस्त, भयभीत एवं आशंकित स्थिति में दिखलाया गया है। यह संत्रस्त विवशता एवं आशंका पर आधारित है। 'मुक्ति के तुरन्त बाद' में वह कहता है—

हवा हताश सर्पिणी की तरह फण पटक रही थी और काँपता हुआ
अन्धकार सुनायी पड़ता था मौत की दाढ़ों में
जैसे फँसा हुआ रुदन...
और मैं यथा था अन्धे कुएँ से बाहर : मुक्त और निस्संग
मौत और हथेली के बीच फर्क तय करता हुआ।"[4]

कवि अन्धकार को अनेक रूपों में देखता है—'स्व' स्थिति एवं विवशता से देश की वस्तु-स्थिति को दिखलाना चाहता है। वह भाषा के जंगल में शब्द और व्याकरण-महत्त्व व्यक्ति एवं समाज की बेबसी में पहचानता है। विवशता की चक्की में पिसता मनुष्य अपनी आन्तरिक संत्रस्त अवस्था का बखान भी नहीं कर पाता। 'आँसू' और 'हाय' में संत्रास-बोध की सार्थक अभिव्यक्ति हुई। 'पटकथा' में उसे विचित्र स्थिति दीखती है—

मगर एक दिन मैं स्तब्ध रह गया।
मेरा सारा धीरज
युद्ध की आग से पिघलती हुई बर्फ में
बह गया
मैंने देखा कि मैदानों में नदियों की जगह
मरे हुए साँपों की केंचुलें बिछी हैं
पेड़—
टूटे हुए रँडार की तरह खड़े हैं
दूर-दूर तक कोई मौसम नहीं है
लोग—
घरों के भीतर नंगे हो गये हैं
और बाहर मुर्दे पड़े हैं
...वन महोत्सव से लौटी हुई कार्य प्रणालियाँ
अकाल का लंगर चल रहा है
और जगह-जगह तख्तियाँ लटक रही हैं—।
'यह श्मशान है, यहाँ की तस्वीर लेना सख्त मना है।''[5]
...हर आदमी अपनी जरूरतों के आगे
असहाय था। उसमें
सारी चीजों की नये सिरे से बदलने की। बेचैनी थी, रोष था—लेकिन
उसका गुस्सा एक तथ्य-हीन मिश्रण था :
आग और हाय का।[5]

इन दो संक्षिप्त उद्धरणों के साथ 'पटकथा' से अनेक ऐसे उदाहरण प्रस्तुत किये जा सकते हैं जिनमें संत्रास-बोध के विविध सन्दर्भ व्यक्त हुए हैं। वस्तुतः हिन्दुस्तान और प्राप्त आजादी के पश्चात् की स्थिति को प्रस्तुत करता हुआ कवि अनेक ऐसे वक्तव्यों को काव्यात्मक ढंग से व्यंजित करता है। 'पटकथा' में ऐसी स्थितियाँ कई रूपों से व्यक्त हुई हैं। यथा—

मुझे लगा—आवाज
जैसे किसी जलते हुए कुएँ से

आ रही है।
एक अजीब-सी प्यारभरी गुर्राहट :
जैसे कोई मादा भेड़िया
अपने छौने को दूध पिला रही हो और
साथ ही किसी मेमने का सिर चबा रही हो
मेरा सारा जिस्म थर-थरा रहा था।
उसकी आवाज में
असंख्य नर्कों की घृणा भरी थी।
वह एक-एक शब्द चबा-चबाकर
बोल रहा था। मगर उसकी आँख
गुस्से में भी हरी थी।''[5]

स्थिति को भयावह एवं संत्रस्त रूप में प्रस्तुत करते समय कवि की दृष्टि शोषण-पद्धति पर विशेष रही है। मार्क्स ने भी इसी प्रकार पूँजीपतियों के शोषण की नीति का पर्दाफाश किया है। मार्क्स की इस उक्ति को सर्वेश्वर दयाल सक्सेना की कविता 'भेड़िया' के तीन खण्डों में देखा जा सकता है। भेड़िये की शोषण वृत्ति की चर्चा हमने पहले भी सोदाहरण की है। सक्सेना अन्त में स्वीकारते हैं कि—

भेड़िये फिर आएँगे। अचानक
तुममें से ही कोई एक दिन
भेड़िया बन जायेगा
और उसका वंश बढ़ने लगेगा।
भेड़िये का आना जरूरी है
तुम्हें खुद को पहचानने के लिए
निर्भय होने का सुख जानने के लिए
मशाल उठाना सीखेन के लिए।
इतिहास के जंगल में
हर बार भेड़िया मांद से निकाला जायेगा।
आदमी साहस से, एक होकर
मशाल लिए खड़ा होगा
इतिहास जिन्दा रहेगा
और तुम भी
और भेड़िया?[6]

स्पष्ट है कि समकालीन कविता में जिस ऊब, संत्रास, निराशा, अकुलाहट एवं आक्रोश को व्यंजित किया गया है, वह प्रत्येक युग में रहा है। भेड़िये का परिवेश बदलता रहा है। इसीलिए संत्रास की स्थिति प्रत्येक युग एवं परिवेश में रही है।

इस बोध की प्रतीति धूमिल की कविताओं में कहीं आँसू तथा हाय के माध्यम से हुई है, कहीं दुःख और भय के कारण खून और आँसू से तर चेहरे से। 'राजकमल चौधरी के लिए' कविता में उसे भारतीयों की संत्रस्त स्थिति अनेक रूपों में प्रतीत होती है। कवि अपने को इन अँधेरों से बचाने का भरसक प्रयत्न करता है, पर वह नहीं निकल पाता। उसे विचित्र स्थिति का बोध अनेक सन्दर्भों में हुआ है। तभी वह कहता है–

मैं उन तमाम चुनौतियों के लिए
खुद को तैयार करना चाहता हूँ
जिनका सामना करने के लिए छत्तीस साल तक
वह आदमी अन्धी गलियों में
नफरत का दरवाजा खटखटाकर
कैंचियों की दलाली करता रहा
छत्तीस साल तक गुप्त रोगों के इलाज की जड़ी
ढूँढता रहा वेश्याओं और गँजेड़ियों के
नींद भरे जंगल में।[7]

'मोचीराम' कविता में जूते पर पड़ती चोट से कवि का लक्ष्य संत्रास बोध को भी संश्लिष्ट रूप में प्रस्तुत करता रहा है। पेट के सम्मुख सभी नतमस्तक हैं–सबसे बड़ी समस्या इसी की है। इसीलिए उसे खयाल रहता है कि

"जूते और पेशे के बीच। कहीं न कहीं एक अदद आदमी है
जिस पर टाँके पड़ते हैं
और जो जूते से झाँकती हुई अँगुली की चोट
छाती पर
हथौड़े की तरह सहते हैं।"[7]

इतना ही नहीं, कविता में अन्त में वह स्थिति का प्रभाव 'चुप' और 'चीख' में देखता हुआ कहता है–

"कुछ हैं, जिन्हें शब्द मिल चुके हैं।
कुछ हैं जो अक्षरों के आगे अन्धे हैं
वे हर अन्याय को चुपचाप सहते हैं
और पेट की आग से डरते हैं
जबकि मैं जानता हूँ कि 'इनकार से भरी हुई एक चीख'
और 'एक समझदार चुप'
दोनों का मतलब एक है–
भविष्य गढ़ने में, 'चुप' और 'चीख'
अपनी-अपनी जगह एक ही किस्म से

अपना-अपना फर्ज अदा करते हैं।''[7]

'गृहस्थी : चार आयाम में' यह संत्रास विवशता एवं प्रतीक्षा का रूप धारण कर लेता है। उसकी वैयक्तिक अनुभूति की कविता व्यापक सन्दर्भ ग्रहण कर लेती है। यथा–

''मेरी भुजाओं में कसी हुई
तुम मृत्यु की कामना कर रही हो
और मैं हूँ–
कि इस रात के अँधेरे में
देखना चाहता हूँ–धूप का
एक टुकड़ा तुम्हारे चेहरे पर।
रात की प्रतीक्षा में
हमने सारा दिन गुजार दिया है
और अब जब कि रात
आ चुकी है
हम इस गहरे सन्नाटे में
बीमार बिस्तर के सिरहाने बैठकर
किसी स्वस्थ क्षण की
प्रतीक्षा कर रहे हैं।''[8]

'मैं हूँ' कविता में संत्रास को आत्मानुभूति के स्तर पर व्यंजित किया गया है। कवि स्वयं को कई रूपों में कविता में प्रस्तुत करना चाहता है। इसलिए कविता के आरम्भ में वह कहता है–'

'मुझे लिखो,
मैं कटी हुई अँगुलियाँ हूँ जिसे भूख ने खा लिया है।
मैं हूँ अथाह रुदन, अन्धकार के आर-पार
जिसे एक टूटे हुए हृदय ने
खुद को जोड़ने के लिए गा दिया है।''[8]

आज के परिवेश की विचित्रता का चरम इस रूप में द्रष्टव्य है कि सभी अपनी व्यवस्थाओं में बीमार हैं। जीवन की रिक्तता, अँधेरे की भयावह स्थिति को आज के परिवेश की यन्त्रणा कह सकते हैं। चारों ओर इस संत्रास-बोध के कारण संशय, अनास्था, अविश्वास, कुण्ठा, ऊब, निराशा, अकेलापन, टूटन की स्थिति व्याप्त है–इनके मूल में 'भूख' की विवशता के साथ युग का अन्धापन सर्वत्र विद्यमान है।

धूमिल की विशेषता इस बात में है कि वह चारों ओर व्याप्त अन्धापन देखता है, महसूस करता है तथा अनुभव के क्षणों को अभिव्यक्ति प्रदान करता है। वह

इस संत्रस्त स्थिति से स्वयं को भी ग्रसित मानता है। इसीलिए उसे लगता है कि उसकी स्थिति सम्पूर्ण देश की स्थिति का बोध करा रही है, जहाँ हाथ काले हैं आँखों पर जाले हैं, जिह्वा चुप है तथा होठों पर ताले लगे हुए हैं–इतना ही नहीं, टखनों में जाड़ा व्याप्त है–उसे अपना जीवन लार लपकाती हुई नेकर का नाड़ा प्रतीत होता है, जिसे उसके अपने दुःख ने उसे पिछाड़ दिया है। इस दुःख को हम व्यापक सन्दर्भ में प्रयुक्त समझते हैं। इसीलिए वह 'प्रवेश-पत्र' में कहता है–

आओ! मेरी आत्मा अन्धी है
मेरा दुःख पीठ पर बँधा है
वसन्त सिर्फ पेड़ों की आदत का
हिस्सा है,
जहाँ छायाओं में झुलसे हुए
चेहरे लेटे हुए हैं।[8]

'एक आदमी' रचना में इस स्थिति का एहसास भिन्न रूप में होता है। उसके पास एक आदमी जो अपनी उपस्थिति पर अनायास खाँसता हुआ प्रतिदिन आता है, कवि को उसकी स्थिति विचित्र प्रतीत होती है जो वक्त के साथ बेचैनी से बीतता हुआ भी एक 'मर्द' होने का संकल्प किये है–उसके सूजे हुए चेहरे पर मौसमों की उँगलियाँ अलग-अलग उपटी हुई हैं। युद्धोपरान्त स्थिति का संत्रास तो सर्वत्र स्पष्टतः प्रतीत होता है–लोगों के दुःख, कराहट एवं भविष्य के प्रति निराशा-भरा आक्रोश। पर 'जनतंत्र' का संत्रास कवि की दृष्टि में बहुत गहरा है जिसे उसने अनेक समस्याओं के रूप में देखा है। इसीलिए 'जनतंत्र के सूर्योदय में' कविता में वह कुछ विचित्र स्थिति देखता है–"रक्तपात–

कहीं नहीं होगा
सिर्फ, एक पत्ती टूटेगी।
एक कन्धा झुक जायेगा।
फड़कती भुजाओं और सिसकती हुई आँखों को
एक साथ लाल फीतों में लपेटकर
वे रख देंगे
काले दराजों के निश्चल एकान्त में
जहाँ रात में
संविधान की धाराएँ
नाराज आदमी की परछाई को
देश के नक्शे में बदल देती हैं।"[9]

संत्रास-बोध की स्थिति धूमिल की स्फुट रचनाओं में एक अन्य आयाम को प्राप्त करती प्रतीत होती है। 'हवा की मौत' कविता में कवि परिवेश में व्याप्त भयावह

एवं संत्रस्त स्थिति में सब कुछ विचित्र रूप में देखता है। इसको वह हवा की मौत के रूप में प्रस्तुत करता है। कविता के आरम्भ में वह देखता है–

"सन्नाटे में
दूर-दूर तक बदबू
महक रही है :
अरे नहीं–यह पहली मौत नहीं है
इससे पहले कई हवाएँ और मर चुकी हैं...अन्धकार को चूस रहा
बँधी मुट्ठियों वाले
इस निर्वीर्य नगर में
लोगों की दातौन
खून से भरी हुई है।"[10]

इसके बाद की स्थिति को वह एक अपमानित क्षण के रूप में प्रस्तुत करता हुआ उसमें व्याप्त भय, बेबसी एवं विद्रूपता का चित्रण करता है। हवा की मौत की भाँति समस्त परिवेश इसी संत्रास की स्थिति में स्वयं से बार-बार संघर्षरत दीखता है।

'एक सैनिक का सवाल' कविता में क्रान्ति और विद्रोह का पक्षधर कवि इसे (युद्ध को) विनाशक घोषित करता है। इससे किसी प्रकार का स्थायी समाधान सम्भव नहीं है। युद्धोपरान्त सिर्फ दीखता है तो परिवेश में व्याप्त संत्रास। इसीलिए वह कहता है–

'हवा गन्धक के बोझ से लड़खड़ाती है
आवाज की टूटी हुई हड्डियों में
फास्फोरस दहकता है
शब्दों में सोये हुए पत्थर चौंकते हैं
और आदमी का साहस
मरे हुए चूने-सा महकता है
युद्ध हमें इसके अतिरिक्त और क्या देता है।"[10]

टिप्पणी-संकेत

1. हुकुमचन्द राजपाल, विविध-बोध : नये हस्ताक्षर (इलाहाबाद : स्मृति प्रकाशन, 1976)
2. "The attribute to awe and majesty.
Wherein doth sit the dread and fear of kings:
But mercy is above this aceptred sway.

Shakespeare, "The Merchant of Venice," ed. Quillercouch, (London : Cambridge University Press, 1968), p. 69.

3. हिन्दी साहित्य कोश (भाग 1) (वाराणसी : ज्ञानमण्डल, सं 2020), पृ. 579

3A. अमृतराय, आधुनिक भावबोध की संज्ञा (इलाहाबाद : हंस प्रकाशन, 1972) पृ. 127 से उद्धृत

4. कल सुनना मुझे, पृ. 25

5. संसद से सड़क तक, पृ. 112, 121-3

6. सर्वेश्वर दयाल सक्सेना, 'भेड़िया', 'छाया के बाद', 'सम्पादक मुजीब रिजवी तथा अशोक चक्रधर (नयी दिल्ली, मैकमिलन, 1978), पृ. 181

7. संसद से सड़क तक, पृ. 48, 44, 46

8. कल सुनना मुझे, पृ. 50, 51, 62, 72

9. संसद से सड़क तक, पृ. 13

10. 'आवेग' (अंक 22, 1968), पृ. 3 तथा 6

षष्ठ अध्याय

व्यंग्य-बोध : विविध सोपान और काव्य-संकेत

समकालीन कविता में व्यंग्य-बोध को विशेष स्थान प्राप्त है। युगीन सन्दर्भों, स्थितियों को वास्तविक रूप में उजागर कर कवि उसके प्रति अपनी रुचि-अरुचि का परिचय अप्रत्यक्ष रूप में प्रस्तुत करता है। बहुत कुछ वह अनकहा छोड़ देता है, बहुत कुछ वह 'विरोध' में व्यक्त करता है—पाठक कवि के मन्तव्य को सन्दर्भ से जोड़कर पकड़ता है—इन सबमें 'व्यंग्य-बोध' एक सशक्त माध्यम है।

समकालीन बोध की चर्चा करते समय जहाँ संशय-बोध, संत्रास-बोध, अपमान-बोध (अनास्था-विसंगति, कुण्ठा, अलगाव, विद्रूपता) इत्यादि विविध स्थितियों (भावों) का उल्लेख किया जाता है—वहाँ व्यंग्य-बोध का समावेश अपेक्षित है। साहित्य की किसी भी विधा में ये बाध प्रत्यक्ष अथवा अप्रत्यक्ष रूप में देखे जा सकते हैं। विशेषकर छायावादोत्तर हिन्दी काव्य में इन भावों (जिन्हें दुष्प्रवृत्तियाँ-मनोविकार भी नाम दिया जाता है) का समावेश अपेक्षाकृत अधिक हुआ है। पूर्व के कवियों में 'निराला' का विशेष महत्त्व है। उनकी 'कुकुरमुत्ता' में व्यंग्य-बोध के सम्यक् निर्वाह के साथ सार्थक अभिव्यक्ति हुई है। 'नयी कविता' के कवि तो व्यंग्य-प्रहार से कभी चूकते ही नहीं। नये कवियों में धूमिल की कविताओं में व्यंग्य-बोध की गहनता एवं प्रभावात्मकता देखी जा सकती है। इसीलिए इनकी रचनाओं में व्यंग्य-बोध के आयामों को प्रस्तुत करने से पूर्व व्यंग्य-बोध की सैद्धान्तिक चर्चा अपेक्षित है।

व्यंग्य : शाब्दिक अभिप्राय

'व्यंग्य' शब्द का प्रचलन हिन्दी काव्य-क्षेत्र में अधिक पुराना नहीं है। जैसे भारतीय साहित्यशास्त्र में वक्रोक्ति, उपालम्भ एवं हास्य तो होता है, पर व्यंग्य पर पृथक से नहीं। हिन्दी शब्दकोशों में व्यंग्य के निकटतम शब्दों में हास-परिहास, वाग्वैदग्ध्य, वक्रोक्ति, प्रहसन तथा उपालम्भ इत्यादि शब्द प्रयुक्त किये गये हैं, पर इनमें से किसी में भी व्यंग्य सरीखी व्यापकता उपलब्ध नहीं होती। फिर शब्द-विवेचन में इनसे तुलना अपेक्षित है।

व्यंग्य-शब्द अंग्रेजी के सैटायर (Satire) शब्द का हिन्दी रूपान्तर है। विदेशी विद्वानों ने इस शब्द की व्याख्या एवं उचित प्रयोग पर विशष बल दिया है। हिन्दी में व्यंग्य का इस्तेमाल अंग्रेजी ढर्रे पर किया जाता है—उसमें चेतना, मूलतः भारतीय ही रहती है। संस्कृत आचार्यों ने व्यंग्य को व्यापक सन्दर्भ प्रदान करते हुए उसे 'शब्द' की व्यंजना-वृत्ति के द्वारा प्रकट होने वाला अर्थ' अथवा 'किसी भी शब्द का परतदार अर्थ या वृत्तानुगामी झंकारमय व्यंजना' प्रतिष्ठित किया है। वस्तुतः व्यंग्य किसी व्यक्ति अथवा समाज की न्यूनता, बुराई, घटियापन को सीधे-सपाट शब्दों में व्यक्त न कर टेढ़ी शब्दावली कहा जाता है। सामान्य भाषा में इसे ताना, चुटकी भी कहा जाता है।

'सैटायर' शब्द के लिए कोशों में कई शब्द प्रयुक्त हुए हैं। डॉ. कामिल बुल्के ने इसके अनेक अर्थों का उल्लेख किया है। यथा : व्यंगिका, व्यंग्य रचना, प्रहसन, व्यंग्य, उपहास तथा विद्रूप।[1]

'व्यंग्य' शब्द की व्युत्पत्ति 'वि' उपसर्ग तथा 'अंग' धातु से हुई है। 'व्यङ्ग' तथा 'व्यंग्य' में दूसरे का प्रचलन अधिक है। भारतीय वाङ्मय में प्रयुक्त व्यंग्य 'सैटायर' का पर्याय रूप नहीं था। वैसे प्राचीनकाल से व्यंग्यात्मक स्थितियों का उल्लेख अवश्य मिल जाता है। डॉ. रामखेलावन पाण्डे का अभिमत है—"ऐसे तो व्यंग्यात्मक आवेश वेदों में मिल सकते हैं, किन्तु नाट्य-शास्त्र में व्यंग्यात्मकता के संकेत स्पष्ट हैं। सिद्ध-साहित्य में पूजा-पाठ करने वाले पण्डितों, गंगा-स्नानादि पुण्य कर्म मानने वाले पौराणिक धर्मावलम्बियों पर व्यंग्य किये गये हैं।"[2] डॉ. शेरजंग गर्ग ने अपने शोध-प्रबन्ध में पुराने कवियों में व्यंग्य के सर्वाधिक समर्थ और आधुनिक अर्थ में पूर्णतः सार्थक कवि कबीर को माना है। रामचरितमानस में नारद-मोह का प्रसंग, राम के वन-गमन का समाचार सुनकर आश्रमवासियों को 'ह्वै है सिला सब चन्द्रमुखी' आदि तथा सूर के कई पदों और बिहारी के अनेक दोहों को परिहास के अन्तर्गत ही रखा जा कसता है, व्यंग्य के नहीं।[3]

वस्तुतः जिस अर्थ एवं व्यापक सन्दर्भ में 'व्यंग्य' का प्रयोग आज साहित्य में हो रहा है—भारतीय वाङ्मय में प्रयुक्त व्यंग्य का पर्याय नहीं कहा जा सकता,

क्योंकि इसकी चर्चा 'हास्य' के अन्तर्गत परिहास के रूप में की जाती थी। आज के साहित्य में व्यंग्य-बोध व्यर्थ में प्रयुक्त नहीं होता, सोद्‌देश्यता उसका प्राण है।

परिभाषाएँ एवं स्वरूप-विश्लेषण

विदेशी एवं भारतीय विद्वानों ने व्यंग्य के सम्बन्ध में अपने-अपने ढंग की परिभाषाएँ दी हैं। अधिकांश विद्वानों ने हास्य के रूप में व्यंग्य का उल्लेख किया है। भारतीय प्राचीन ग्रन्थों में इसकी चर्चा हास्य, परिहास अथवा उपहास के रूप में की जाती है। 'हास्य' में बुद्धिविकार के अन्तर्गत 'व्यंग्य' तथा 'विकृति' दो भेद माने गये हैं। अब व्यंग्य की स्वतंत्र व्याख्या की जाती है—हास्य के सहायक के रूप में नहीं। यही कारण है कि पहले की परिभाषाओं एवं स्वरूप-विश्लेषण में इसे हास्य का सहयोगी माना जाता रहा है।

'इनसाइक्लोपीडिया ब्रिटेनिका' में व्यंग्य को साहित्यिक दृष्टि से उपहासास्पद अथवा अनुचित वस्तुओं से उत्पन्न विनोद या घृणा-भाव को सम्यक् रूप से अभिव्यक्ति का साधन माना गया है, जिसमें हास्य भी रहता है और इसी हास्य के फलस्वरूप व्यंग्य साहित्यिक रूप धारण कर पाता है।[4]

ए. निकल (A. Nicoll) का अभिमत है—"व्यंग्य में भौतिकता के प्रति आक्रोश होता है। इसमें दया, करुणा, उदारता के लिए गुंजाइश नहीं होती। मनुष्य की शारीरिक असम्बद्धता एवं सामाजिक असम्बद्धता पर यह निर्दयता से प्रहार करता है। व्यंग्य इस सीमा तक कटु हो सकता है कि वह किंचित् भी हास्यजनक न हो। व्यंग्य बहुत तीखा वार करता है। इसमें नैतिक बोध नहीं होता है।"[5]

मेरिडिथ ने व्यंग्यकार के स्वरूप-उद्‌घाटन में व्यंग्य की चर्चा की है। लेखक का अभिमत है—"व्यंग्यकार एक सामाजिक ठेकेदार होता है, बहुधा यह एक सामाजिक सफाई करने वाला होता है, जिसका काम गन्दगी के ढेर को साफ करना होता है तथा हास्यास्पद का इतना अधिक मजाक उड़ाया जाये कि उसमें दयालुता समाप्त हो जाये—यहीं व्यंग्य का प्रवेश-द्वार खुलता है।"[6]

जोनाथन स्विफ्ट (Jonathan Swift) ने व्यंग्य को एक ऐसा शीशा स्वीकार किया है जिसमें प्रेक्षक सामान्यतः प्रत्येक के चेहरे खोजते हैं। (Satire is a sort of glass where in beholders do generally discover everybody's face but their own.)[7]

बायरन (Byron) का कहना है कि मूर्ख मेरा थीम है, तो व्यंग्य मेरा गीत होगा (Fools are my theme, let satire be my song).[8]

व्यंग्य की अधिकांश परिभाषाओं एवं स्वरूप-विश्लेषण में इसका स्थिति-सापेक्ष होना स्वीकार किया गया है। इसमें व्यक्ति एवं समाज अथवा देश में विसंगतियों,

अन्यायों, विरोधी स्थितियों एवं दुर्बलताओं का पर्दाफाश किया जाता है—'हास्य' का भाव कम खीझ एवं कसक की स्थिति अधिक होती है। क्रोध एवं आक्रोश सरीखी मनःस्थितियों की अभिव्यक्ति का व्यंग्य सार्थक माध्यम है।

यहाँ यह भी उल्लेख्य है कि व्यंग्य का स्वरूप-विश्लेषण कई दृष्टियों से किया गया है। इसका मनोवैज्ञानिक आधार महत्त्वपूर्ण है। मनोवैज्ञानिक जे.सी. गेगोरी (J.C. Gegory) का अभिमत है कि क्रुद्ध व्यक्ति कई प्रकार की प्रतिक्रियाएँ व्यक्त करने के साथ-साथ व्यंग्य भी कर सकता है। (An angry man may send his children to bed, cut off his son with a shilling, charge his politics, bring a libel suit, write a satire.)[9]

उपर्युक्त व्यंग्य-सम्बन्धी कुछ परिभाषाएँ एवं रूप-विश्लेषण विषयक अभिमत के साथ भारतीय विद्वानों के व्यंग्य-सम्बन्धी विचारों का उल्लेख जरूरी है। वस्तुतः आज व्यंग्य जिस अर्थ का व्यंजक प्रयुक्त हो रहा है—उसका अधिकांश रूप पाश्चात्य विद्वानों के मतों के अनुरूप है। अब व्यंग्य का प्रयोग अत्यन्त गहन एवं व्यापक रूप में होने लगा है। इसकी अभिव्यक्ति में लेखक को सतर्क रहना पड़ता है। शब्द-प्रयोग में काफी ध्यान रखना अपेक्षित है, अन्यथा इसका प्रभाव विपरीत भी हो सकता है। इसलिए व्यंग्य-लेखक को हास्य-लेखक की अपेक्षा अधिक सूक्ष्म द्रष्टा एवं सजग होना चाहिए। आज उसकी दृष्टि में मात्र समाज-सुधार घोषणा करना नहीं रहा—उसके आक्रोश, खीझ एवं फटकार में भी स्थूलता एवं प्रत्यक्ष-बोध अथवा प्रहार अधिक रहता है। यही कारण है कि आधुनिक व्याख्याकारों ने व्यंग्य के स्वरूप-विश्लेषण में समान स्थितियों का उल्लेख किया है।

आचार्य हजारी प्रसाद द्विवेदी का अभिमत है—'व्यंग्य वह है, जहाँ कहने वाला अधरोष्ठ में हँस रहा हो और सुनने वाला तिलमिला उठा हो और फिर भी कहने वाले को जवाब देना अपने को और भी उपहासास्पद बना लेना हो जाता है।[10] पर डॉ. रामकुमार वर्मा की दृष्टि में आक्रमण करने की दृष्टि से वस्तुस्थिति को विकृत कर उससे हास्य उत्पन्न करना ही व्यंग्य है।" दोनों विद्वानों की हास्य पर दृष्टि अधिक रही है, व्यंग्य पर कम। यहाँ व्यंग्य हास्य का आश्रित है जबकि आज के साहित्य विशेषकर कविता में व्यंग्य-बोध में हास्य की अवस्थिति अनिवार्य नहीं समझी जाती। इसलिए हरिशंकर परसाई का कथन है कि—'व्यंग्य जीवन से साक्षात्कार करता है, जीवन की आलोचना करता है, विसंगतियों, मिथ्याचारों और पाखण्डों का पर्दाफाश करता है।...यह नारा नहीं। मैं यह कह रहा हूँ कि जीवन के प्रति व्यंग्यकार की उतनी निष्ठा होती है जितनी गम्भीर रचनाकार की, बल्कि ज्यादा ही।...अच्छा व्यंग्य सहानुभूति का सबसे उत्कृष्ट रूप होता है।" मधुकर गंगाधर ने व्यंग्य की वास्तविकता को भावमय ढंग से व्यक्त करते हुए कहा है—'व्यंग्य—मतलब ऐसी अर्थ-व्यंजना, जिसमें सत्य की आत्मा है, निर्भीकता की

काया है। हास्य का झीना वस्त्र है और असत्य पर प्रहार करने की तत्परता है। वाक्-वैदग्ध्य और विलक्षणता का नासा-पुट है। युद्धोद्यत प्रहारधर्मी व्यंग्य धीरोदत्त हाथ में जयी अस्त्र होता है, सीकिया प्रयोगी इसे फेंककर अपना ही दाँव गँवाता है।'

डॉ. शेरजंग गर्ग ने व्यंग्य को पाश्चात्य एवं भारतीय विद्वानों की परिभाषाओं का उल्लेख करने के पश्चात् समेतिक परिभाषा इस प्रकार की–"व्यंग्य एक ऐसी साहित्यिक अभिव्यक्ति या रचना है, जिसमें व्यक्ति तथा समाज की कमजोरियों, दुर्बलताओं, करनी एवं कथनी के अन्तरों की समीक्षा अथवा निन्दा भाषा को टेढ़ी भंगिमा देकर अथवा कभी-कभी पूर्णतः सपाट शब्दों में प्रहार करते हुए की जाती है। वह पूर्णतः अगम्भीर होते हुए गम्भीर हो सकती है, निर्दय लगते हुए दयालु हो सकती है। प्रहारात्मक होते हुए तटस्थ लग सकती है, मखौल लगती हुई बौद्धिक हो सकती है, अतिशयोक्ति एवं अतिरंजना का आभास देने के बावजूद पूर्णतः सत्य हो सकती है। व्यंग्य में आक्रमण की उपस्थिति अनिवार्य है।"[10]

व्यंग्य-बोध की व्यापकता का परिचय इस बात से मिल जाता है कि इसकी चर्चा में मनोवैज्ञानिक एवं काव्य-शास्त्रीय दृष्टि का उल्लेख भी आवश्यक है। वस्तुतः व्यंग्य की महत्ता उसके स्थूल प्रतिपादन की अपेक्षा सूक्ष्म-निर्वाह में आवश्यक है। इसमें ऊपरी धरातल पर चुलबुलापन एवं सूक्ष्म प्रहारात्मक दृष्टि अधिक होती है। यही कारण है कि व्यंग्यकार को काफी सतर्क रहना पड़ता है। इसमें जरा भी ढील आने पर कथन के प्रभाव में कमी तो आती है–साथ ही इसका विपरीत प्रकार भी हो सकता है इसलिए हास्य-काव्य रचयिता की अपेक्षा व्यंग्य-काव्य रचयिता का कार्य जटिल होता है। समकालीन कविता में व्यंग्य-बोध का वास्तविक रूप देखा जा सकता है। धूमिल की कविताओं में इसीलिए हास्य की अपेक्षा व्यंग्य-प्रहार अधिक हुआ है।

'व्यंग्य' के तथाकथित समप्रचलित शब्द

व्यंग्य-बोध के स्वरूप-विश्लेषण में हमने कहीं-कहीं हास्य (Humour) का उल्लेख किया है। इसके साथ उपहास (Sarcasm), परिहास, वाग्वैदग्ध्य (Wit), पैरोडी (Parody), वक्रोक्ति (Irony), प्रहसन (Comedy), तथा उपालम्भ (Complaint) इत्यादि शब्दों की चर्चा की जाती है। जैसा कि हम प्रतिष्ठित कर चुके हैं कि प्रयोजन के आधार पर व्यंग्य एवं हास्य में स्पष्ट अन्तर आ जाता है। इसीलिए निष्प्रयोजन हास्य-व्यंग्य की सीमा में नहीं आ पाता। इसी प्रकार उपहास, परिहास एवं प्रहसन में हास्य का पक्ष अधिक होता है–गहनता एवं सूक्ष्मता के व्यंग्य-बोध का अभाव होता है। पैरोडी में व्यंग्य हो, आवश्यक नहीं–इसमें व्यर्थ का हास्य हो सकता है।

जहाँ तक वक्रोक्ति तथा वाग्वैदग्ध्य का सम्बन्ध है—इन्हें स्पष्टतः व्यंग्य के समकक्ष तो नहीं माना जा सकता, पर इनके आश्रय से व्यंग्य-बोध की अभिव्यक्ति सम्भव है। वस्तुतः इन्हें तथा व्यंग्य को क्रमशः अंग-अंगी, साधन-साध्य माना जा सकता है। उपालम्भ में व्यंग्य-प्रहार की अपेक्षा शिकायत का भाव अधिक रहता है। उदाहरणार्थ सूर की गोपियाँ ऊधो के माध्यम से कृष्ण के प्रति उपालम्भ का भाव व्यक्त करने के साथ ही कहीं-कहीं तीखा व्यंग्य-प्रहार भी करती हैं। अतः हम डॉ. शेरजंग गर्ग के इस निष्कर्ष से सहमत हैं कि—'स्पष्ट है कि व्यंग्य समान लगने वाले इन रूपों से किन्हीं बिन्दुओं पर मेल खाते हुए भी, अपने मूलरूप में सर्वथा भिन्न है। उसकी कोई न कोई विशेषता उसे इन सभी रूपों से अलग स्थिति प्रदान करती है।' लेखक ने अपने प्रबन्ध में व्यंग्य की तुलना करते हुए इसकी रस तथा साधारणीकरण के सन्दर्भ में सविस्तार चर्चा की है।

व्यंग्य के प्रकार

व्यंग्य-बोध किसी एक स्थिति अथवा सीमा से आबद्ध नहीं किया जा सकता है। इसमें स्थूल एवं सूक्ष्म दोनों प्रकार की अभिव्यक्ति हो सकती है। इसके भेद-प्रकारों की चर्चा विशिष्ट व्यंग्यकारों के आधार पर भी की जाती है। दो रोमन कवियों होरस (Horace) तथा जूवेनल (Juvenal) के नाम पर होरेसन व्यंग्य (Horatian Satire) तथा जूवेनल व्यंग्य (Juvenal Satire), व्यंग्य के दो भेद किये जाते रहे हैं, जबकि ड्राइडन (Dryden) ने इन भेदों को अस्वीकारा है। इनका अभिमत है कि हारेस सदैव मन्थर गति (amble) में रहता है जबकि जूवैनल सरपट (gallop) गति में रहता है। नार्थरोप फ्राय (Northrop Frye) ने अभी हाल ही में व्यंग्य के सम्बन्ध में एक अन्य प्रकार की घोषणा की है। इसका नाम लेखक ने मेनीपस कवि (Menippus) के कारण मेनीपीन व्यंग्य (Menippean Satire) दिया है। व्यंग्य-भेद की अपेक्षा मानसिक व्यवहार पर आधारित है। इसलिए इसके प्रकारों की गणना असम्भव ही नहीं जटिल समस्या है।

सामान्यतः व्यंग्य को अप्रत्यक्ष व्यंग्य (Indirect Satire) एवं सामान्य व्यंग्य (Formal Satire) दो भागों में बाँटा जाता है। मेनीपीन व्यंग्य को अप्रत्यक्ष व्यंग्य के समरूप ठहराया जाता है, प्रेरणा एवं प्रभाव के आधार पर भी कुछ विद्वानों ने व्यंग्य के निम्न प्रकार निर्धारित किये हैं। तालिका इस प्रकार है :

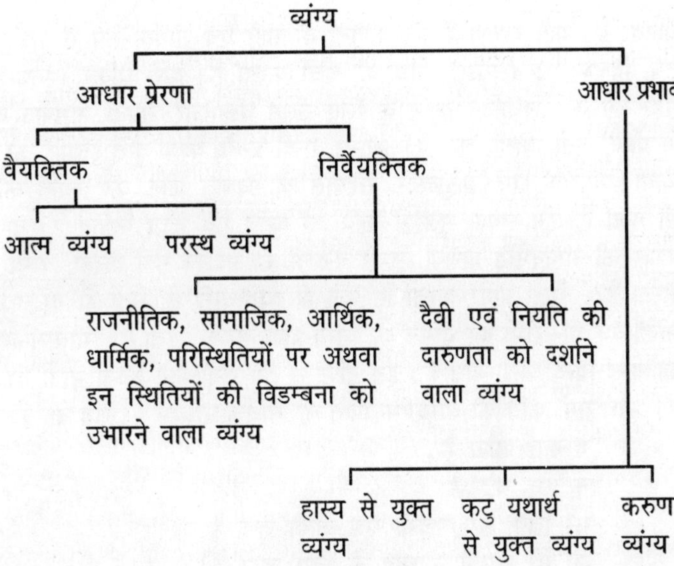

तालिका में निर्दिष्ट व्यंग्य के विभिन्न प्रकारों से स्पष्ट है कि इसकी गणना सम्भव नहीं है, फिर भी अध्ययन की सुविधा के लिए ये विभाजन माने जा सकते हैं। धूमिल ने सपाट वक्तव्यों में व्यंग्य प्रहार किये हैं—वह बात हिन्दुस्तान, चुनाव, समाजवाद एवं पूँजीवाद की करता है—इनके मूल में उसका आक्रोश एवं व्यंग्य स्पष्ट है। अतः व्यंग्य को स्थिति एवं भाव-सापेक्ष मानकर भी सीमित नहीं किया जा सकता। समकालीन बोधों में व्यंग्य-बोध का विशेष महत्त्व है। विशेषकर नयी कविता से तो कविता के माध्यम से व्यंग्य के सूक्ष्म, गहन एवं व्यापक सन्दर्भों का परिचय होने लगा है। इसलिए तथाकथित अनास्था, अविश्वास, कुरूप, कुण्ठा, संशय, संत्रास एवं मोहभंग जैसी स्थितियों में व्यंग्य-बोध भी व्याप्त है। इस बोध का सही, समुचित एवं अवसरानुकूल प्रयोग होने पर बड़े से बड़ा अनिष्ट टल सकता है—व्यक्ति, समाज एवं देश का सुधार हो सकता है—यथा धूमिल का 'मोचीराम' तथा 'पटकथा' में व्यक्त व्यंग्य-बोध निस्सन्देह नयी चेतना, जागृति एवं प्रगति का द्योतक है। व्यंग्य-प्रहार की उपयुक्तता एवं उपयोगिता के समय, स्थान एवं स्थिति का बोध अवश्य होना चाहिए।

व्यंग्य-बोध और काव्य-संकेत

धूमिल का काव्य-लोक व्यंग्य-बोध के चारों ओर चक्कर लगता है। प्रत्येक महत्त्वपर्णू वक्तव्य (एकालाप) में कवि किसी-न-किसी विशेष सन्दर्भ को उद्घाटित करना

चाहता है। यही कारण है कि कविता के सही एवं सार्थक रूप में शब्दों, भाषा, रूप, विषय, पैठ (समझ), बोध की चर्चा करता है। वैसे व्यक्ति (पुरुष-स्त्री) के सही रूप को उद्घाटित करने के लिए उसने बलात्कार, नम्रता, गर्भपात के साथ के योनि, जूती, चोली, लूप, कोकशास्त्र, गन्दी बस्ती, वेश्या वृत्ति इत्यादि का उल्लेख किया। मासिक धर्म, बलात्कार, सहवास के पश्चात् शोक की स्थिति का वर्णन भी हुआ है–इन सबके मूल में कवि का व्यंग्य एवं खीझ निहित है। वह किसी प्रकार की सहानुभूति अथवा ऊपरी करुणा का प्रदर्शन नहीं करता, व्यंग्य अवश्य करता है/–तीखा प्रहार करता है, भले ही व्यभिचारी हो, नेता हो या तथाकथित साहित्यिक हो–सभी को धूमिल का व्यंग्य-प्रहार सहना पड़ता है। 'मोचीराम' कविता का केन्द्र-बिन्दु व्यंग्य-बोध है। इस दृष्टि से इसे सर्वोत्कृष्ट रचना माना जा सकता है। 'मोचीराम' कवि की व्यंग्याभिव्यक्ति का सार्थक माध्यम है। जब वह कहता है–

न कोई छोटा है
न कोई बड़ा है
मेरे लिए, हर आदमी एक जोड़ी जूता है
जो मेरे सामने मरम्मत के लिए खड़ा है।
आजकल
कोई आदमी जूते की नाप से बाहर
नहीं है।[11]

स्पष्ट है कि प्रत्येक की दृष्टि पेशे पर केन्द्रित है। वर्ग-भेद से कवि ऊपर उठना चाहता है। मोचीराम अपने पेशे (कार्य) के प्रति वफादार है–हर रोज तरह-तरह के लोग उसके पास जूता मरम्मत कराने के लिए आते हैं, उसके अपने वर्ग (छोटी जाति) के लोग भी आने वालों में है। अधिकांश लोगों का उसके प्रति व्यवहार ठीक नहीं होता–कुछ पैसे देने में झगड़ते हैं। जूते के माध्यम से भिन्न-भिन्न जाति एवं संस्कारों के लोगों का पर्दाफाश करते हुए धूमिल कहीं-कहीं तीक्ष्ण व्यंग्यप्रहार भी करता है।

''यहाँ तरह-तरह के जूते आते हैं। आदमी की अलग नवैयत
मोतीराम जूतों को भली-भाँति पहचानता है।
बतलाते हैं
सबकी अपनी-अपनी शक्ल है
अपनी-अपनी थैली है
मसलन का जूता है
जूता क्या है–चकत्तियों की थैली है
इसे एक चेहरा पहचानता है...
बाबू जी। इस पर पैसा क्यों फूँकते हो?...कैसे आदमी हो :। अपनी जाति
पर थूकते हैं।''

सामान्य जाति के माध्यम से मध्यवर्गीय लोगों की 'प्रदर्शन वृत्ति' को चित्रित किया है, इससे उन पर अच्छा-खासा व्यंग्य प्रहार भी। इस वर्ग के लोग अपने से छोटे पर किस प्रकार गुर्राते हैं—पैसे देते समय उनकी नानी मर जाती है, काम करवाते समय वह हिटलर का नाती बनने का नाटक करता हुआ कहता है—जूते का यह भी ठीक कर—चमका भी दो पर उसका हिटलर पैसे से नाट जाता है और स्वयं को 'शरीफ' घोषित कर कुछ सिक्के उसके आगे डाल चल देता है। प्रायः मध्यवर्गीय लोगों की प्रवृत्ति इसी प्रकार की रही है—जूता तो एक उदाहरण एवं माध्यम है—उनके प्रत्येक कार्य में दिखावा है। कवि का व्यंग्य भी कम नहीं है—

> ''ओफ्फ। बड़ी गर्मी है।' रुमाल से हवा, करता है
> मौसम के नाम पर बिसूरता है
> सड़क पर आतियों-जातियों को
> बानर की तरह घूरता है
> गरज वह घण्टे भर खटवाता है।''

मनोवृत्ति का सही चित्रण किया गया है।

मोचीराम पेशे से भले ही जूतियों की मरम्मत करता रहा है, पर उसकी परख पैनी है—वह एक चिन्तक की भाँति विश्लेषण करता है (भले ही कवि का चिन्तक-रूप है)। उसे पेशे पर लगी चोट कील तरह सालती है, तभी कहता है—

> ''असल बात तो यह है कि जिन्दा रहने के पीछे
> अगर सही तर्क नहीं है तो
> रामनामी बेचकर या रण्डियों की
> दलाली करके रोजी कमाने में
> कोई फर्क नहीं है और यही वह जगह है जहाँ हर आदमी
> अपने पेशे से छूटकर
> भीड़ का ठमकता हुआ हिस्सा बन जाता है।''

धूमिल इस कविता में वर्ग एवं अर्थ समस्या से भली-भाँति परिचित प्रतीत होता है—उसके निजी अनुभव सही है—विवशता का बोलबाला है। इसलिए मोचीराम सरीखे लोग सब कुछ जानते हुए,

> ''वे हर अन्याय को चुपचाप सहते हैं
> और पेट की आग से डरते हैं। जबकि मैं जानता हूँ कि, 'इनकार से
> भरी
> हुई एक चीख
> और एक समझदार चुप'। दोनों का मतलब एक है—
> भविष्य गढ़ने में, 'चुप' और 'चीख'
> अपनी-अपनी जगह एक ही किस्म से

अपना-अपना फर्ज अदा करते हैं।"

धूमिल का व्यंग्य पैना और तीक्ष्ण होता है—दिखने में भले ही सहज लगे। वही वह कहकर

"सन्त और सिपाही में
देश का सबसे बड़ा दुर्भाग्य कौन है?" (पृ. 12)
"शहर की समूची पशुता के खिलाफ
गलियों में नंगी घूमती हुई
पागल औरत के 'गाभिन पेट' की तरह
सड़क के पिछले हिस्से में
छाया रहेगा पीला अन्धकार...तुम चुप रहोगे और लज्जा के साथ
उस निर्णय गूंगेपन से सहोगे—
यह जानकर कि तुम्हारी मातृभाषा
उस महरी की तरह है जो
महाजन के साथ रातभर
सोने के लिए
एक साड़ी पर राजी है।"

धूमिल का व्यंग्य (खीझ) मध्यवर्गीय लोगों पर जरूर है, पर कहीं-कहीं वह सहानुभूति का भी स्पर्श करता है। देश के तथाकथित शराफत के ठेकेदारों और राजनीतिज्ञों पर तीखा व्यंग्य प्रहार किया गया है। जनतंत्र, तिरंगा, पंचवर्षीय योजना, पंचशील, सफेद टोपी, संविधान, समाजवाद

("मगर मैं जानता हूँ कि देश का समाजवाद
मालगोदाम में लटकती हुई
उन बाल्टियों की तरह है जिस पर आग लिखा है
और उनमें बालू और पानी भरा है)

में कवि का व्यंग्य मुखर हुआ है। जनतंत्र में कवि की आस्था नहीं है। 'शहर में सूर्यास्त' में वह जनतंत्र को सिरकटे मुर्गे की तरह मानता है।

"काव्य नायक शब्दों में और हवा में एक चमकदार गोल शब्द
फेंक दिया है—जनतंत्र
जिसकी रोज सैकड़ों बार हत्या होती है
और हर बार
वह भेड़ियों की जुबान पर जिन्दा है।"

'नक्सलबाड़ी' तथा 'पटकथा' कविताओं में धूमिल का व्यंग्य-बोध राजनीति से सम्बन्धित अधिक है। नक्सलबाड़ी आन्दोलन की असफलता से कवि क्षुब्ध है क्योंकि इसके मूल में वे स्वार्थान्ध व्यवस्थापन्थी लोगों का विरोध मानता है। ऐसे

वर्णनों में व्यंग्य के साथ विद्रोही स्वर भी ध्वनित होता है तथा–

"वह एक खुला हुआ है कि आदमी
...दायें हाथ की नैतिकता से
इस कदर मजबूर होता है
कि तमाम उम्र गुजर जाती है मगर गाँड़
सिर्फ बायाँ हाथ धोता है।"

भारतीयों की मनोवृत्तियों से धूमिल भली-भाँति परिचित है–उसे पता है कि नित्य अन्याय, पक्षपात एवं भूख का सामना करना पड़ेगा। इसलिए चुनावों से पूर्व वह नेताओं द्वारा दिये आश्वासनों के बल पर जीने का प्रयत्न कर लेता है, पर स्थिति में कोई विशेष परिवर्तन नहीं होता दीखता। देश-भक्ति व्यवस्था-भक्ति बन जाती है–सभी कुर्सी से चिपकने का अवसर खोजने में व्यस्त हैं। नेता देशवासियों के उत्थान-विकास की अपेक्षा स्वयं का हित मुख्य मानते प्रतीत होते हैं। उन्हें केवल आश्वासन देने आते हैं–लोगों को इसी आश्रय पर जीवन व्यतीत करने की प्रेरणा दी जाती है। वर्तमान को विस्मृत कर भविष्य की काल्पनिक खुशहाली का आश्वासन कवि के व्यंग्य में प्रकट हुआ है।

"अब कोई बच्चा
भूखा रहकर स्कूल नहीं जायेगा
अब कोई छत बारिश में
नहीं टपकेगी
अब कोई आदमी कपड़ों की लाचारी में
अपना नंगा चेहरा नहीं पहनेगा
अब कोई दवा के अभाव में
घुट-घुटकर नहीं मरेगा
अब किसी की रोटी नहीं छीनेगा
कोई किसी को नंगा नहीं करेगा
अब यह जमीन अपनी है
आसमान अपना है। जैसे पहले हुआ करता था।"

कवि के व्यंग्य-बोध की विशेषता इस बात में है कि उसमें तीखापन तो है पर बौखलाहट कम है। जबकि कुछ समीक्षक धूमिल को बौखलाया कवि घोषित करते हैं। 'पटकथा' में धूमिल ने मीठे व्यंग्य प्रहार किये हैं। लोकनायक को सम्बोधित करता हुआ कहता है कि लोग उन्हें कई बार नेता चुनते रहे ताकि देश को सही दिशा मिलती रहे, पर विश्व-शान्ति एवं पंचशील सूत्रों में सब लिखित रूप में रह गया।

"समझता रहा मैं खुद को

समझता रहा—जो मैं जरूर हूँ
वही होगा। हमेशा—आज नहीं तो कल
मगर सब कुछ सही होगा।''

'सही' शब्द का व्यंग्य-बोध स्पष्ट है कि अब उसे सुधार का कोई आशा नहीं रह गयी है, क्योंकि प्रान्तों में कुछ राजनीतिक परिवर्तन होने पर उसे सिर्फ टोपियाँ बदली दिखलायी देती हैं। स्थिति अब तक वैसी है। अतः यह कहना उचित है कि धूमिल की कविता मात्र स्थिति उद्‌घाटित नहीं करती वरन् कहीं-कहीं प्रत्यक्ष अथवा अप्रत्यक्ष स्वरूप खीझ एवं व्यंग्य करती है। व्यंग्य-बोध युग का सही-जागरुक, चिन्तक, नागरिक होने का दावा करता है। यदि कवि आज जीवित होता तो सम्भवतः उसे अपनी कविताओं का 'कथ्य' बदलना पड़ता। व्यंग्य रूप में जो कुछ वह 'संसद से सड़क तक' की कविताओं में कह चुका था, उसका व्यवहार पक्ष 'कल सुनना मुझे' कविताओं में व्यंजित है। आत्मविवशता पर व्यंग्य करता हुआ कवि सामूहिक व्यंग्य-चेतना की ओर अग्रसर होता है। स्वयं, घर, व्यवसाय (नौकरी) की दृष्टि में चुनाव असंख्य रोगों का एकमात्र इलाज है। वह उस चुनाव की वास्तविकता से भली-भाँति परिचित है—तभी व्यंग्यगात्मक प्रहार करता है। इतना ही नहीं उसे तो प्रत्येक दिशा में यही दिखलायी देता है—

''मूढ़ता की हरी-हरी घास लहरा रही है
जिसे कुछ जंगली पशु खूँद रहे हैं
लीद कर रहे हैं
चर रहे हैं।''[11]

धूमिल का व्यंग्य अत्यन्त तीखा है—सीधी मार करता है—वह अहिंसा को एक सत्तारूढ़ शब्द का गला काटते हुए देखता है—ईमानदारों का अपनी चोर जेबें भरना तथा विवेकशील लोगों का चापलूसों के तलवे चाटना इत्यादि व्यंग्य-प्रहार की चरम स्थितियाँ कही जा सकती हैं। वस्तुतः 'पटकथा' में तो कवि वास्तविक स्थिति के बोध से तीक्ष्ण-गहन व्यंग्य-प्रहार करता है—इसमें कहीं-कहीं उसका क्षोभ, आक्रोश भी व्यंजित हुआ है।

व्यंग्य-बोध की दृष्टि से 'मोचीराम' कविता विशेष उल्लेख्य है। इसमें मोचीराम के माध्यम से सामयिक युग की वास्तविकताओं को नाटकीय ढंग से उजागर किया गया है। मोचीराम प्रत्येक आदमी की पहचान जूते से करता है—उसकी दृष्टि में कोई छोटा या बड़ा नहीं है—बस एक जोड़ी जूता है जो मरम्मत के लिए खड़ा है। प्रस्तुत कविता की विभिन्न स्थितियों की यहाँ चर्चा कर हम पुनरावृत्ति नहीं करेंगे—वस्तुतः इस रचना में व्यंग्य-बोध सार्थक एवं सूक्ष्म ढंग से किया है। 'बीस साल बाद', 'कवि 1970' तथा 'कुत्ता' इत्यादि कविताओं में भी व्यंग्यात्मक प्रहार हुए हैं। धूमिल का व्यंग्य-बोध क्षणिक चुहल ही पैदा नहीं करता वरन् पाठक को

बौद्धिक स्तर पर सोचने को विवश करता है, इसकी समाविष्टि सार्थक है।

'कल सुनना मुझे' में संकलित कुछ कविताओं में व्यंग्य कई रूपों में किया गया है। 'एक कविता : कुछ सूचनाएँ' कविता में वह सब कुछ विचित्र रूप में पाता है। समन्वयवादियों को हत्यारा, दार्शनिकों को बनिया बतलाकर, हिजड़ों से लिंग-बोध पर भाषण कराकर, वेश्याओं द्वारा आत्मशोधपरक कवियों के पठन से प्रेम में असफल छात्राओं के अध्यापिकाएँ बनने सरीखी स्थितियों में उसने व्यंग्य प्रहार किया है। इसे उपर्युक्त विवेचित व्यंग्य के भेद-उपभेदों में देखा जा सकता है। इतना ही नहीं; उसका व्यंग्य नेताओं पर अधिक सटीक प्रतीत होता है–

(मैंने राष्ट्र के कर्णधारों को
सड़कों पर
किश्तियों की खोज में–भटकते हुए देखा है।"[12])

कहीं-कहीं यह व्यंग्य कवि स्वयं पर करता है। अपनी विवशता से वह भली-भाँति परिचित है, परिवार का अगुआ है, अपने दायित्व से जूझता रहता है। 'देश-प्रेम : मेरे लिए' कविता के आरम्भ में 'एक बीमार आदमी का वक्तव्य' सम्बोधन में तीक्ष्ण व्यंग्य बोध है–इससे देश में व्याप्त आपाधापी, स्वार्थान्धता एवं देश-प्रेम के नाम पर देशद्रोह की स्थिति में वह परिचित हो चुका है। इसीलिए उसे लगता है कि देश-प्रेम अपनी सुरक्षा का सर्वोत्तम साधन है। व्यंग्य की स्थिति पूरी कविता में द्रष्टव्य है। विशेषकर जब वह कहता है–

"(हर चीज़ साफ है–
अपने है–आप तो
सौ खून भी माफ है।)
नेकर के नीचे का सारा नंगापन
कालर के ऊपर उठ आया है :
चेहरे बड़े घिनौने लगते,
पर इससे क्या फर्क पड़ गया।
अगर बड़ी छायाओं वाले बौने लगते...।"[12]

'किस्सा जनतंत्र' में कवि का व्यंग्य दूसरे धरातल का है। रोटी-विवशता, साधनहीनता को वह बहुत कुछ अपने सन्दर्भ से प्रस्तुत करता है, पर एकाएक वह सम्पूर्ण देश की स्थिति पर अपनी खीझ व्यंग्य रूप में व्यक्त करता है।

"एक रटी हुई रोजमर्रा धुन
दुहराने लगती है
वक्त घड़ी से निकलकर
अंगुली पर आ जाता है और जूता
पैरों में, एक दँत टूटी कंघी

बालों में गाने लगती हैं।''[12]

स्पष्ट है कि कंघी का दाँत टूटे होना विवशता एवं साधनहीनता है और उस पर उसका गाना प्रस्तुत करना स्थिति पर तीक्ष्ण व्यंग्य है। व्यंग्य निज से व्यापक सन्दर्भ इसी प्रकार ग्रहण करता है।

'कल सुनना मुझे' संग्रह की अधिकांश कविताओं में व्यंग्य कवि अपनी स्थिति को आधार रूप में रखकर करता है। 'मैं हूँ' में व्यंग्य वह दूसरे अन्दाज में करता हुआ कहता है–

''कविता एक सुन्दर बगीचा है...जिसकी चारदीवारी के पीछे
कुछ भूखे बच्चे आँख मिचौनी खेल रहे हैं।
मत भूलो
कि कवि एक कुनबे का अगुआ है
जिसके सदस्य
आजादी को आक्रमण की तरह झेल रहे हैं।

उद्धरण की पंक्ति में सदस्य पूरा देश है जो स्वतंत्रता प्राप्ति के पश्चात् भी आक्रमण सरीखी यातनाओं एवं विवशताओं से ग्रसित है। जनतंत्र एवं समाजवादी नेताओं पर व्यंग्य है।' आज मैं लड़ रहा हूँ', रचना में धूमिल आज के युवकों और युवतियों पर नकली दाँतों एवं स्तनों से व्यंग्य करता है।'' 'बहुत बड़े तथ्य को वह पाठकों के सम्मुख रखना चाहता है–पूरी पीढ़ी मानो आज गुमराह हो रही है। इसीलिए वह परिवेश पर व्यंग्य करता हुआ कहता है–

''कल सुनना मुझे
जब दूध के पौधे झर रहे हों सफेद फूल
निःशब्द पीते हुए बच्चे की जुबान पर
और रोटी खायी जा रही हो चौके में
गोश्त के साथ।''[12]

धूमिल की कविताओं में व्यंग्य-बोध की सैद्धान्तिक चर्चा में किये गये विभाजन की सभी स्थितियों को देखा जा सकता है। कवि व्यंग्य-प्रहार सीमित दायरे में करता है, पर उसका प्रभाव पूरे फलक पर होता है। 'मृत्यु-चिन्ता' कविता में वह बच्चों की आँखों में अभिशाप की छाया तथा बूढ़ों के चेहरों पर पाप की परछाई से व्यंग्य करता है। एक पीढ़ी में पाप है तथा दूसरी में उसका अभिशाप निहित है। 'प्रवेश-पत्र' में धूमिल भूख की समस्या का समाधान न हो सकने के आधार पर व्यंग्य करता है–

''चोरों को सुविधा
मिली है और तुम्हें
हकारता हुआ देखता हूँ
यह देश बहुत बड़ा है

तुम अपनी भूख से इसे
भर नहीं सकते।''

'गाँव में कीर्तन' कई प्रकार की विपरीत स्थितियों की सूचना देती है। इस स्थिति में सभी अपने को कर्तव्यनिष्ठ मानते हैं। स्थिति पर व्यंग्य करता हुआ कवि कहता है–

नलकूपों की नालियाँ झरना हो गयी हैं
उनमें सब लाठियाँ बहती हैं। और पानी की जगह
आदमी का खून रिसता है।[12]

'हवा की मौत' में कवि इसके माध्यम से विवशता, ऊब, निराशा, पीड़ा को व्यंजित करता है। परिचय की बदशक्ल बेबसी तथा माहौल को ढोने की विवशता में दिखलाकर वह दूसरी तरह का व्यंग्य करता है। व्यंग्य में बहुत कुछ कवि कहना चाहकर भी नहीं कहता। वस्तुतः धूमिल का सारा काव्य समस्याओं का काव्यात्मक लेखा है जिसमें आदमी, परिवार, समाज तथा देश की विवशताओं को प्रस्तुत करता हुआ वह आँसू और हाय की स्थिति तक पहुँचता है और व्यंग्य करता हुआ 'आग', की प्रेरणा देता है। यह इसकी सार्थकता है–रचनात्मकता एवं चिन्तन के धरातल पर।

टिप्पणी-संकेत

1. कामिल बुल्के, अंग्रेजी-हिन्दी कोश (राँची : काथलिक प्रेस, 1968)
2. रामखेलावन पाण्डे–उद्धृत, विविध-बोध : नये हस्ताक्षर, पृ. 58
3. शेरजंग गर्ग, स्वातन्त्र्योत्तर हिन्दी कविता में व्यंग्य (दिल्ली : साहित्य भारती), 1973, पृ. 23
4. Encyclopedia Britanica (Vol. 16), (Chicago, Ency. Britanica, Inc, 1974), p. 270
5. A. Nicoll, The Theory of Drama (Delhi : Doaba House, 1969), p. 212
6. George Meredith, "The Idea of comedy" ed. W.K. Wimsatt (Prentice Hall : Engle wood cliffs, 1969), p. 79
7. Jonathan Swift, "The Battle of the Books," ed. Sir Henry Craik (New Delhi : Rama Brothers, 1970) p. 43
8. Byron, The Oxford Dictionary of Quotations (London : Oxford University Press, 1968), p. 117
9. J.C. Gegory, Nature of Laughter, p. 1
10. हजारीप्रसाद द्विवेदी, कबीर (दिल्ली : राजकमल प्रकाशन, 1973), पृ. 172
10. स्वातन्त्र्योत्तर हिन्दी कविता में व्यंग्य, पृ. 28
11. संसद से सड़क तक, पृ. 41-46, 12, 15, 139, 48, 73, 110, 111, 131
12. कल सुनना मुझे, पृ. 29, 14, 18, 62, 69, 72, 45

सप्तम अध्याय

इतिहास-बोध : विविध सन्दर्भ तथा प्रतिबद्धता

समकालीन कविता के विकास में कुछ कवियों में इतिहास-बोध अथवा ऐतिहासिक सन्दर्भों की संश्लिष्ट अभिव्यक्ति हुई है। कथाकाव्यों में ऐसा सम्भव है, पर लघु अथवा लम्बी कविताओं में इस बोध का निर्वाह वस्तुतः एक समस्या है। पर कविताओं के माध्यम से इतिहास-दर्शन अथवा बोध का सही-सार्थक परिचय धूमिल की कविताओं में मिलता है। यहाँ उल्लेख्य है कि धूमिल की आयाम एवं फलक में सबसे लम्बी कविता 'पटकथा' में इतिहास का बोध अत्यन्त विस्तार एवं प्रतिबद्ध कवि के रूप में प्रस्तुत है, जबकि अन्य कविताओं में इसकी व्याप्ति नवीन धरातल पर हुई है—प्रतीक, बिम्बों द्वारा ऐतिहासिक संकेत इस बोध के व्यंजक हैं। इस प्रकार हिन्दुस्तान (भारत) के गत पच्चीस-तीस वर्षों का लेखा-जोखा संश्लिष्ट स्थिति-संकेतों का यथार्थ चित्रण द्वारा कवि धूमिल हमें एक ऐसे कवि के रूप में खुलता है जिसने काव्य की जमीन को सही धरातल प्रदान किया है, चिन्तन की सार्थकता का निर्वाह हुआ है। इस प्रकार उसकी सभी रचनाएँ सोद्देश्य हैं, सपाटबयानी में शब्द-प्रयोग किसी न किसी विशिष्ट स्थिति, बोध अथवा दर्शन की ओर सांकेतिक अर्थ की अभिव्यक्ति करते हैं। यही कारण है कि नये कवियों विशेषकर समकालीन कवियों में धूमिल की विशिष्टता का एक महत्त्वपूर्ण आयाम इतिहास-बोध की काव्यात्मक अभिव्यक्ति का है। इस अध्याय में हमारा लक्ष्य 'पटकथा' एवं ऐतिहासिक बोध की अन्य रचनाओं में बोध की व्याप्ति से पूर्व इतिहास बोध से सम्बद्ध दर्शन, विश्लेषण, मूल्याँकन, समस्या एवं विज्ञान का स्पष्टीकरण रहा है। हमारे इस लक्ष्य का संकेत भूमिका में राजेशखर द्वारा इस प्रकार किया गया है—समकालीन रचनाधर्मिता के सन्दर्भ में धूमिल का सारा कृतित्व एक

ऐतिहासिक दस्तावेज है। हिन्दी-कविता के रचनात्मक विकास की प्रक्रिया में यदि यह शृंखला टूटकर बिखर गयी तो यह एक अपूरणीय राष्ट्रीय क्षति होगी।

समकालीनता सम्बन्धी धूमिल की दृष्टि अत्यन्त व्यापक एवं विविध सन्दर्भों से प्रेरित रही है। समकालीन क्या है? के अन्तर्गत जहाँ कवि सभी तरह से स्वतंत्रता की पुष्टि करता है वहाँ उसकी दृष्टि में समकालीनता–एक कालीनता है। 'अपने यहाँ समकालीनता और आधुनिकता का सवाल उठाना न तो समसामयिक है और न आधुनिक। क्योंकि यहाँ समकालीनता और आधुनिकता सामाजिक स्तर पर सामूहिक जीवन के एक बिन्दु पर एक ही साथ और एक ही समय में अंकित होती है। उनके लिए अलग-अलग काल या व्यक्ति चुन पाना सम्भव नहीं हो सकता है।...आधुनिकता वह है जिस पर अतीत दावा न कर सके।' (शनिवार, 1 मार्च, 1969-अप्रैल, 1978, पृ. 12)

'आदमी की दुविधा, तनाव, पीड़ा, अभाव का समसामयिक अर्थ-सन्दर्भ, मुक्ति-बोध कविता को समकालीन बनाता है।'[1] इससे कवि के 'कथ्य' का स्पष्टीकरण सहज ही हो जाता है। इसी समझ से समकालीन कवियों में धूमिल को महत्त्वपूर्ण स्थान मिल सका है। उसके इतिहास-बोध का आधार देश की सामाजिक एवं सांस्कृतिक दृष्टि रहा है।

इसीलिए इतिहास-लेखन सम्बन्धी सामाजिक एवं सांस्कृतिक दृष्टि को आधार रूप में ग्रहण कर स्तानफोर्ड एम. लाइमन (Stanford M. Lyman) ने ऑफिशल तथा अन् ऑफिशल दोनों प्रकार के इतिहासों को समकालीन अन्तश्चेतना की अभिव्यक्ति स्वीकार किया है।"[2] धूमिल के इतिहास-बोध पर लाइमन का यह अभिमत सटीक है। कवि ने समकालीन समस्याओं को काव्य-संवेदनात्मक आत्माभिव्यक्ति प्रदान की है। आत्म (निज) की समस्याएँ सम्पूर्ण समाज अथवा देश की समस्याएँ हैं। मानसिक धरातल की सृजन-भूमि का यही महत्त्व है, वह एक जैसा प्रभाव प्रदान करती है।

इतिहास-बोध : सन्दर्भ एवं कालगत चेतना-प्रवाह

इतिहास-बोध एक अनन्त, अनवरत, सतत, गतिमान समय-प्रवाह है। समय की संवेदना का वाहक 'मात्र लेखक होता है, कोई इतिहासकार या समाजशास्त्री नहीं। यही कारण है कि विश्व के महत्त्व सिद्धान्त अथवा दर्शन ग्रन्थों का प्रणयन साहित्यिक विधाओं से हुआ है। साहित्य वस्तुतः कालचेतना को संवेदना या प्रतिक्रिया के रूप में प्रस्तुत करता हुआ सन्दर्भों के रूप ऐसे संकेत दे जाता है जो इतिहास-बोध की प्रतीति कराते हैं। यह कहना अतिशयोक्ति न होगी कि साहित्य के अभाव में किसी काल का इतिहास लिखना मात्र घटनाओं को प्रस्तुत

करना होगा, उसका प्राण अथवा जीवन्त तत्त्व तो उस युग की मूल्य-अवधारणाएँ हैं जो उस समय की स्थिति का बोध कराती हैं। इसीलिए हमने इतिहास के साथ 'दर्शन' की अपेक्षा 'बोध' शब्द का प्रयोग किया है। साहित्य के इतिहास के साथ दर्शन की अपेक्षा बोध शब्द-प्रयोग अधिक व्यापक, सही एवं सार्थक प्रतीत होता है।

धूमिल का रचना-काल स्वतंत्रता-प्राप्ति के पश्चात् का रहा है। इसलिए इसकी काव्य-चेतना एवं इतिहास-बोध का सम्बन्ध तत्कालीन युग की समस्याओं से विशेष रहा है। युग-सन्दर्भ से दोनों काव्य-संग्रहों की रचनाएँ प्रभावित हैं। काल-प्रवाह की व्यंजक हैं। इनमें भूख (रोटी-कपड़ा और मकान) के साथ व्यवसाय में बेरोजगारी, शिक्षा, अकाल, साम्प्रदायिकता, छुआछूत, प्रान्तीयता एवं भाषा-विवाद इत्यादि अनेक सामयिक विषय को अपनी रचनाओं में अनेक सन्दर्भों में प्रस्तुत किया है। इसके साथ राजनीतिक अस्थिरता, मूल्यहीनता, राजनेताओं एवं मठाधीशों के अत्याचार, आम जनता का शोषण, लेखकीय, अभिशाप इत्यादि को भी कवि भुला नहीं पाया है। 'कल सुनना मुझे' की कविताओं का फलक वैयक्तिक समस्याओं से सामूहिक समस्याओं का रूप धारण करता है जबकि 'संसद से सड़क तक' की रचनाओं में कवि का लक्ष्य व्यापक रहा है—सम्पूर्ण भारतीय जनजीवन की समस्याओं का लेखा-जोखा इनकी एक ही लम्बी कविता 'पटकथा' में द्रष्टव्य है। हमें तो धूमिल की दृष्टि प्रत्येक कविता में इतिहास बोध अथवा ऐतिहासिक परिप्रेक्ष्य के प्रति उन्मुख प्रतीत होती है। उसे यदि प्रतिबद्ध कवि मानना है तो मार्क्सवाद से प्रतिबद्ध न मानकर 'इतिहास-बोध' के प्रति मानना न्यायसंगत होगा। हमारी दृष्टि में इनकी रचनाएँ विशेषकर 'संसद से सड़क तक' में संकलित युग-बोध का सही चित्र प्रस्तुत करती है।

इतिहास-बोध : मूल्य-चेतना

'समसामयिक घटना-चक्र से जो केन्द्रीय मूल्य-संवेदना उभरती है, वही साहित्य में इतिहास-बोध है। हर युग में जो विशिष्ट घटनाएँ घटती हैं, उनका संवेदनात्मक व्यक्तित्व कुछ मानव-मूल्यों की संरचना करता है। ये मानव-मूल्य ही उस काल-विशेष के इतिहास-बोध के प्रतिनिधि प्रतीक होते हैं। युग-सन्दर्भों और समय-सत्यों की मूल्यगत पहचान सौन्दर्य शास्त्रीय परिवेश में इतिहास की संज्ञा से रेखांकित की जा सकती है। युगों की धड़कन के प्रति जागरुक रहकर काल-प्रवाह के सत्यों की मूल्यगत पहचान रखना ही इतिहास-बोध की आन्तरिकता समझना है। सामयिक घटनाओं की मूल-सत्ता के प्रति प्रतिबद्धता का निर्वाह करने से लेखक की कृतियों में इतिहास-बोध की अन्तर्ध्वनियाँ स्वतः ही मुखरित हो उठती हैं।"[3] लेखक के इस अभिमत से इतिहास-बोध का मानवीय सन्दर्भ स्पष्ट हो जाता है।

मानव-मूल्यों का काल प्रवाह की दृष्टि से विवेचन-विश्लेषण दर्शन के क्षेत्र तक सीमित किया जाता था, पर इस आधार पर इतिहास का महत्त्व और भी बढ़ जाता है।

इतिहास-बोध से परिचित अथवा कला-प्रियता रचनात्मक स्तरीयता का सौन्दर्यशास्त्रीय प्रतिमान नहीं। यह परिचिति या प्रियता केवल रचनाकार की दृष्टि का संकेत देती है। जीवन की धड़कन से प्रतिबद्ध रहने वाला लेखक इतिहास-बोध से अस्पर्शित नहीं रह पाता। उसकी कृत में काल संवेदना एक दार्शनिक मूल्य के रूप में प्रस्फुटित होती है। ऐसी स्थिति में उसका इतिहास-बोध रचनात्मक दृष्टि पाकर शाश्वत एवं चिरकालिक बन जाता है। ऐसा भी सम्भव है कि शाश्वत मूल्यों की प्रस्तुति करने का अभिनय करने वाला साहित्य, संवेदना और कला की रिक्तता के कारण धूमिलता और औसत संवेदना का निर्यात ही कर पाये। दूसरी ओर यह भी सम्भव है कि काल-सत्य की ऐतिहासिकता अंकित करने वाला साहित्य भी अपने स्वास्थ्य मानव-मूल्यों के कारण चिरकालिक अजरता का उत्तराधिकारी प्रमाणित हो जाए।

इतिहास-बोध और मानव-मूल्यों को रागात्मक तथा संवेदनात्मक धरातल पर व्यंजित करने के मूल में 'प्रतिक्रिया' (कवि की) का विशेष महत्त्व है। साहित्यकार अथवा कवि अपने समय (समकालीन) में जिन घटनाओं, स्थिति या अवसर को युग के अनुकूल या प्रतिकूल पाता है—यह क्रिया अनुभव के धरातल तक सीमित है—अनुभव, समझ और एहसास की प्रक्रिया से वह बोध के धरातल तक पहुँचता है। वस्तुतः इस बोध से पूर्व उसमें प्रतिक्रियास्वरूप जो संवेदना, आक्रोश, खीझ अथवा व्यंग्य का रूप धारण करती है—इतिहास के सन्दर्भ में बोध की व्यंजक है। धूमिल की कविताओं में इतिहास-बोध का यह पक्ष चरम सीमा पर है। 'प्रतिक्रिया' इस बोध का आधार है—स्थितियाँ, प्रसंग, घटनाएँ माध्यम हैं। जैसा कि हम पहले भी संकेत कर चुके हैं कि धूमिल की कविताएँ सपाटबयानी को आधार रूप में अपना कर भी ऐतिहासिक घटनाओं का पात्र ब्यौरा प्रस्तुत नहीं करतीं।

जनतंत्रात्मक व्यवस्था और इतिहास-बोध

ऐतिहासिक सन्दर्भ एवं इतिहास-बोध को व्यंजित करने वाली धूमिल की अधिकांश कविताएँ व्यवस्था-बोध से सम्बन्धित हैं। कवि ने वर्तमान प्रणाली (जनतंत्र अथवा प्रजातंत्र) को गत कई दशकों में देखा है, उसकी वास्तविकता को सही धरातल पर समझने का प्रयास किया है, पर इस अनुभव में उसे सदैव निराशा हाथ लगी है। उसे सदैव अपने जनतंत्र में अन्तर्विरोधों की पुष्टि हुई है। एक प्रकार से कवि यथार्थ (वास्तव) में जो कुछ अनुभव कर रहा है, अपनी ऐतिहासिक एहसास एवं समझ के आधार पर वर्तमान व्यवस्था पर खीझ स्वरूप जहाँ व्यंग्य प्रहार करता है, वहाँ

एक 'दृष्टि' भी प्रदान करता है। उसकी विशिष्टता इसी धारणा में है कि वह प्रचलित 'वादों' या 'चिन्तनों' का बखान नहीं करता वरन् उसके व्यवहार पक्ष को प्रस्तुत करता है। इस दृष्टि में 'मोचीराम' तथा 'प्रौढ़-शिक्षा' कविताएँ विशेष उल्लेख्य हैं। हमारी दृष्टि में 'मोचीराम' को यदि वर्ग-चेतना (जूतों के आधार पर) मान लिया जाए तो फिर 'प्रौढ़-शिक्षा' को जनतंत्र का ऐसा केन्द्रबिन्दु मानना होगा जिसके कारण इस शासन-व्यवस्था की वास्तविकता का बोध होता है। उसका विश्वास ही नहीं, वरन् इतिहास-बोध का प्रत्यक्ष प्रमाण है कि जनतंत्र शासन-व्यवस्था में शिक्षा की क्या उपयोगिता है? वस्तुतः शिक्षा से कवि का लक्ष्य सभी नागरिकों में देश के प्रति सही 'समझ' की स्थिति को लाना रहा है। प्रौढ़ शिक्षा मुख्यतः दो कारणों से सम्बद्ध है—प्रथम तो आज शासन की ओर से 'प्रौढ़-शिक्षा' को अनिवार्य रूप में प्रचारित-प्रसारित किया जा रहा है—द्वितीय प्रौढ़ (बालिग) ही सड़क से संसद की दूरी तय करते हैं। सभी प्रौढ़ों के शिक्षित होने पर उन्हें मतदान, चुनाव की महत्ता का बोध होगा और वे ऐसे प्रतिनिधियों को संसद में भेजेंगे अथवा स्वयं इसके भागीदार बन सकेंगे, जिन्हें शिक्षा के सैद्धान्तिक ज्ञान (उपाधि) के साथ इसका व्यावहारिक बोध भी होगा। भारत में जनतंत्र का दुरुपयोग इस दूसरे कारण से अधिक हो रहा है क्योंकि ऐसे लोग मन्त्री पद पर आसीन हो जाते हैं जो आसन (कुर्सी) पर स्वयं विराजमान होते हैं, परन्तु उनका कार्यभार कोई अन्य ही सम्भालता है।

धूमिल के काव्य में इतिहास-बोध की व्याप्ति अनेक रूपों में हुई है। इसके सम्बन्ध में विद्वानों में मतभेद रहा है। कविता में इतिहास किस सीमा तक काव्यात्मक अभिव्यक्ति पा सकता है—फिर नयी कविता अथवा समकालीन कविता की कविताओं में इसकी अनिवार्यता पर कुछ समीक्षक प्रश्नचिह्न लगाते हैं। डॉ. परमानन्द श्रीवास्तव का अभिमत है—"धूमिल के नाटकीय और प्रासंगिक संसार की एक बड़ी सीमा यह है कि उसमें सरल इतिहास-ग्रस्तता आ गयी है—शायद वह एक हद तक अनिवार्य हो उठी है। इसीलिए 'बीस साल' जैसी अवधि को लेकर बहुत-सी बातें कही गयी हैं। एक आदमी और दूसरे आदमी के बीच की दुनिया इतनी सीमित नहीं है जितनी ऐसी कविताओं में दिखायी देगी।"[4]

दुनिया की सीमा के विषय में तो कोई भूगोल वेत्ता ही बतला पायेगा पर एक कवि की दृष्टि संश्लिष्ट-शाब्दिक एवं सांकेतिक रहती है। इसीलिए 'भाषा की रात' रचना में अनेक ऐसे प्रसंगों-सन्दर्भों को संकेत रूप में वह प्रस्तुत करता है, जिससे तत्कालीन स्थिति की ऐतिहासिक समझ स्पष्ट है। यथा—

> "दूर बहुत दूर
> जहाँ आसमान अपने बौने हाथों से
> हिन्दुस्तान की जमीन को नंगा कर रहा है
> एक विदेशी मुद्रावाला—

अवैतनिक दुभाषिया खिलखिला रहा है–"

कवि देश की समकालीन स्थिति से भली-भाँति परिचित है–इसीलिए उसे लगता है–

"व्यवस्था की खोह में
हर तरफ
बूढ़े और रक्तलोलुप मशालची
घूम रहे हैं
इतिहास की ताजगी
बनाये रखने के लिए
नौजवान और सफल
मौतों की टोह में
उन्हें हमारी तलाश है।"[5]

इतिहास बोध : कविता-विवशता से काल-विवशता तक

धूमिल की कविताओं में इतिहास-बोध एवं ऐतिहासिक समझ को हमने विभिन्न आयामों के आधार पर देखना चाहा है। इस सम्बन्ध में एक तथ्य निर्विवाद स्वीकार्य है कि कवि धूमिल की अधिकांश रचनाओं में 'कविता' की समस्या को किसी न किसी रूप में प्रस्तुत किया गया है। कहीं कविता की भाषा का प्रश्न है तो कहीं शब्द-प्रयोग का अथवा कविता की समझ का। इस प्रकार कवि प्रत्यक्ष अथवा अप्रत्यक्ष रूप में 'कविता' के प्रति विशेष जागरुक है। इसकी विवशता का परिचय उसके 'पेट से सुनने' से गहन व्यंग्य में हो जाता है। इतना ही नहीं, वह बार-बार यह महसूस करता है कि अब कविता से कुछ कार्य बनने वाला नहीं है। इस प्रकार के सन्दर्भ में वह कालगत समस्याओं को भी प्रस्तुत करता है। हमारा विश्वास है कि धूमिल कविता के प्रभाव से भली-भाँति परिचित है। वह समझता है कि इससे क्रान्ति अथवा विद्रोह को लाना सम्भव नहीं है, पर वह अनेक रूपों में कविता-विवशता को व्यक्त कर वस्तुतः इससे (कविता से) 'मन्त्र' का कार्य लेता है। यहाँ हमने कविता को 'मन्त्र' रूप में जानबूझकर ग्रहण किया है, क्योंकि प्रेरणा और औज़ार शब्दों से कार्य की संश्लिष्ट स्थिति का बोध नहीं होता, जो मन्त्र द्वारा सम्भव है। यही 'मन्त्र' धूमिल की नकारात्मक स्थिति का बोध कराता हुआ एक ऐसा कार्य करता है जो कविता के क्षेत्र में एक बहुत बड़े दायित्व का निर्वाह होने के साथ देश में व्याप्त समस्त समस्याओं को प्रस्तुत करने का सशक्त उपकरण है। धूमिल को इसका पूर्ण एहसास है–इसलिए वह इसे अनेक बार नकारता हुआ इसे माध्यम रूप में आत्मसात् किये है। उसका विश्वास है कि इसकी विवशता

से अन्य कालगत विवशताओं को प्रस्तुत किया जा सकता है–वस्तुतः ये कविताएँ इतिहास का बोध कालगत चेतना को संकेतों में प्रस्तुत करती हैं। लेकिन विवशताओं की दिशा पार्श्वगामी न होकर अग्रगामी हैं, जहाँ एक और अन्य ऐतिहासिक परिप्रेक्ष्य का सृजन प्रतीक्षारत है।

अतः यह कहना न्यायसंगत होगा कि धूमिल की रचनाएँ ऐतिहासिक चेतना अथवा इतिहास-बोध की प्रतीति कराती है–एक ऐसे परिवर्तन की सूचना देती है जो निकट भविष्य में सम्भावित हो सकता है। कविता की विवशता से रोटी, व्यवस्था, राजनीति की समस्याओं तक कवि पहुँचता है। वह इसे साधन रूप में अपनाता है। इसीलिए हमने धूमिल की कविताओं से इतिहास दर्शन की अपेक्षा बोध के संक्षिप्त उदाहरण प्रस्तुत किये हैं। यही कारण है उसे अपनी कविताओं में दूसरे जनतंत्र की तलाश करनी है (संसद, पृ. 72)। यहाँ स्पष्ट है कि कवि का लक्ष्य नये 'जनतंत्र' को लाने अथवा तलाशने का है, पर इसके लिए वह कविता को आधार में मानता है। कविता उसकी दृष्टि में सशक्त औजार न होते हुए 'परिवर्तन' का मूल मन्त्र अवश्य है–विशेषकर धूमिल के इतिहास-बोध एवं राजनीतिक समझ को दृष्टि में रखते हुए। 'कविता' नामक रचना के अन्त में कवि ने कविता की इसी विवशता को प्रस्तुत करते हुए इतिहास के महत्त्वपूर्ण पक्ष के बदलाव अथवा विकास की ओर संकेत किया है। यथा–

> वह बहुत पहले की बात है
> जब कहीं, किसी निर्जन में
> आदिम पशुता चीखती थी और
> सारा नगर चौंक पड़ता था
> मगर अब–
> अब उसे मालूम है कि कविता
> घेराव में
> किसी बौखलाये हुए आदमी का
> एकालाप है।[5]

निस्सन्देह इन पंक्तियों में उसने कविता-कर्म (लक्ष्य) को दो रूपों में प्रस्तुत किया है। 'आदिम पशुता' से उसकी ऐतिहासिक समझ का पता तो चलता ही है–साथ ही उसके किसी निर्जन में चीख मात्र से समस्त नगर में उसका सुनायी पड़ना और आश्चर्य व्यक्त करना–ये सब सांकेतिक अभिव्यक्ति कविता के महत्त्व को उजागर करती है पर अब कविता की विवशता यहाँ तक पहुँच चुकी है कि इससे (कविता से) केवल कवि (आदमी) की बौखलाहट का एकालाप समझा जाता है। कविता के प्रति जहाँ कवि की दृष्टि का पता चलता है, वहाँ इससे एक तथ्य और भी स्पष्ट होता है कि समाज में इसके महत्त्व को नकारा जाने लगा है। पर

कविता-विवशता को वह इस सीमा तक प्रस्तुत करता रहता है कि इसकी महत्ता अथवा परिणति 'पटकथा' तक होने लगती है।

वस्तुतः धूमिल इन्हीं समस्याओं, विवशताओं के ऐतिहासिक परिप्रेक्ष्य को सर्जनात्मक आयाम की प्रतीक्षारत स्थिति का बोध कराता है, वहाँ इसी काव्य-संवेदना के फलस्वरूप धूमिल को अन्य नकारात्मक एवं अव्यवस्थित धारणाओं के कवियों से पृथक् स्थान प्रदान करता है, उनके समानान्तर गमन की भ्रान्ति के बावजूद। राजकमल चौधरी के प्रति धूमिल का विशेष भाव रहा है (राजकमल चौधरी के लिए) और वह चौधरी की रचनाओं में व्यक्त समस्याओं-मानसिकता के तनावों से भली-भांति परिचित है, पर धूमिल का काव्य-सृजन अव्यवस्थित न होकर सकारात्मक एवं व्यवस्थित परिणाम की अभिव्यक्ति करता है।

हमने उपशीर्षक में कविता विवशता शब्द को जान-बूझकर प्रस्तुत किया है, क्योंकि इनकी अधिकांश कविताएँ कविता की युग सापेक्ष स्थिति को उद्घाटित करती हैं, कविताओं में नित्य नये प्रयोगों, परम्परा एवं खण्डित मूल्यों के स्थान पर मूल्यों में नव-निर्माण एवं परिवर्तन की पुष्टि करती हैं। कविता की आवश्यकता बदलाव है। अब प्रेम के गीतों की अपेक्षा यथार्थ स्थिति को प्रस्तुत करने की क्षमता की अपेक्षा इससे है। ऐसी अपेक्षाओं एवं आकांक्षाओं की पूर्ति अब कविताओं से सम्भव नहीं है। तभी धूमिल इसे विवशता रूप में व्यक्त करता हुआ कहता है कि 'इस ससुरी कविता को जंगल से जनता तक ढोने से क्या होगा (संसद, पृ. 67), क्योंकि इससे किसी प्रकार अर्थ-संकट हल नहीं हो सकता। पर एकाएक कविता के प्रति एक अन्य बिन्दु दीखता है–

'कविता में
वही कहीं नफरत का
एक डरा हुआ बिन्दु है
आप उसे छुओ; वह कुनमुनाएगा
आप उसे कोंचों
वह उठ खड़ा होगा।''[5]

इस सम्पूर्ण में कविता-विवशता में कवि-विवशता (डर के माध्यम से) की देश-विवशता अन्तर्निहित है। पर एक समकालीन समझ का कवि धूमिल देश की वास्तविकता से परिचत हो अपने दृढ़संकल्प भी किये हैं, जो उसकी ऐतिहासिक समझ की पुष्टि करती है। यथा–

''वादों के लालच में
आप जो कहोगे
वह सब करूँगा
लेकिन जब हारूँगा

आपके खिलाफ खुद अपने को तोड़ूँगा
भाषा को हीकते हुए अपने भीतर
थूकते हुए सारी घृणा के साथ
अन्त में कहूँगा
सिर्फ इतना कहूँगा–
हाँ, हाँ, में कवि हूँ। कवि–याने भाषा में भदेस हूँ;
इस कदर कायर हूँ कि उत्तर प्रदेश हूँ।''[4]

इन सब विवशताओं को समझते हुए धूमिल को अपने कवि होने पर गर्व है–और वह अपनी कविताओं में परिवर्तन की क्षमता स्वीकारता है। (पुष्टि अनेक साहित्यिक मित्रों के साथ उनकी समय-समय पर हुई चर्चा 'संस्मरणों' डायरी के पन्नों के आधार पर)–देश की ऐतिहासिक समझ एक ही शब्द 'उत्तर प्रदेश' से हो जाती है। शासन-व्यवस्था का सशक्त आधार अथवा बागडोर इस प्रदेश के हाथ में रही है–प्रत्यक्ष प्रमाण है। इतना कुछ होने पर वह सदैव शान्त रहा है–भाषा के मामले को लेकर–इसे उसकी 'कायरता' नहीं समझनी चाहिए। कवि शब्द-प्रयोग को चर्चा में हमने स्पष्टतः इस तथ्य की पुष्टि की है कि धूमिल द्वारा प्रत्येक शब्द अपने प्रचलित कोशगत अर्थ को धारण किये हुए है, पर महत्ता उससे व्यंजित अर्थ की कवि के मानसिक स्तर है। पाठक इसी काव्य-संवेदना के आधार पर वस्तु-स्थिति का परिचय प्राप्त करता है।

'मुनासिब कार्रवाई' रचना में कविता में बदलाव की सूचना के साथ धूमिल ने कविता पर बहस करने तथा शहर को अपनी ओर करने की धारणा का संकेत दिया है। वस्तुतः उसकी दृष्टि में कविता का यह अर्थ-परिवर्तन उसके व्यापक लक्ष्य में बोध का व्यंजक है। तभी वह कहता है–

'कविता का अर्थ
बदल गया है
मगर अब चीज़ों के गलत होने का पता चल गया है। (पृ. 89)

इस कविता के अन्त में वह कविता के बहस शुरू करने के वक्तव्य में ऐतिहासिक परिप्रेक्ष्य में कहता है क्योंकि उग्र अथवा आतंक (विद्रोही) विचारधारा का कवि 'सुरक्षित' कम रह पाता है। इसी कारण इस सिद्धान्त में शीघ्रता या तीव्रता एवं निर्ममता की स्थिति व्याप्त है। तभी कवि अपनी आशंका को व्यक्त करता हुआ कहता है–

'वक्त बहुत कम है।
इसलिए कविता पर बहस शुरू करो।
और शहर को अपनी ओर झुका लो
क्योंकि असली अपराधी का

नाम लेने के लिए।
कविता, सिर्फ उतनी देर तक सुरक्षित है।
जितनी देर कीमा से पहले,
कसाई के पीछे और
तनी हुई गँड़ास के बीच
बोटी सुरक्षित है। (संसद, पृ. 93)

इतिहास-बोध में भाषा-विवाद को भी धूमिल ने कुछ कविताओं में प्रस्तुत करना चाहा है। इस दृष्टि से 'भाषा की रात' रचना विशेष रूप से उल्लेखनीय है। भाषा-विवाद उत्तर और दक्षिण की यह समस्या आज विचित्र रूप धारण कर चुकी है। कई बार इसके कारण जान-माल की हानि भी हुई है। इसलिए स्तानफोर्ड एम. लाइमन के कथनानुसार धूमिल की अन्तश्चेतना समकालीन समस्या से भली-भाँति परिचित है। इसीलिए इसे वह 'दोमुहा विषधर' संज्ञा से अभिहित करता है। इस विवाद से सम्पूर्ण देश को हानि है। तभी वह एक जागरुक कवि की भाँति संसद तथा सड़क के अँधेरे से बाहर निकलकर भाषा से पहले आदमी को ठीक करने का परामर्श देता है। सभी प्रान्तों की भाषा में स्वयं को सम्मिलित करता हुआ वह कहता है–

आ! अपने चौदहों मुखों से
बोलता हुआ आ!
ओ देश के पोर-पोर में दुखते हुए गूँगे जनून!
क्रोध की अकेली मुद्रा में
उफनते हुए सात्त्विक खून!
आ बाहर आ,
मैं एक अदना कवि–तेरी भाषा का मुँहताज
मुझे अपनी बोली में शरीक कर

× × ×

सुविधापरस्त लोगों के
ऊसर दिमाग में
थूहर की तरह उगी हुई राजनीति
शब्दों के बाहर का व्याकरण है। (संसद, पृ. 105-106)

कविता-सम्बन्धी अभिमतों में धूमिल ने कविता की सही पहचान करनी चाही है–विभिन्न अवधारणाओं एवं कालगत चेतना के आधार पर। यही स्थिति उसके 'कवि-सम्बन्धी' वक्तव्यों में भी द्रष्टव्य है। यदि हम कहना चाहें कि धूमिल की समस्त रचनाएँ उनके कवि होने की प्रतीति कराती हैं, तो अतिशयोक्ति न होगी। इनकी कविताओं में कवि का व्यक्तित्व अथवा 'स्व' ढूँढना तो सहज है, उसकी विवशताओं

को भी जाना जा सकता है, पर कविताओं के मूल में जो ऐतिहासिक परिप्रेक्ष्य निहित है—उससे साक्षात्कार होना—एक समस्या है। जैसा कि हमने अनेक प्रसंगों में ऐसा संकेत किया है कि कवि धूमिल का लक्ष्य अत्यन्त व्यापक है—वह निज, परिवार, समाज-देश की समस्याओं से भली-भाँति परिचित है—भूख की समस्या उसे भी सताती है—पर ये समस्याएँ उसकी रचनाओं की सीमा नहीं। वास्तव में वह इनके माध्यम से महत्त्वपूर्ण ऐतिहासिक सन्दर्भों एवं कालचेतना पर आधारित आन्दोलन की सार्थक अभिव्यक्ति करना चाहता है। यही कारण है कि उसकी अधिकांश कविताएँ उसके प्रतिबद्ध कवि होने की पुष्टि करती हैं। हम तो धूमिल को सही अर्थों में एक ऐसा प्रतिबद्ध कवि मानते हैं जिसने अध्ययन के आधार पर अनुभव प्राप्त कर अपनी सार्थकता नहीं मान ली वरन् वह उसे मानसिक धरातल पर आत्मसात् कर व्यवहार रूप में लाने का संकल्प कर चुका है। उसकी अनेक कविताएँ जहाँ उसके मार्क्सवादी कवि होने की प्रतीति कराती हैं—वहाँ अनेक कविताओं में उसका उग्र (आतंक) वादी रूप स्पष्ट झलकता है। वह समाज में 'परिवर्तन' को एकाएक साकारता प्रदान करने को उत्तेजित है—कविताओं में इस 'उत्तेजना' को अनेक रूपों में देखा जा सकता है, पर उसकी निजी विवशता उसे ऐसा रूप ग्रहण करने में रोकती है। इन विवशताओं के फलस्वरूप उसे अपनी 'समझ' एवं 'प्रतिबद्ध' दृष्टि के कम लोग दीखते हैं। यही कारण है कि अनेक आन्दोलन (जिनका आधार क्रान्ति अथवा परिवर्तन है) जिस तेजी से प्रचलित हुए उतनी ही तीव्रता से शिथिल भी पड़ गये। यहाँ उल्लेखनीय यह है कि नक्सलबाड़ी आन्दोलन जितनी तीव्रता से इस देश में आया—वैचारिक धरातल की सीमा, आन्तरिक षड्यन्त्र अथवा शासकीय दबाव के कारण वह अपनी योजना में फलीभूत नहीं हो पाया। अपेक्षित सफलता नहीं मिली। इस प्रकार की अनेक समस्याएँ इस प्रतिबद्ध कवि के सम्मुख रही हैं। कुछ कविताओं के शीर्षकों से उसकी इस धारणा की पुष्टि हो जाती है।

इस अवधारणा को हम धूमिल की कविता 'मैं हूँ' में अन्य रूप में देखते हैं। प्रस्तुत रचना धूमिल की सभी कविताओं से एक भिन्न मनःस्थिति की कविता है, जिसमें स्पष्टतः इतिहास-बोध की अभिव्यक्ति न होते हुए उसके मानसिक धरातल पर प्रतिबद्ध होने तथा आन्तरिक तड़प की प्रतीति कराती है। मानसिक ऊहापोह की संश्लिष्ट अभिव्यक्ति हुई है। इस एक ही कविता में विवशता से विश्वास तक की यात्रा उसने करनी चाही है। धूमिल की विशिष्टता इस बात में है कि वह मात्र कुछ शब्द-प्रयोग से एक महत्त्वपूर्ण आन्दोलन के विकसित होने अथवा शिथिलता की प्रतीति करा देता है। कविता का आरम्भ, "मुझे लिखो, मैं कटी हुई अँगुलियाँ हूँ। जिसे भूख ने खा लिया है।" से होता है—यहाँ अँगुलियाँ होने से भाव उसकी प्रतिबद्धता से है—वह कुछ करना चाहता है, पर इससे पहले कि वह कुछ कर पाता उसकी अँगुलियाँ काट दी जाती हैं, जिन्हें कटने के पश्चात्

भूख खा जाती है। स्पष्ट है कि भूख-समस्या से वांछित नहीं कर पाता, पर ऐसी विवशता की स्थिति में भी वह सभी कष्टों, विवशताओं, शिथिलता के अन्धकार क्षणों में स्वयं को जोड़ने के लिए गाता है, कविता-लेखन उसकी आदत है, विवशता है। इसी धारणा को वह शेष कविता-भाग में फिट करना चाहता है। आगे की सम्पूर्ण कविता में 'कवि' को छः सन्दर्भों-स्थितियों में दिखलाया गया है। ये सन्दर्भ उसे लोगों से प्राप्त हुए हैं क्योंकि वह कवि है—उसे ऐसी उपाधियाँ मिलनी उसकी नियति है। पहले रूप में वह एक ऐसा कवि है जो रेशनल (सामान्य तर्क) धरातल पर है—वह एक सुन्दर बगीचा है जिससे तुम (जनसमूह) एक शब्द—फूल तोड़ सकते हो—पर यहीं वह चेतावनी देता हुआ कहता है कि मत भूलो कि इस बगीचे को एक आदमी न खून से सींचा है। आदमी स्वयं कवि है तथा खून से सींचने का अभिप्राय अनुभव की व्यावहारिक सार्थकता है। बगीचा धीरे-धीरे घर का प्रसंग खोलता है और कवि को चारदीवारी के पीछे कुछ भूखे बच्चे आँख-मिचौनी खेलते दीखते हैं—वह इस घर रूपी बगीचे का अगुआ भी है—यही उसकी विवशता है। इस विवशत में दायित्व-बोध की स्थिति स्पष्ट है। भूखे बच्चों के रूप में इस भूख-समस्या की व्यापकता वर्णित है—इसके कारण कुछ भी सम्भव नहीं हो पा रहा है, पर कवि यहाँ भी चेतावनी देता है कि यह मत भूलो कि इस चारदीवारी के सदस्य (देशवासी) आजादी को आक्रमण की तरह झेल रहे हैं। इसमें तीक्ष्ण व्यंग्य-प्रहार के साथ वास्तव-बोध व्यंजित है। धूमिल को पता है कि आजादी के पश्चात् जिस सुधार की अपेक्षा भी नहीं हो पायी (संसद से सड़क तक की अनेक कविताओं में—विशेषकर 'पटकथा' में इस समस्या को विस्तार से प्रस्तुत किया गया है—इसीलिए आज देशवासी कविता के प्रारम्भ में वर्णित भूख-समस्या को ध्यान में रखते हुए मानता है कि सभी देशवासी आजादी को आक्रमण की तरह झेल रहे हैं। आजादी से आक्रमण सरीखा कष्ट हो रहा है।

इस विवशता के बाद कविता पुनः नया सन्दर्भ ग्रहण करती है जहाँ कवि स्वयं को एक मजबूत बंकर रूप में मानता है, जहाँ सभी खाली समय में अपने जूते उतार सकते हैं, बन्दूक टेक सकते हैं। जूते उतारने से विश्राम करने तथा बन्दूक टेकने से आन्दालनों के शिथिल होने की व्यंजना है। पर एकाएक वह इस विवशता में भी स्वयं को एक खौलता हुआ आँसू मानता हुआ कहता है अगर तुम चाहो तो इस रक्त-सिक्त उत्तप्त आँसू से अपनी ठिठुरी हुई करुणा सेंक सकते हो। निस्सन्देह कवि अपनी भूख के कारण कटी पश्चात् खाई अँगुलियों की विवशता से ग्रसित है, पर उसमें बौखलाहट अथवा क्रान्ति की तड़प विद्यमान है—उसकी इस स्थिति को आज संवेदना के धरातल पर आँसू मिला है, जिसे वह कविता में अभिव्यक्ति प्रदान कर रहा है—इससे सभी को राहत मिल सकती है। कवि के चौथे सन्दर्भ में वह स्वयं को एक ऐसे कवि के रूप में प्रस्तुत करता है जो थकान

में घिरी हुई लय की तरह है—यहाँ कवि लय शिथिलता के बहुत बड़े तथ्य को उजागर करना चाहता है। जिस प्रकार बहुत ऊँचे से लय जब नीचे की ओर लुढ़कते ढलान में अटक जाए वैसे ही उसके पीछे-आगे क्रान्तिकारी अथवा उग्रवादी लय की भाँति थकान रूपी विवशता में संकुचित हो गये हैं। उग्र आन्दोलन की शिथिलता पर ऐसा होता है। नैतिकता जितनी दृढ़ होती है उत्थान में उतनी ही थकान (ढलान-शिथिलता) में तीव्रता से फिसलने लगती है—इन आन्दोलनों की यही विवशता है। धूमिल की दृष्टि में अन्त में कवि कहता है कि—

और तुम्हें खुशी है
मगर मत भूलो
कि कवि
व्यावहारिकता की
बँटी हुई रस्सी झूलती हुई
संवेदना की खुदकुशी है।[6]

इस प्रकार आन्दोलनों की शिथिलता पर जिन्हें खुशी होती है—उन्हें चेतावनी देता हुआ अपने अनुगामी लोगों को वास्तविकता का बोध कराना चाहता है। वह अब कोरा सिद्धान्त नहीं जानता, वरन् व्यवहार पक्ष से परिचित हो चुका है। इसी व्यावहारिक धरातल पर सभी अनुगामियों को सतर्क करता है कि उसे सब कुछ मत समझो, क्योंकि उसकी भी विवशताएँ हैं—इसलिए वह अपनी उस सुरक्षित संवेदना की आत्महत्या स्वयं कर रहा है। यह इस पंक्ति का शाब्दिक अर्थ तो हो सकता है, पर व्यंजित अर्थ यह है कि इसमें स्वयं की संवेदना की खुदकुशी कर इसे 'लोक-संवेदना' के रूप में जागृत करने के लिए कृत-संकल्प है। यही प्रतिबद्ध कवि की उपलब्धि है, सही पहचान है।

इसी प्रकार की उग्रवादी धारणाएँ धूमिल की अन्य कविताओं में द्रष्टव्य हैं। कुछ उदाहरण इस प्रकार हैं—

"मेरा गुस्सा—
जनमत की चढ़ी नदी में
एक सड़ा हुआ काठ है" (संसद, पृ. 28) तथा
"उन्होंने समझ लिया है कि—
एक भुक्खड़ जब गुस्सा करेगा,
अपनी ही अँगुलियाँ चबायेगा।" (पृ. 95)

ऊपर विवेचित कविता में अँगुलियाँ कटी हुई स्थिति में स्वयं हैं, जिसे भूख ने खा लिया है पर यहाँ भूख की विवशता में अँगुलियाँ चबाने की बात कही गयी है। धूमिल की क्रान्ति किसी ने किसी रूप में विवशता के कारण सफल नहीं हो पा रही है—पर इस 'विलम्ब' से वह हताश नहीं होता। क्रान्ति की अपेक्षित स्थिति

के अभाव में इसके आने में देरी का कारण उसकी दृष्टि में–

क्रान्ति–
यहाँ के असंग लोगों के लिए
किसी अबोध बच्चे के–
हाथों की जूजी है।[7]

धूमिल की ऐतिहासिक प्रतिबद्धता को अन्य अनेक कविताओं में देखा जा सकता है। 'हत्यारी सम्भावनाओं के नीचे' कविता के अन्त में उसने अपनी उग्रवादिता का परिचय देते हुए ऐसे लोगों के प्रति खीझ एवं आक्रोश व्यंजित किया है, जिन्होंने सहनशीलता को अंगीकार कर लिया है। उग्र आतंक में विश्वास रखने वालों के तने हाथ सहनशील लोगों को विवश न कर दें–इसलिए अच्छा होगा कि वे उनके इस मार्ग से हट जाएँ। उसकी दृष्टि में सभी का नाम हत्यारों की सूची में सम्मिलित हो चुका है, क्योंकि अब वह रात समाप्त हो चुकी है। क्रान्ति की स्थिति में इस प्रकार का भेद नहीं किया जाता–आतंक और हत्या का मूल मन्त्र उसका औजार होता है। इसकी लपेट में सभी को आना पड़ता है विशेषकर शोषक वर्ग को।

क्रान्ति या विद्रोह की स्थिति के लिए कवि का विश्वास है कि भूख-विवशता ही पर्याप्त नहीं है। इसीलिए प्रत्येक देशवासी के जीवन में एक ऐसा 'ताप' लाने का प्रयत्न करता है, जिससे सही की पहचान वह कर पायेगा। इसीलिए कहता है–

"...जब मैं ठहरे हुए को हरकत
में लाता हूँ–एक उदासी टूटती है, ठण्डापन खत्म
होता है और वह जिन्दगी के ताप से भर जाता है।"[8]

'देश-प्रेम : मेरे लिए' में वह देश में व्याप्त उदासीनता की स्थिति का बोध कराता हुआ लोगों के आत्मकेन्द्रित-संकुचित होने से चिन्तित है–पर निराश-हताश बिल्कुल नहीं। वह इस कविता के अन्त में सभी को सुन चुकने के पश्चात् कहता है–

"मैंने भी नक्शे के ऊपर
लाल कलम से जगह घेर दी
और उसी सीमा के भीतर
अपने घायल कबूतरों को फिर से उड़ना सिखा रहा हूँ।"[8]

'मैं हूँ' कविता से 'प्रजातंत्र के विरुद्ध' कविता में खुदकुशी अपनी संवेदना की नहीं वरन् इस खुदकुशी की रस्सी को लटकाते हुए पेट से लड़ते-लड़ते अपने प्रजातंत्र पर हाथ उठने को व्यंजित करती है। धूमिल की प्रतिबद्धता–उग्रवादी आन्दोलन (नक्सलबाड़ी) के प्रति आस्था का बोध 'कविता–श्रीकाकुलम्' रचना से हो जाता है। कविता के आरम्भ में बाबू जयप्रकाश नारायण के वक्तव्य को उद्धृत कर वह

जनक्रान्ति एवं शक्ति को बन्दूक द्वारा लाने का पक्षपाती है। उसे इस प्रकार की हत्याओं में मेकेनिजम टूटता मात्र प्रतीत होता है तथा हत्या का प्रमाण खून के रंग लाल तक सीमित नहीं मानता। उसकी दृष्टि में–

"असली सवाल है यह जानना
कि बहता हुआ खून क्या कह रहा है
यह हत्याकाण्ड नहीं है।
सिर्फ लोहे को एक नया नाम दिया जा रहा है।"

किसी भी आन्दोलन में समझ का होना उसके सफल होने तथा फलित होने के लिए अनिवार्य है, पर आतंक-आन्दोलन में समझ के साथ 'आग' का होना अनिवार्य होता है। इसीलिए धूमिल ने अनेक कविताओं में आग को सही से रूप में पहचानने का परिचय दिया है। 'आतिश के अनार-सी वह लड़की' के प्रसंग से वह कहता है–

"जवानी जब भी फैसले लेती है
गुस्सा जब भी सही जनून से उमड़ता है
हम साहस के एक नये तेवर से परिचित होते हैं
तब हमें आग के लिए
दूसरा नाम ढूँढ़ना नहीं पड़ता है।"[8]

यही 'आग' धूमिल की कविताओं का मूल स्वर है, क्रान्ति का मूलाधार है। 'शब्द जहाँ सक्रिय है' कविता में कवि ने क्रान्ति-चेतना को बिल्कुल नये अन्दाज में अभिव्यक्ति प्रदान की है। बड़े, मझले और छोटे भाई को आधार रूप में वह क्रान्तिकारी के घर की वास्तविक स्थिति का बोध कराता है। उसका विश्वास है कि इसकी आग में फिर अन्य किसी समस्या का महत्त्व नहीं रह जाता। यथा–

मैं सिर्फ इतना भर जानता हूँ कि शब्द
जहाँ सक्रिय हैं, वहाँ भूख का सिलसिला
भाईचारे की जमीन पर
छापामार सीटियाँ बजाने लगा है
और तब ही से भाइयो! मेरे पुरवासियो!!
मेरे पड़ोस की चुनमुन चिरैया
अपना घोंसला लोहे की जालियों से
बुनने लगी है और मेरी छप्पर का
एक नन्हा तिनका
जंगल की शाख होने का सपना
देखने लगा है।[8]

कवि को निज एवं देश की समस्याओं का पूर्ण एहसास है, पर वह इसके कारण

अपनत्व को सदैव जागृत रखे है—उसका कवि जागता है—सही की पहचान लोहे की भाँति विद्रोही (क्रान्तिकारी) कवि के रूप में करना चाहता है। 'बारिश में भीगकर' कविता में कवि का संकल्प नये आयाम अपनाये है। अब उसे कविता में छोटी-मोटी विवशताएँ क्रान्ति की चिनगारियों का कार्य करती प्रतीत होती हैं। तभी वह कहता है—

> "और कवि इन्हीं छोटे-छोटे ब्यौरों में गाता है
> उसकी यही साख है
> उसके लिए कविता सिर्फ शब्दों की बिसात नहीं
> वाणी की आँख है
> बारिश में भीगकर आह्लादित कवि
> नंगे सिर घूमता है कीच भरे रस्तों पर।"[8]

कवि ने इस मार्ग को स्वयं चुना है। निस्सन्देह इस आन्दोलन के पक्षधर जिन्दगी को जोखिम में डाल एक प्रकार से चरम सुख का अनुभव करते हैं। यही धूमिल का 'आह्लादित कवि' का संकल्प है।

"वियोगी होगा पहला कवि, आह से उपजा होगा गान" तथा "जो घनीभूत पीड़ा थी, मस्तक में स्मृति-सी छायी" से कवि धूमिल का संकल्प युग की समकालीन स्थिति को आत्मसात् किये है। जब कवि रचना 'युवा सदी गाती है' के अन्त में कहता है—

> मैं हूँ अथाह रुदन, अन्धकार के आर-पार
> जिसे एक टूटे हुए हृदय ने
> खुद को जोड़ने के लिए गा दिया है।"[8]

यहाँ गीत की परम्परा का भाव तो सुरक्षित है, पर अपने दायित्व की—युगीन समस्याओं से पूर्णतः जुड़ा है—इसीलिए स्वयं को जोड़ने (विद्रोही स्थितियों के लिए तत्पर) के लिए सदैव गाता है। यह गीत उसकी टूटन की अपेक्षा उसके संकल्प, दृढ़ विश्वास एवं विद्रोही स्वर को सँजोये है।

'आज मैं लड़ रहा हूँ' शीर्षक कविता में धूमिल का विद्रोही स्वर युवा पीढ़ी को कई प्रश्न पूछता हुआ 'खून' को 'आग' का स्वर प्रदान करता है। यथा—

> "...कविता की नसों में बहता हुआ खून
> जरूरत की जगह
> जहमत बन गया है
> अक्सर उठते हैं सवाल
> कहाँ हैं युवा-जन?
> परिवर्तन के अग्नि-चक्र?
> क्षुधित इतिहास?"[8]

धूमिल की कविताओं को नेमिचन्द्र जैन ने अनेक दृष्टियों से समझने-समझाने का

प्रयास किया है। लेखक का यह कहना सर्वथा न्यायसंगत एवं समीचीन है कि "धूमिल की कविता मूलतः आत्मालाप की कविता है, जिसमें आवेग की ऊर्जा है और एक तरह की अन्तःप्रज्ञा पर आधारित दिशा-बोध है, और सहज प्रभावी अभिव्यक्ति भी है।"[8] वस्तुतः दिशा-बोध के लिए इतिहास बोध की समझ अपेक्षित है। इसीलिए हम धूमिल की कविताओं में इतिहास-बोध के अनेक सन्दर्भों की संश्लिष्ट स्थिति को मानते हैं।

'कविता के द्वारा हस्तक्षेप' कविता में इतिहास-बोध धरातल पर व्यक्त हुआ है। इसमें कवि ने एक साक्षर और समझदार की दूरी का संकेत करते हुए साक्षरता, समझदारी एवं साहसिकता का सांकेतिक अन्तर काव्यात्मक अभिव्यक्ति में किया है। इतना ही नहीं, किस प्रकार शब्दों के माध्यम से हम अतीत (इतिहास) का पुनरीक्षण करते हैं—यहाँ स्पष्टतः व्यक्ति और समूह दोनों के इतिहास का संकेत है। धूमिल अपने इतिहास से भारतीय जनजीवन के इतिहास को स्पष्ट करना चाहता है। इसीलिए उसका कथ्य इकाई (व्यक्ति) से आरम्भ होकर समूह (इतिहास) की अवधारणा बन जाता है। इतिहास-बोध में पुनरीक्षण का विशेष महत्त्व है, क्योंकि—

> मेरे शब्द उसे जिन्दगी के कई स्तरों पर खुद को
> पुनरीक्षण का अवसर देते हैं, वह बीते हुए वर्षों
> को एक-एक कर खोलता है।
> वर्तमान को और पारदर्शी पाता है उसके आर-पार
> देखता है। और इस तरह अकेला आदमी भी
> अनेक कालों और अनेक सम्बन्धों में एक समूह
> में बदल जाता है। मेरी कविता इस तरह अकेले को
> सामूहिकता देती है और समूह को साहसिकता।[8]

कवि इतिहास-बोध के विभिन्न आयामों से मानसिकता के धरातल पर गुजरना चाहता है (गुजरने की प्रक्रिया में रहता है) इसलिए प्रक्रिया में अनिवार्य नहीं कि वह इस बोध की प्रतीति के लिए ऐतिहासिक घटनाओं एवं तथ्यों को क्रमशः प्रस्तुत करे। यही कारण है कि इतिहास-बोध इतिहास एवं साहित्य के धरातल से भिन्न कोटि का होता है—इसमें संवेदना को रचनात्मक स्तर पर प्रस्तुत किया जाता है। हालाँकि धूमिल का इतिहास-बोध हमें दोनों दृष्टियों में मिल जाता है। पर उसकी दृष्टि तथ्य अथवा घटनाओं के संकलन या प्रस्तुत करने की नहीं रही। 'पटकथा' में इसे आधार रूप स्वीकार करके भी कवि की संवेदना रचनात्मक धरातल पर इस सीमा का अतिक्रमण करती है। इसलिए यह कहना सार्थक एवं न्यायसंगत होगा कि इतिहास-बोध का अर्थ मात्र ऐतिहासिक तथ्यों या घटनाओं का ब्यौरा प्रस्तुत करना नहीं है, वरन् स्थिति, घटना अथवा प्रसंग को, 'मूल्य संवेदना' को ऐतिहासिकता के धरातल पर प्रस्तुत करना है। वस्तुतः किसी इतिहासकार के

इतिहास दर्शन अथवा बोध और रचनाधर्मिता के पक्षधर (मानसिकता के धरातल पर अनुभवशील कवि) के इतिहास-बोध की सीमाएँ हैं, इसका स्पष्टीकरण हम 'शान्ति-पाठ' कविता के ऐतिहासिक सन्दर्भ से कर सकते हैं। यथा—

गिद्धों की आँखों के खूनी कोलाहल और ठण्डे लोगों की
आत्मीयता से बचकर
मैकमोहन रेखा एक मुर्दे की बगल में सो रही है
और मैं दुनिया के शान्ति-दूतों और जूतों को
परम्परा की पालिश से चमका रहा हूँ।

× × ×

मैं देख रहा हूँ एशिया के दायें हाथों की मक्कारी ने
विस्फोटक सुरंगें बिछा दी हैं।
उत्तर-दक्षिण-पूरब-पश्चिम—कोरिया, वियतनाम,
पाकिस्तान, इसराइल और कई नाम
उसके चारों कोनों खूनी धब्बे चमका रहे हैं।
मगर मैं अपनी भूखी अँतड़ियाँ हवा में फैलाकर
पूरी नैतिकता के साथ अपने सड़े हुए अंगों को सह रहा हूँ।
भेड़िये को भाई कह रहा हूँ।
विदेशी युद्ध-प्रेक्षकों ने
आजदी की बिगड़ी हुई मशीन को
ठीक कर दिया है।[9]

प्रस्तुत उद्धरण का इतिहास-बोध, सम्बन्धों के प्रति ईमानदारी एवं ऐतिहासिक प्रतिबद्धता का परिचय सहज ही मिल जाता है। 'सिद्धों' तथा 'भेड़िये' शब्दों का प्रयोग विशेष स्थिति-बोध एवं ऐतिहासिक-राजनीतिक समझ के आधार पर किया है। भेड़िये की विशेषता इस बात से जानी जाती है कि वह भूख लगने पर अपनी जाति तक को हड़प जाता है। जैसा मार्क्स का अभिमत है कि श्रमिक वर्ग की बढ़ौती होती रहती है जबकि पूँजी कुछ हाथों में सिकुड़ती चली जाती है, क्योंकि प्रतियोगिता-संघर्ष में एक पूँजीवादी दूसरों को खा जाता है। (One capitalist always kills many.[10]) गिद्ध को घ्राण-शक्ति तथा मृत का मांस नोंच-नोंचकर खाने के कारण तथा भेड़िया मक्कारी, हड़पने, षड्यन्त्रकारी, अधिकार-शोषण एवं बर्बरता के लिए प्रयुक्त प्रतीक स्वरूप शब्द हैं। चीन से हमारे सम्बन्ध बिगाड़ने का दोष दक्षिणपक्षी शक्तियों की मक्कारी का परिणाम है—इसी शक्ति-प्रसार की कामना से अमेरिका ने भारतीय जनमानस को पी.एल. 480 के अधीन मानसिक शोषण का एक नया औजार अपनाया। भारत अन्न संकट एवं विवशता के कारण सदैव हाथ फैलाये रहा, सबकुछ जानते हुए चुप रहा। इसी कविता के अन्त में कवि ने पंचशील

के प्रतीक शब्द 'कबूतर' का प्रयोग कर हिन्द-चीन मित्रता की ओर संकेत किया है। वामपन्थी होने के कारण एवं स्थिति को सही धरातल पर प्रस्तुत करता कवि इस सबके मूल में अमेरिका को मानता है–इसीलिए कोरिया, वियतनाम, पाकिस्तान, इसरायल के नाम गिनवाता है। इनकी लड़ाई से इसका हाथ प्रत्यक्ष अथवा अप्रत्यक्ष रूप में अवश्य रहा है। इतना ही नहीं, विश्व में इस प्रकार की लड़ाई के लिए वह चिर-परिचित है–वह ऊपरी सम्बन्धों एवं भौतिक सहयोग से शोषण एवं शक्ति-विस्तार के लिए सदैव प्रयत्नशील रहा है। इसी कविता के अन्त में वह स्वयं के माध्यम से देश का मूल्यांकन करता हुआ उसे लन्दन तथा न्यूयार्क के घुण्डीदार तश्मों से डमरू की तरह बजाता मानता है–इसे भारतीयों की मानसिक दासता के रूप में लिया गया है।

इतिहास-बोध : 'पटकथा' एवं इतर रचनाएँ

जैसा कि हम पूर्व-चर्चा में ऐसा संकेत कर चुके हैं कि धूमिल की 'पटकथा' में इतिहास का बोध (ऐतिहासिक चेतना) व्याप्त धरातल ग्रहण किये है–आयाम प्रतिबद्धता का है (स्मरण रहे यहाँ प्रतिबद्धता से अभिप्राय मार्क्सवादी चिन्तन के प्रति आस्था नहीं है) पर उनकी स्फुट कविताओं में कवि वर्तमान के प्रति जितना सजग है, उतना ही अतीत के प्रति ईमानदार भी। वस्तुतः उनकी कविताओं में इतिहास-बोध परम्परित अर्थ (कोशीय प्रचलित अर्थ) से सीमा का अतिक्रमण करता हुआ कवि कर्म एवं धर्म का सही निर्वाह भी करना चाहता है। इसीलिए अतीत के साथ काल-बोध में वह वर्तमान एवं भविष्य के प्रति भी एक दृष्टि का निर्माण किये है। हमारी दृष्टि में यही अन्तर इतिहास दर्शन अथवा बोध के सिद्धान्त पक्ष एवं भावात्मक अभिव्यक्ति में है। कवि में इतिहास बोध प्रत्यक्ष वास्तव प्रतीत होता हुआ गहन अर्थ एवं व्यापक सन्दर्भों की संश्लिष्ट अभिव्यक्ति करता है। स्फुट कविताओं में 'जवाहरलाल नेहरू की मृत्यु पर' कविता में कवि इतिहास-बोध एवं भारतीयता की पहचान युग-युग के विकास में अचानक मोती के मुट्ठी से निकलने से करता है। वह समझता है–

> और एक युग बीत गया है
> थकी हुई घायल आहुतियाँ आज शून्य के बन्दीगृह में
> सिसक उठी हैं
> हवाओं में एक ही चर्चा है
> महाकाल फिर जीत गया है।
> सबकी आँखों में एक ही भय
> झाँकता है।

कवि धूमिल की ऐतिहासिक समझ की चर्चा करते समय इस तथ्य को भी दृष्टि में रखना होगा कि वह एक इतिहासकार या इतिहासवेत्ता की लेखा-जोखा प्रस्तुत नहीं करता वरन् संश्लिष्ट संकेतों, स्थिति-उल्लेखों से इस बोध के प्रति अपनी समझ का परिचय देता है। 'मुक्ति के तुरन्त बाद' कविता में उसकी स्थिति एक समझदार एवं ईमानदार कवि के रूप में स्पष्ट होती है–

मगर मैंने सहसा महसूस किया कि
लहू का एक कतरा
गेहूँ के दाने में गुनगुना उठा है
और इतिहास के मोड़ पर
एक जिन्दा परछाईं गहरा गयी है।[11]

इतिहास-बोध को एक नये अन्दाज एवं वास्तविक धरातल पर प्रस्तुत करने में धूमिल ने 'प्रौढ़ शिक्षा' कविता में ऐसे बिन्दुओं की ओर संकेत किया है जो तर्कसंगत एवं सही हैं। सही-सार्थक आदमी, कविता एवं भाषा की पहचान के लिए कवि को अनेक मोड़ों से गुजरना पड़ा है। युग-बोध की वास्तविकता प्रत्यक्ष बोध के आधार पर हुई है तो युगाभिव्यक्ति की सार्थकता का मूल अतीत स्थिति-बोध भी रहा है–इस प्रकार धूमिल ऐसे संकेतों अथवा काव्यात्मक उक्तियों द्वारा जनमानस में ऐतिहासिक समझ एवं इतिहास-बोध को उजागर करता रहा है। प्रौढ़-शिक्षा देखने में भले ही युग-बोध की व्यंजक है–आज तो सरकार इस पर करोड़ों रुपया व्यय कर रही है–इसके मूल में सभी को कोरे अक्षरों से परिचित कराना नहीं वरन् एहसास अथवा समझ तक ले जाना है। नागरिक यदि शिक्षित होंगे–शासन व्यवस्था एवं राजनीति के साथ सामाजिक व्यवस्था को सही रूप में समझ सकेंगे तो फिर उन्हें न तो कोई गुमराह कर सकेगा, ना ही उनका शोषण होगा। हमारे विचार में जनतंत्रात्मक शासन प्रणाली में सभी का शिक्षित (जागरुक-समझदार) होना अनिवार्य है। ऐसा अवसर पर्याप्त प्रतीक्षा के पश्चात् आया है। आज हम सब स्वतंत्र हैं, अपनी शासन व्यवस्था है। इसीलिए कवि कहता है–

यह भविष्य है यानी कि शब्दों की दुनिया में
आने की सहमति। तुमने पहली बार
बीते दिनों की यातना के खिलाफ
मुँह खोला है
और यह उस आदमी का भविष्य है जिसका
गूंगापन
न सिर्फ, आत्महत्या की सरहद पर बोलता है
मुहावरों के हवाई हमलों से बचने के लिए
जिसके दिमाग में शताब्दियों का अन्धाकूप है।"[12]

धूमिल की इन पंक्तियों में एक साथ कई स्थितियों का उल्लेख किया गया है। इतिहास-बोध की व्यंजक अन्तिम पंक्ति का विशेष महत्त्व है। 'शताब्दियों का अन्धा कूप' शासन प्रणाली के बदलाव की सूचना देता है। सदियों की दासता के पश्चात् 'कूप' के अन्धेपन से बाहर निकलने के सुअवसर प्राप्त हुआ है—इस दासता की मनोवृत्ति ('समझ' के अभाव में मात्र दैवी अथवा नियति को सर्वस्व मानना) से विवेक द्वारा स्थिति की सही पहचान करने का अवसर आ गया है, अब सड़क में संसद जैसी समझ है। आम आदमी में व्यवस्था का एहसास है, वह अब अक्षरों का ज्ञान प्राप्त कर चुका है—काली गुफाओं में अब प्रकाश की किरणें व्याप्त होने लगी हैं—जनता का अपनी शक्ति का एहसास जनतंत्र में हो सकता है, क्योंकि राजतंत्र में तो 'आदेश' प्रमुख रहता है जबकि जनतंत्र में प्रतिनिधित्व की प्रमुखता रही है। जनतंत्रात्मक व्यवस्था में संसद में एक प्रतिनिधि अपनी 'समझ' के आधार पर 'विरोध' प्रकट कर सकता है—इसमें व्यक्ति और समूह की आवाज एक साथ ध्वनित हो सकती है, पर 'राजाज्ञा' अकेली होती हुई सर्वमान्य होती है और यह व्यवस्था परम्परा बोध की व्यंजक है जबकि जनतंत्र में कभी भी बहुमत परिवर्तन किया जा सकता है। उदाहरणार्थ भारत की इस बार की संसद को दो वर्षों के पश्चात् भंग होना पड़ा—सभी को जनता के पास पुनः पहुँचना पड़ा। सड़क फिर से संसद का चयन करने वाली है। इसका निर्णय जनवरी के प्रथम-द्वितीय सप्ताह में हो गया। देश की वर्तमान स्थिति—'अनिर्णय' एवं अराजकता को देखते हुए ऐसा प्रायः सुनने में आता है पुनर्निमित संसद अब सड़क से अधिक समय तक दूर नहीं रह सकेगी। चुनावों का 'दौर' चलता रहेगा—लोगों में प्रौढ़-शिक्षा की ओर प्रेरित कर हममें चारित्रिक अनैतिकता के कारण स्थिरता नहीं आ पायेगी। जीवन, समाज एवं देश में स्थिरता के लिए नैतिकता अपेक्षित है। आज की व्यवस्था का आधार क्या है—सभी सुपरिचित हैं। तभी कवि ऐसा आह्वान करता हुआ कहता है—

बदलो—अपने-आपको बदलो
यह दुनिया बदल रही है
और यह रात है, सिर्फ रात...
इसका स्वागत करो
यह तुम्हें
शब्दों के नये परिचय की ओर लेकर
चल रही है।[12]

कवि इतिहास-बोध एक स्थूल बोध एवं परिचय से आरम्भ करता है—प्रौढ़-शिक्षा में अक्षर-बोध से पुस्तक-बोध तक की प्रक्रिया से गुजरना पड़ता है। इस प्रक्रिया से व्यक्ति को निरन्तर गुजरना पड़ता है और एकाएक यह बोध फिर व्यापक रूप धारण कर लेता है—फिर अक्षर-बोध का महत्त्व सीमित नहीं रह पाया।

उसके व्यंग्यार्थ के सही-सार्थक होने की पहचान कराता है। शब्दों के नये परिचय में कवि धूमिल इतिहास-बोध द्वारा उन परिवर्तनों की ओर संकेत करता है जो विश्व में हो रहे हैं। जन-शक्ति के साथ अन्य शक्तियाँ कितनी तीव्रता से विकसित हो रही हैं। आज तीसरी दुनिया के निर्माण के लिए प्रयत्नशील हैं। हमारी दृष्टि में इतिहास-बोध की महत्त्वपूर्ण उपादेयता युग-सापेक्ष विकास (परिवर्तन) की सार्थकता की ओर संकेत अथवा पुष्टि करना है। यही कारण है कि हम धूमिल की अनेक कविताओं में इतिहास-बोध, ऐतिहासिक समझ एवं युग-बोध की प्रत्यक्ष तथा सार्थक अभिव्यक्ति पाते हैं।

धूमिल के इतिहास-बोध के कई फलक हैं। मानसिक सृजन-भूमि के आधार पर वह इसकी अवस्थिति परम्परित रूप में कम मानता है। यही कारण है वह कविता का लक्ष्य सदियों में प्रताड़ित होने का इतिहास घोषित करता हुआ कहता है—

लेकिन कविता चमड़ा नहीं है
इसीलिए कविता में गाती है घास
आदमी की जुबान से तिनका भर आगे बढ़कर
सदियों से अपने रौंदे जाने का इतिहास
सहना ही जीवन है जीवन का जीवन से द्वन्द्व है।
मेरी हरियाली में मिट्टी की करुणा का छन्द है।[13]

स्फुट रचनाएँ जहाँ धूमिल की काव्य-चेतना का सन्तुलित पक्ष प्रस्तुत करती है, वहाँ इनमे कुछेक में कवि का विद्रोही एवं क्रान्तिकारी का तीक्ष्ण स्वर भी देखा जा सकता है। कवि समस्याओं विवशताओं की स्थिति तक सीमित नहीं रहता। यही कारण है कि हमें धूमिल की कविताओं में प्रत्यक्ष अथवा अप्रत्यक्ष में 'बगावत' की प्रतीति होती है, भले ही वह कहीं-कहीं स्थिति से विवश दीखता है। व्यवस्था के प्रति खीझ उसके 'परिवर्तन' का मूल स्वर है। उसे इस बात की चिन्ता कम है, उसके पीछे कितने लोग चलेंगे। इसीलिए वह ऐसे अवसरवादी, कायर लोगों को अनेक स्थितियों में संकेत देता है जिनके कारण उग्र-आतंक पर आधारित आन्दोलन शिथिल पड़ जाया करते हैं। पर यह क्रान्ति (विद्रोह) का क्रम चलता रहता है—इसमें लावा रहता है, विस्फोट कभी भी सम्भावित है—इसलिए वह इसके सिलसिला जारी रखने का संकल्प लेता है। इसी धारणा की पुष्टि स्फुट रूप में प्रकाशित कविता 'सिलसिला' में ही जाती है, जब कवि कहता है—

तख्ता उलटने का सिलसिला शुरू हो गया है
कठुआये चेहरों की रौनक वापस लाने के लिए
उठो, हरियाली पर हमला करो
जड़ों से कहो कि अँधेरे में बेहिसाब दौड़ने की बजाय
पेड़ों की तरफदारी के लिए

जमीन से निकल पड़ें
बिना इस डर के जंगल
सूख जायेगा।[13]

इस उद्धरण से स्पष्ट है कि कवि सपाटबयानी में शब्दों का प्रयोग बहु अर्थों में करता है। जंगल कोशगत अर्थ से देश, समाज की अभिव्यक्ति करता है पर जंगल, पेड़, जड़ तथा हरियाली के पारस्परिक सम्बन्ध से वह बहुत कुछ कहना चाहता है–इनसे वह बतलाना चाहता है, जिस प्रकार जंगल की शोभा पेड़ों की हरियाली से होती है–यदि उसकी हरियाली पर आक्रमण हो जाए तो फिर पेड़ों की तरफदारी के लिए जड़ों की आवश्यकता होती है–जड़ें पेड़ का आधार हैं। इसी प्रकार क्रान्ति (विद्रोह) तथा आन्दोलन के पथ पर अग्रसर साहसी व्यक्तियों को फिर समाज में होने वाली रिक्तता की चिन्ता नहीं करनी चाहिए, क्योंकि जड़ों के पेड़ों के बाहर आने पर जंगल का सूखना निश्चित है। परन्तु कवि को ऐसा भी लगता है कि–

"...नारों को शाख नहीं मिलेगी
और न आरा-मशीन को
नींद की फुरसत है
लेकिन यह तुम्हारे हक में है
इससे तो होगा ही कि रुखानी की मामूली-सी गवाही पर
तुम दरवाजे को अपना दरवाजा
और मेज को। अपनी मेज कह सकोगे।"[14]

निष्कर्ष स्वरूप कहा जा सकता है कि धूमिल की कविताओं में इतिहास-बोध अनेक रूपों में व्यक्त हुआ है। इतिहास, मूल्य अथवा किसी भी बोध की व्याप्ति काव्य में सांकेतिक रूप में हुई है–ये संकेत शब्दों के सही प्रयोग में द्रष्टव्य है। साथ ही उसकी राजनीतिक समझ और लोहे, क्रान्ति एवं आग की प्रतिबद्धता भी स्पष्ट है।

सन्दर्भ-संकेत

1. धूमिल : डायरी के कुछ पृष्ठ, 'नया प्रतीक' सम्पा. स.ही. वात्स्यायन (दिल्ली नेशनल पब्लिशिंग हाउस, अप्रैल 1978), पृ. 15
2. Stanford, M. Lyman, 'Preface', "Structure, Consciousness and History", ed. Richard Harvey Brown and Lyman (Cambridge University Press).
3. रामदेव आचार्य, 'साहित्य में इतिहास-बोध' 'साक्षात्कार'-10, सम्पा. प्रभाकर श्रोत्रिय (भोपाल : मध्यप्रदेश, साहित्य परिषद, अंक 10, दिसम्बर-फरवरी 1978), पृ. 125-26.

4. परमानन्द श्रीवास्तव, 'संसद से सड़क तक', 'हिन्दी साहित्याब्द कोश, 1972, सम्पा. देवेन्द्रनाथ शर्मा : गोपालराय (पटना : ग्रन्थ निकेतन, 1973), पृ. 147
5. संसद से सड़क तक, पृ. 100, 10, 68, 71
6. कल सुनना मुझे, पृ. 63
7. संसद से सड़क तक, पृ. 20
8. कल सुनना मुझे, पृ. 66, 15, 23, 40, 44, 55, 69, 66

8(क). नेमिचंद्र जैन, 'अदम्य सर्जनात्मक ऊर्जा', 'तीसरा साक्ष्य', सम्पा. अशोक वाजपेयी (हापुड़ : सम्भावना, 1979), पृ. 137

9. संसद से सड़क तक, पृ. 27
10. 'Marxism, Communism and Western Society, Vol I. ed. C.D. Kering (New York, Harder and Harder, 1972) P. 286.
11. कल सुनना मुझे, पृ. 7-8, 26
12. संसद से सड़क तक, पृ. 49, 53
13. कल सुनना मुझे, पृ. 43
14. 'आलोचना'-33 (अप्रैल-जून 1975), पृ. 3

अष्टम अध्याय

काव्य-भाषा और वक्तव्य

"धूमिल ने नयी कविता की अन्तर्मुखता और 'काव्य-भाषा' तोड़ने में मदद की है। उनकी कविता का एक विशिष्ट व्यक्तित्व भी बन गया है, लेकिन 'संसद से सड़क तक' में धूमिल की कविता एक विकास बिन्दु पर रुक गयी जान पड़ती है।" डॉ. विशम्भरनाथ उपाध्याय का धूमिल के काव्य-संग्रह 'संसद से सड़क तक' के आधार पर प्रस्तुत अभिमत सर्वथा उपयुक्त है—विशेषकर उनका प्रथम वाक्य तो एक सार्थक वक्तव्य कहा जा सकता है। वैसे तो नयी कविता से कविता को नयी दिशा एवं दृष्टि मिली है--इसी में नयी शैली तथा भाषा का प्रयोग भी हुआ है। काव्य में अन्तर्मुखता के कारण विशेष गुणों से युक्त जिस भाषा की अपेक्षा रहती है—उसे कवि धूमिल इस संग्रह में नकारता है। पर सम्पूर्ण कवि-व्यक्तित्व एक-सा नहीं रहा है। अब तक धूमिल के प्रकाशित काव्य-संग्रह-'बाँसुरी जल गयी' (1961), संसद से सड़क तक' (1972) तथा 'कल सुनना मुझे' (1977) कथ्य एवं भाषा (काव्य-भाषा) की दृष्टि से एक-दूसरे से पृथक् कोटि के हैं। इसे कवि का विकास, काव्य का विकास अथवा युग की आवश्यकताओं के प्रति कवि का झुकाव—कुछ भी कहा जा सकता है। कथ्य की दृष्टि से तो अन्तिम दोनों संग्रहों में आंशिक समता है, पर काव्य भाषाविशेष में रूप (form) के आधार पर पर्याप्त अन्तर है। प्रथम संग्रह तो गीतात्मक शैली में है। धूमिल की काव्या-भाषा-सम्बन्धी धारणा की दृष्टि से पूर्व दोनों काव्य-संग्रहों में उपयुक्त काव्य-भाषा तथा कवि की भाषा-सम्बन्धी दृष्टि का विवेचन आवश्यक है। नयी कविता विशेषकर समकालीन कविता में धूमिल ही एक ऐसा कवि है जो कविता में सही एवं सार्थक वक्तव्य पर बल देता है। हमारी दृष्टि में काव्य-भाषा के सही एवं सार्थक प्रयोग से कवि का अभिप्राय

संप्रेषणीयता की सहजता एवं सरलता से है। यहाँ यह भी उल्लेख्य है कि धूमिल की काव्य-भाषा उनकी निजी शैली अथवा टेकनीक का रूप धारण किये है।

काव्य-भाषा : स्वयं धूमिल की दृष्टि में

समकालीन कविता की पहचान भाषा की सपाटबयानी से होती है। काव्य-भाषा-सम्बन्धी धूमिल के विचार स्फुटतः उनकी अनेक कविताओं में देखे जा सकते हैं। भाषा-सम्बन्धी कुछ मान्यताएँ 'कल सुनना मुझे' की भूमिका में स्पष्ट हो जाती हैं। कई बार कवि के वक्तव्यों में अन्तर्विरोध भी देखा जा सकता है। वस्तु और व्यक्ति के बीच कविता की भाषा को धूमिल ने एक दीवार के रूप में स्वीकार किया है। काव्य-भाषा उसकी दृष्टि में आतंक की द्योतक है। इससे ऐसा प्रतीत होता है कि काव्य-भाषा के प्रति कवि की विशेष दृष्टि तो है, पर इसकी रचना के प्रति किसी प्रकार का आग्रह उसमें नहीं। सपाटबयानी—सीधे-सीधे वक्तव्यों से यह नहीं समझना चाहिए कि वह प्रतीकों या 'बिम्ब' का प्रयोग नहीं करता, वरन् इनसे वह सही-सार्थक स्थिति को अभिव्यक्ति देने की लक्ष्य पूर्ति करता है। यही कारण है कि समकालीन कवियों में शब्द-प्रयोग में जितनी सफलता धूमिल को मिली है अन्य किसी को नहीं। हम तो इन्हें 'शब्दों का जादूगर' कवि मानते हैं। पर अन्तर्विरोध की स्थिति तब आती है जब कवि की 'मोचीराम' सरीखी रचनाओं को देखते हैं। इतने तीक्ष्ण व्यंग्य, युग-बोध की सार्थक अभिव्यक्ति में सपाटबयानी से अधिक भाषा का काव्यमयी संरचना है। देखने में शब्द सामान्य प्रतीत होते हैं, पर कवि-लक्ष्य अत्यन्त गहन होता है। पूर्व के वादों एवं समकालीन कविता के सम्बन्ध में कवि का कथन है—

> छायावाद के कवि शब्दों को तोलकर रखते थे
> प्रयोगवाद के कवि शब्दों को टटोलकर रखते थे।
> नयी कविता के कवि शब्दों को गोलकर रखते थे,
> सन् साठ के बाद के कवि शब्दों को खोलकर रखते हैं।

'सपाटबयानी' अथवा साठोत्तरी कविता में शब्दों को खोलकर रखने से प्रतीकों और बिम्बों के प्रयोग को लेकर किसी प्रकार की भ्रान्ति नहीं होनी चाहिए। प्रायः धूमिल को वक्तव्यों के आधार पर सपाटबयानी का कवि स्वीकार किया जाता है और इसके साथ यह भी कहा जाता है कि उसकी कविताओं में प्रतीकों तथा बिम्बों का प्रयोग नहीं हुआ है। हम इस प्रकार के विचारों से सहमत नहीं हैं, क्योंकि समकालीन कवियों में धूमिल का स्थान अग्रणी कवियों में इसलिए प्रतिष्ठित है, क्योंकि वह भाषा को अपने अनुरूप चलाता है—शब्दों का प्रयोग कई रूपों में करता है—एक शब्द अस्सी बार प्रयुक्त होकर अपना कोशीय अर्थ बनाये रखकर भी काल, प्रसंग,

स्थिति एवं अवसर के अनुरूप अपना अर्थ किस प्रकार विकसित करता है–इसकी सविस्तार सोदाहरण चर्चा हम पृथक् से करेंगे। इतना स्पष्ट है कि धूमिल के शब्द-प्रयोग में प्रायः प्रतीक की समाविष्टि रहती है–जूता, लोहा, जंगल, घास, नींद, रोटी, भूख इत्यादि शब्द अपने कोशगत अर्थ तक सीमित नहीं हैं–इससे स्पष्ट है कि उसकी काव्य-भाषा प्रतीकात्मक है। इस प्रकार धूमिल की काव्य-भाषा को 'प्रतीकात्मक सपाटबयानी' कहना उचित होगा। सपाटबयानी लगती है पर उसका अर्थ-सन्दर्भ अथवा प्रसंग से जानने पर उसके विस्तार एवं व्यापक होने का बोध सहज ही हो जाता है। इसलिए 'जूता' केवल चमड़े के जूते तक अर्थ की व्यंजना नहीं करता वरन् इसका यह अर्थ बिल्कुल लुप्त हो जाता है–महत्त्वपूर्ण उसका वर्ग अथवा जातिगत हो जाता है। यही कारण है कि शब्द-प्रयोग में सही, सार्थक एवं सटीक प्रयोग में जितनी सफलता धूमिल को मिली है–शायद ही किसी समकालीन कवि को मिली हो। पर यहाँ हम यह भी संकेत कर देना चाहते हैं कि कई बार वह शब्दों को जब सामान्य धरातल पर प्रस्तुत करता है तो वह कविता की भाषा न होकर मात्र वक्तव्य या गद्य की भाषा तथा शैली का आभास देने लगती है। अनेक कविताएँ इसके कारण शिथिलता का बोध कराती हैं–'पटकथा' लम्बी होने के कारण इस अभाव की अनेक बार सूचना देती है।

काव्य-भाषा : सम्बोधनात्मक शैली

धूमिल की अधिकांश कविताएँ सम्बोधनात्मक हैं। यह सम्बोधन कहीं कवि स्वयं को करता है, कहीं 'तू', 'तुम', 'वह', 'वे' से स्थिति की वास्तविकता का बोध कराता है। इसके साथ ही कवि ने ऐसे वक्तव्य एवं उक्तियों का ताना-बाना प्रस्तुत किया है जो कविता क्षेत्र में एक नया सार्थक प्रयोग कहा जा सकता है। कविता की समीक्षा में अर्थ की बात तो पर्याप्त समय से होती रही है, पर सही और सार्थक कविता के साथ वक्तव्य और भाषा तथा आदमी को एक साथ धूमिल ने प्रस्तुत करना चाहा है। हमारा विश्वास है कि समकालीन कविता को अन्य काव्य-आन्दोलनों या वादों से पृथक् स्थान प्रदान करने में यह प्रवृत्ति विशेष रही है। प्रश्न और उत्तर (समस्या-समाधान) की शैली में समकालीन कवि वर्तमान समस्याओं को अनेक रूपों में व्यक्त करते हैं तथा इसके सम्बोधनात्मक सर्वनामों का प्रयोग किया गया है। लगभग सभी कविताओं का विकास इन्हीं के कारण हो पाया है। यथा–

> "मुझे कुछ नहीं कहना है
> मैं सिर्फ रहना भर जानता हूँ" (कल सुनना मुझे, पृ. 38)

तथा इसी कविता 'शब्द जहाँ सक्रिय है' के अन्त में भी वह कहता है–

> "मैं सिर्फ इतना भर जानता हूँ...।" (पृ. 40)

"सोचते क्या हो? जैसा कि लोग कहते हैं...
किन्तु मुझे लगता है" (पृ. 50),
"सुना, तुमने सुना, मैंने उसे देखा था पाँचवीं बार" (कल पृ. 60)
"और सुनो
कविता मारती नहीं।" (पृ. 66),
"मुझे लिखो तथा मत भूलो
कि कवि एक कुनबे का अगुआ है...
क्या तुमने सुना?...
मगर मत भूलो' (पृ. 63),
"क्या कहा—मैं सुनता हूँ...कल सुनना मुझे?
आज मैं लड़ रहा हूँ।" (पृ. 69),
"भूल रहा हूँ, आओ! मेरी आत्मा अन्धी है।"
—"मगर कोई ध्यान नहीं देता, मैं कुछ नहीं कर सकता। मैं सोचता हूँ. ..। मैं चौंक पड़ता हूँ—मैं देखता हूँ" (पृ. 77) 'कल सुनना मुझे'

काव्य-संग्रह के इन उद्धरणों से एक बात स्पष्ट हो जाती है कि कवि कथ्य-विस्तार एवं सही रूप में प्रस्तुत करने के लिए इस शैली को अपनाता है—इसी के कारण हम समकालीन कविता में नाटकीयता को विशिष्ट मानते हैं। सपाटबयानी में नाटकीयता के कारण कविता में एक विशेष का प्रभाव धूमिल की कविताओं में द्रष्टव्य है।

'कल सुनना मुझे' की अपेक्षा 'संसद से सड़क तक' संग्रह की कविताओं में इस विधि को विशेष रूप में अपनाया गया है। 'पटकथा' के विस्तार एवं प्रभाव में आत्म सम्बोधनात्मक शैली एवं संवादों की योजना विशेष सहायक रही है। कुछ उदाहरण पुष्टि हेतु द्रष्टव्य हैं—

'मैं अपने-आपसे एक सवाल करता हूँ...
और बिना किसी उत्तर के चुपचाप आगे बढ़ जाता हूँ।" (पृ. 11)

कविता में इन पंक्तियों की पुनरावृत्ति भी हुई है।

"और तुम महसूसते रहोगे—मैंने खुद को समझाया...
और सहसा मैंने पाया कि मैं खुद अपने सवालों के
सामने खड़ा हूँ और
उस मुहावरे को समझ गया हूँ...
मैंने जब भी उनसे कहा...मगर वे असलियत नहीं समझते

...यह सब कैसे होता है...मैं उन्हें समझाता हूँ" (पुनरावृत्ति भी), (पृ. 19) "मैं जानता हूँ कि इससे न तो कुर्सी बन सकती है" (पृ. 28) "मैंने पहली बार महसूस किया है, मुझे लगा...साबित हो चुकी है...मैंने महसूस किया है...मैं सोचता हूँ...ऐसा मैं

नहीं कहूँगा, फिर भी मुझे खयाल रहता है" (पृ. 41)—"मैं महसूस करता हूँ, मैं कहना चाहता हूँ—सच कहता हूँ, मैं एक बार फिर? वह सब बतलाना चाहूँगा/जिसे मैंने कल कहा था।" (पृ. 50) 'कवि 1970' कविता में 'मैं आपसे पूछता हूँ' वाक्य की पुनरावृत्ति हुई है। 'क्या मैंने गलत कहा?' —पुनरावृत्ति (पृ. 75)। 'मगर मत भूलो कि' (पृ. 78) 'मैंने ऐसा कुछ नहीं किया है—मुझे कुछ नहीं करना है' (पृ. 81), 'वैसे हम समझते हैं कि सच्चाई

हमें अक्सर अपराध की सीमा पर

छोड़ जाती है' (पृ. 82) 'लेकिन मैंने कहा' (पृ. 92), 'उनका कहना...मैंने सोचा तथा कहा' की अनेक बार 'पटकथा' में पुनरावृत्ति 'मैंने इन्तजार किया' (पृ. 110)। इसके साथ ही 'पटकथा' में 'सुनता रहा, समझाता रहा तथा समझता रहा' का अनेक बार प्रयोग हुआ है।

'कल सुनना मुझे' तथा 'संसद से सड़क तक' काव्य-संग्रहों की रचनाओं में मैंने ऐसे उदाहरण इसलिए प्रस्तुत किये हैं ताकि कवि की प्रक्रिया को सही रूप में समझा जा सके। धूमिल की कविताओं की यह शैली आज स्वयं को समकालीन कविता का कवि मानने वाला अपना रहा है। विशेषकर लम्बी कविता में तो इस शैली को अपनाना अनिवार्य होता है। यह शैली पात्रों की पूर्ति का कार्य करती है। 'पटकथा' इसीलिए मेरी दृष्टि में एक संश्लिष्ट नाट्य-काव्य है जिसे मंच अथवा दूरदर्शन पर प्रस्तुत किया जा सकता है—'मैं, तुम तथा हिन्दुस्तान' को पात्र मानने से इस समस्या का हल किया जा सकता है।

उपर्युक्त उदाहरणों से यह भी स्पष्ट है कि कवि काव्य में स्वयं को सदैव पाता है—अपना चिर सम्बन्ध स्थापित करता है। कविता में स्व-आवेष्टन (सेल्फ इन्वॉल्वमेण्ट) की स्थिति स्पष्ट है। इसकी प्रतीति कवि के सोचने, समझने-समझाने, महसूसने, देखने-दिखलाने, करने-कराने, जानने-जनवाने, कहने-कहलवाने, बतलाने-बतलवाने के क्रियात्मक प्रयोग की ओर विशेष रही है। इस प्रकार कवि में संवादात्मक शैली का विकास भी सहज रूप में हो पाया है। साथ ही धूमिल की काव्य-भाषा को हम बोलचाल की भाषा के निकट इस कारण से भी मानते हैं। पर काव्य-भाषा का एक अन्यतम गुण यह भी है कि वह कवि की आन्तरिकता को सुरक्षित रखकर उसके दुःख को अभिव्यक्ति देती है। इसमें कवि अकेला होता है—वह दुःख की स्थिति से छुटकारा पाना जानता है पर ऐसा करता नहीं। काव्य-भाषा का यह पक्ष धूमिल की अनेक कविताओं में देखा जा सकता है, जहाँ वह अपने पूर्वपरिचित दुःख से पछाड़ दिया गया है।

शब्द-प्रयोग : व्यापक सन्दर्भ, कोशीय अर्थ एवं कालगत चेतना

धूमिल हमारी दृष्टि में एक ऐसा जादूगर है जो शब्दों का प्रयोग उसके नंगेपन के रूप में करने का पक्षपाती है जो कि समकालीन कविता की विशिष्टता है। राजकमल चौधरी की रचनाओं में ऐसे प्रयोग सार्थक रूप में हुए हैं, पर कवि शब्दों की विद्रूपता अथवा घिनौनापन छोड़ नहीं पाता है, जब कि धूमिल शब्दों को नंगेपन में ग्रहण करता है, कविता में प्रयुक्त करता है और पाठक तक उसका कोशगत स्वरूप में भी प्रेषित करता है—पर इतना करने तक उसकी सार्थकता नहीं मानता। वह शब्द को खुला छोड़ देता है—व्यापक अर्थवत्ता हेतु। धीरे-धीरे कविता के विकास को समझने के लिए शब्द की समझ आने लगती है और उसका प्रचलित अर्थ समाप्त हो जाता है और पाठक उस शब्द की विद्रूपता को भूल उसके 'प्रभाव' की स्थिति जानने को उत्सुक होता है। यही कारण है कि धूमिल की कविताओं को इन्हीं शब्द-प्रयोगों की विविध एवं व्यापक अर्थवत्ता के कारण अनेक सन्दर्भों में प्रस्तुत किया जाता है। ध्यातव्य यह है कि इतनी व्यापकता एवं विविधता के रहते हुए शब्द अपनी कोशगत स्थिति के अनुकूल प्रयुक्त होते हैं। जंगल, घास, अन्धा, मौसम, कबूतर, सूरज, लोहा, पेड़, चूल्हा, बसन्त, जूता, कबूतर, मकान, धर्मशाला इत्यादि शब्दों का प्रयोग इनकी कविताओं में देखें तो स्पष्ट हो जाता है कि धूमिल शब्द-प्रयोग के प्रति विशेष जागरुक रहा है जबकि सपाटबयानी में ऐसा करना एक खतरा भी बन सकता है। 'अन्धा' शब्द-प्रयोग के कुछ उदाहरण द्रष्टव्य हैं—'बुद्धिमानों का अन्धापन और अन्धों का विवेक, अन्धा कूप, अन्धे अतीत, अन्धी गली, अन्धे दराज, पीला अन्धकार, अन्धी ढलान तथा 'खाना खा चुकने के बाद अन्धे हो जाते हैं जवान लड़कियाँ अँधेरा पकड़ लेती हैं।' (पृ. 56)

'मैं हूँ' कविता में 'कवि' शब्द का प्रयोग अनेक सन्दर्भों में किया गया है, लेकिन इसके कोशीय अर्थ की अपेक्षा कवि की आन्तरिक 'तड़प' को अधिक सार्थकता में व्यंजित करता है। इस कविता में प्रयुक्त 'कबूतर' शब्द कोशगत अर्थ को व्यंजित न कर पंचशील के ऐतिहासिक सन्दर्भ (कालगत चेतना) को प्रस्तुत करता है, जब भारत तथा चीन ने एक साथ मिलकर पंचशील का समर्थन किया है—कबूतर को फैले पंखों से उड़ाया गया था। 'देश-प्रेम : मेरे लिए' कविता में कवि अपने घायल कबूतरों को फिर से उड़ना सिखा रहा है।

धूमिल ने अपनी कुछेक कविताओं में ऐसे शब्द-प्रयुक्त किये हैं, जिनसे बहुत बड़े ऐतिहासिक सत्य का संकेत मिलता है—यही पर्याप्त नहीं है। शब्द-प्रयोग के प्रति कवि काफी सजग है। इसलिए अनेक वक्तव्यों में वह स्वयं एक शब्द कई नामों से अभिहित करना चाहता है। यथा—'कविता—श्रीकाकुलम्' में उसने कहा है—'यह हत्याकाण्ड नहीं है सिर्फ 'लोहे' को एक नया नाम दिया जा रहा है। शब्द

का इस रूप में प्रयोग कम कवि कर पाये हैं। यहाँ लोहा कोशगत अर्थ से हत्याकाण्ड की भीषणता एवं मारकाट का प्रतीक-शब्द है। इसके साथ ही 'लेनिन का सिर' कविता में प्रयुक्त 'लोहा' शब्द एक बहुत बड़े सिद्धान्त की ओर संकेत करता है। लेनिन की धारणा यह है कि सोने का कोई मूल्य नहीं है, लोहे की कीमत होती क्योंकि सोना पूँजीपति का प्रतीक है—जबकि लोहा आम आदमी का। इसलिए 'सिर' यहाँ वैचारिक क्रान्ति की सूचना देता है—इससे एकाएक रोडेशिया तथा दक्षिण अफ्रीका की समस्या का बोध 'नीग्रो औरत' शब्द से होता है। 'लोहा' ऐसे क्रान्तिकारी इतिहासवेत्ता का सिर देखकर सोचने लगता है। यहाँ लोहा, सिद्धान्त तथा लेनिन-चेतना की प्रतीति कराता है। यही 'लोहा' शब्द 'अन्तर' कविता में बिल्कुल अर्थ को व्यंजित करता है। इसमें 'लोहे' से अभिप्राय ऐसे व्यक्ति से है, जिसने जीवन को जोखिम भरा (Adventurous) समझ रखा है और निरन्तर ऐसे लोहे लहरों से जुड़ते रहते हैं। यहाँ लहरों से क्रान्ति-आन्दोलन की प्रतीति होती है। इस प्रकार के आन्दोलनों की सार्थकता ज़ोखिमभरे व्यक्ति के कारण होती है। इस प्रकार दोनों शब्द—लोहे तथा लहरें—अपना कोशगत अर्थ की अपेक्षा सन्दर्भगत काल-चेतना को व्यंजित करते हैं।

शब्द-तलाश

धूमिल की काव्य-भाषा की सबसे महत्त्वपूर्ण उपलब्धि शब्दों की तलाश है। वैसे उसे 'तलाश' का कवि कहा जाए तो अत्युक्ति न होगी। कहीं वह जनतंत्र की तलाश कविताओं के माध्यम से करना चाहता है, कहीं चौथे डायमेंशन की तलाश करता है। इस प्रकार निजी तलाश से व्यापक मूल्यों तक की तलाश उसे शब्दों का जादूगर बना देती है। वह शब्द-प्रयोग व्यापक सन्दर्भों में करता है—इतना ही नहीं, शब्दों को टटोलने, महसूसने, पटोलने का उसका क्रम समकालीन कवियों में उसे पृथक् स्थान पर प्रतिष्ठित करता है। यथा—'अधजले शब्दों के ढेर से तुम/क्या तलाश रहे हो? यह भविष्य है यानी कि शब्दों की दुनिया में आने की सहमति !' विरोध के लिए सही शब्द पटोलते हुए "भाषा को हीकते हुए, कविता में अब कोई शब्द छोटा नहीं पड़ रहा है, शहर का व्याकरण ठीक करने के लिए/एक हल्ला गाड़ी गश्त कर रही है...भाषा के चौथे पहर में।" "जुआ तोड़कर भागते हुए शब्दों को/कविता में नाँध सकूँ।" "एक परिचित सेहरा/किसी तत्सम शब्द की तरह अपरिचित हो गया है।" क्योंकि "शब्द और स्वाद के बीच/अपनी भूख को जिन्दा रखना, शब्दों के जंगल में", (संसद से सड़क तक, पृ. क्रमशः 47, 49, 72, 15, 61, 69, 96 अथवा 107)

"वह तुम्हारी कविता का
एक अर्थ सूँघता है। भाषा—? देख उधर कोने में—

शब्दों के अर्थ भरे
कोने में रखी है''
''इस तरह कविता में शब्दों के जरिये एक कवि
...शब्द और शस्त्र के व्यवहार का व्याकरण
अलग-अलग है। शब्द अपने वर्ग मित्रों में कारग
होते हैं और शस्त्र अपने वर्ग-शत्रु पर।''
(कल सुनना मुझे, पृ. क्रमशः 65, 64, 67)

ऐसे अनेक उदाहरण धूमिल की प्रकाशित कविताओं से प्रस्तुत किये जा सकते हैं जिनसे उसकी काव्य-भाषा का परिचय मिलता है। इन उपर्युक्त काव्य-संकेतों में वह भाषा, व्याकरण एवं शब्द-प्रयोग की समस्या पर अपने विचार संश्लिष्ट एवं संकेतों में प्रस्तुत करता है–कहीं-कहीं तीक्ष्ण व्यंग्य भी शब्द को सूँघने से। समकालीन कविता में शब्दों का प्रयोग परम्परित तत्सम शब्दावली तक सीमित नहीं है, वरन् बोलचाल की भाषा के निकट है। इसीलिए तत्सम शब्दावली आज की कविता में परिचित होते हुए अपरिचित है। कविता में किसी भी शब्द के छोटा न पड़ने से शब्दों की तलाश में मुक्तता का भाव है। साथ ही भाषा, व्याकरण, वाक्य, संज्ञा, सर्वनाम को वह शब्दों के नये प्रयोग में नया डायमेंशन देने का पक्षपाती है। वह शब्दों की दुनिया की तलाश से पूरे देश की वस्तु-स्थिति जानना चाहता है–शब्द एक साथ समस्याओं की अभिव्यक्ति एवं क्रान्ति के आह्वान का सार्थक माध्यम है।

धूमिल की काव्य-भाषा अथवा टेकनी की एक अन्य विशेषता वक्तव्य को कॉमा (' ') के साथ ब्रेकेट ( ) में रखने की है। जिस किसी वक्तव्य–उल्लेख पर बल देना चाहता है उसे या तो कॉमा में या ब्रेकेटों में रख देता है। इस प्रकार के कुछ उदाहरण द्रष्टव्य हैं–

1. (हर चीज साफ है–/अपने हैं आप तो/सो खून माफ है), कल, पृ. 14।
2. (मैंने राष्ट्र के कर्णधारों को/सड़कों पर/किश्तियों की खोज में–/भटकते हुए देखा है) कल, पृ. 29।
3. ('जैसे किसी मकान में अपरिचितों के बीच–/चल रहे हों'/आप कल्पना करें–), संसद, पृ. 58।
4. [मुझे ठीक-ठीक याद नहीं है। मैंने यह/किसको कहा था। शायद अपने-आपको/शायद उस हमशक्ल को (जिसने खुद को/हिन्दुस्तान कहा था) शायद उस दलाल को/मगर मुझे ठीक-ठीक याद नहीं है], संसद, पृ. 135
5. (जिनकी नरभक्षी जीभ ने/पसीने का स्वाद चख लिया है), संसद, 95।
6. (सफल जीवन जीने के लिए/कारनेगी की किताब की नहीं, /सड़क के यातायात चिह्नों को/समझने की जरूरत है), संसद, पृ. 80।

7. (अब अचानक/बुझे हुए मकानों के सामने/दमकलों के घण्टे चुप हो गये हैं, संसद 30 (जिसमें व्यक्तित्व के सूखे कंकाल हैं), (चमड़े की निर्जनता को गीला करने के लिए), (यह बीबी का तुक नहीं है), (जंगल मुखबिर है), (जिन्दा रहने की पुरजोर कोशिश), (पता नहीं किस अनहोनी की प्रतीक्षा में)—संसद, पृ. 30, 25, 33, 68, 74, 117, 130।

8. (कथनीय टुखड़ा है), (सोचा है देख-देख) जल तरंग (जिसे गाँव वाले रात की आँत कहते हैं), (बम—नहीं—बम—नहीं तम—नहीं), पृ. 78, 73, 70।

इसी प्रकार कुछ कविताओं के आरम्भ में ब्रेकेटों के अन्तर्गत कविता को स्पष्ट किया गया है—यथा (एक बीमार आदमी का वक्तव्य), जे.पी. का कथन इत्यादि। उपर्युक्त सात उद्धरणों में विचित्रता स्पष्ट है। इनमें उद्धरण 4 लम्बी कविता 'पटकथा' में विशेष कार्य के लिए प्रयुक्त किया गया है। इसमें दो प्रकार की ब्रेकेट हैं—चिन्तन की प्रौढ़ता के साथ गीतात्मकता से टूटने की सूचना है—भाषा एक कथ्य के धरातल पर। इससे कवि पूर्व तथा पश्चात् के कथ्य पर इसकी छाया देखता है—गहन चिन्तन कवि के अनिर्णय रूप की व्यंजना नहीं कर रहा वरन् पुष्टि करता है कि उसका मन्तव्य वही है। इस प्रकार कविता के पूर्व तथा पश्चात् के पक्ष को तोड़ने तथा जोड़ने का कार्य इससे लिया गया है। दो ब्रेकेट में पहली में कवि स्वयं को मानता है, दूसरी में हम शक्ल हिन्दुस्तान का स्पष्टीकरण है। शेष उद्धरण 1, 3, 5, 6, 7 और 8 में कवि बहुत कुछ कहना चाहता है—स्पष्टीकरण के लिए ऐसा करता है—अनेक बार वह कविता के शीर्षक के साथ देकर बहुत तीखा व्यंग्य करता है। यथा—'देश-प्रेम : मेरे लिए' कविता के साथ वह ब्रेकेट में कहता है (एक बीमार आदमी का वक्तव्य)—स्पष्ट है कि लोगों में देश-प्रेम मात्र नाम के लिए है। सर्वथा विपरीत स्थिति से पाठक को सोचने पर विवश होना पड़ता है। उद्धरण 7 तथा 8 में अधिकतर वक्तव्य स्पष्टीकरण के लिए प्रस्तुत किये गये हैं। वस्तुतः यह ढंग धूमिल का निजी है—इसीलिए हमें लगता है कि इस कविता के लिए एक पृथक् व्याकरण एवं कोश का निर्माण होना चाहिए।

धूमिल की काव्य-भाषा में अन्य कुछ गुण भी देखे जा सकते हैं—वाक्य संरचना में नवीन शब्द-प्रयोग उसकी महत्त्वपूर्ण उपलब्धि है। मुक्तछन्द कविता में वाक्य की संरचना जिस रूप में अपेक्षित होती है, कवि उसका पालन नहीं करता वरन् सही और सार्थक भाषा की तलाश में भाषाहीन होने का प्रयत्न करता है। भाषाहीन होने से अभिप्राय भाषा के अनुरूप नहीं वरन् भाषा को अपने अनुरूप बनाना है। वाक्यों में शक्ति-संवाहन हेतु वह डैश (—), खाली स्थान डॉट्स (...) का काफी प्रयोग करता है। अनेक कविताओं में डैश से वह अपने वक्तव्य-विस्तार का कार्य लेता है, कई बार वाक्य-पूर्ति का। डौट्स से वह बहुत कुछ अनकहा छोड़ देता है। कविताओं में विस्तार के लिए कवि ने अन्य अनेक ढंगों को भी अपनाया है

जो लेखन में प्रचलित हैं। उदाहरणार्थ हम कुछ पंक्तियाँ प्रस्तुत करना चाहेंगे।

और यह दूसरे का घर है,
और
तुम्हारा दोष यह है कि तुम सब कुछ समझते हो–
दाँत और सिक्के में कौन-सा रिश्ता है?
दीवारों की मातृभाषा क्या है। तथा–
सब के मन में केवल इतनी चाह है–
कोई आए...और...और
इतना कहे।–?

धूमिल की काव्य-भाषा को निश्चित मानदण्डों अथवा प्रतिमानों के आधार पर देखने से निराशा हो सकती है, पर वह भाषा को नये अन्दाज में प्रस्तुत करना चाहता है। धूमिल भाषा का समकालीन तेवर समझता है, इसीलिए स्वीकार करता है कि शब्दों को खोलकर रखना चाहिए–यह साठोत्तरी कविता की विशेषता है। यह कुछ अंशों तक सही है कि धूमिल की दृष्टि में सभी शब्द कविता की भाषा के लिए उपयुक्त है–काव्य-भाषा के लिए कुछ शब्दों का चयन और इस प्रकार किसी सीमा को वह नहीं मानता, इसीलिए ऐसे शब्दों का प्रयोग करता है जिन्हें विद्रूप, घिनौना कहकर नकारा जाता है। वह ऐसे शब्दों को लेता है, जिनका सम्बन्ध स्त्री के गुह्य अंगों से है, जिन्हें कहना शायद अभद्र समझा जाए, पर धूमिल इस प्रकार सीमा नहीं मानता। इसीलिए गर्भपात, गर्भाधान, मासिक धर्म, सहवास, सम्भोग, वीर्य, जाँघ, लिंग, नंगा, घिनौना इत्यादि शब्दों का प्रयोग खुले रूप में करता है। ऐसे शब्दों के साथ अनेक ऐसे शब्दों का प्रयोग भी किया है, जिन्हें प्रत्येक बार कवि एक ही अर्थ में प्रयोग नहीं करता है–इनसे कालगत, सन्दर्भगत, चेतना का स्पष्टतः बोध होता है। साथ ही दो कॉमा तथा एक कॉमा में वह किसी अभिमत या वक्तव्य को प्रस्तुत करता है तो इससे वह कहीं तीक्ष्ण व्यंग्य करना चाहता तो कहीं उस पर बल देने का प्रयास करता है। अनेक बार स्थिति के विस्तार अथवा स्पष्टीकरण के लिए भी उसने कॉमा (उद्धरण-चिह्न) लगाया है। यह प्रयोग धूमिल को काव्य-भाषा का अनोखा कवि प्रमाणित करता है। एक कॉमा का प्रयोग वह संक्षिप्त वक्तव्य पर बल देने के लिए अधिक करता है–पर लम्बी कविता 'पटकथा' में वह स्पष्टीकरण के लिए इसका प्रयोग करता है। यथा–

"दुखी मत हो! यही मेरी नियति है
मैं हिन्दुस्तान हूँ। जब भी मैंने
उन्हें उजाले से जोड़ा है
उन्होंने मुझे अपमानित किया है
इसी तरह तोड़ा है।

मगर समय गवाह है
कि मेरी बेचैनी के आगे भी राह है।"—

यहाँ स्पष्टीकरण इस तथ्य पर बल देने के लिए है कि देशवासी इसी प्रकार की स्थिति में रह रहे हैं—नेता इतने ईमानदार हैं पर भारतीयों की विवशता कुछ विचित्र प्रकार की है। इसी उद्धरण के साथ कॉमा का प्रयोग 'मूर्खो! यह क्या कर रहे।' के लिए किया गया है—इससे कवि बल देना चाहता है कि ऐसा हुआ करता है। 'यह श्मशान है, यहाँ तसवीर लेना सख्त मना है।' तथा

'हाँ हाँ, मैं कवि हूँ;
कवि-याने भाषा में
भदेस हूँ;
इस कदर कायर हूँ
कि उत्तर प्रदेश हूँ। 'बाबूजी! इस पर पैसा
क्यों फूँकते हो?' तथा 'कैसे आदमी हो,
अपनी जाति पर थूकते हो।'

'राजकमल चौधरी के लिए' कविता में एक लम्बी वक्तव्य कॉमा में स्पष्टीकरण हेतु प्रयुक्त है, 'तुमने पहचाना नहीं—मैं हिन्दुस्तान हूँ। हाँ, मैं हिन्दुस्तान हूँ', वक्तव्य में कॉमा स्पष्टीकरण पर बल देने हेतु (सेटरेट के लिए) प्रयुक्त है।

इस कॉमा का 'कल सुनना मुझे' की अनेक कविताओं में भी स्पष्टीकरण या पुष्टिकरण के लिए प्रयोग किया गया है। यथा 'बारिश में भीग कर' कविता में भाषा के कई प्रयोग द्रष्टव्य हैं—कॉमा का प्रयोग दो लम्बे वक्तव्यों के रूप में किया गया है, यही कॉमा 'छै-तीन' के लिए भी प्रयुक्त है। डैश का वाक्य के प्रारम्भ में प्रयोग धूमिल की विशिष्टता है। ब्रेकेट वक्तव्य के लिए तथा एक शब्द के लिए इसी एक कविता में प्रयुक्त है। 'किस्सा जनतंत्र' कविता में विवशता एवं साधनहीनता के कारण हृदय की पीड़ा के साथ एकाएक कॉमा में प्रस्तुत वक्तव्य को वह कविता की समाप्ति की घोषणा करता है।

'ऐसी क्या हड़बड़ी कि जल्दी में पत्नी को
चूमना—देखो, फिर भूल गया।'

दो कॉमा (उद्धरण-चिन्ह) के वक्तव्य अपेक्षाकृत कम हैं, पर जहाँ वह प्रयोग करता है वहाँ इसके द्वारा कुछ प्रतिष्ठापित करने की चेष्टा अवश्य करता है। यहाँ 'खून के बारे में' कविता के अन्त में वह कॉमा में कहता है—

"कवि हो! इस फौरी धावे में साथ दो।
और सुनो। कविता मारती नहीं,
जानें बचाने की कोशिश में
पहल करती है।"

तथा अन्तिम कविता में वह कॉमा में बहुत बड़े तथ्य की घोषणा करता है। यथा–

'शब्द किस तरह
कविता बनते हैं
इसे देखो
अक्षरों के बीच गिरे हुए
आदमी को पढ़ो
क्या तुमने सुना कि यह
लोहे की आवाज है या
मिट्‌टी में गिरे हुए खून का रंग।"

कविता में आगे का वक्तव्य जो कॉमा के बिना है पुष्टि करता है एक उदाहरण से। 'नक्सलवाड़ी' में वह कॉमा इसी प्रकार के जनतंत्र के सम्बन्ध में घोषणा करना चाहता है–"मुझे अपनी कविताओं के लिए दूसरे जनतंत्र की तलाश करनी है।" धूमिल की काव्य-भाषा में उद्धरण चिह्न एवं सपाटबयानी के साथ कुछ ऐसी अन्तर्विरोधी स्थितियाँ भी मिलती हैं, जिनसे कवि के विकास का परिचय मिलता है। 'सपाटबयानी' में मौन (चुप्पी) का सम्यक् निर्वाह काव्य भाषा के नये क्षितिज का द्योतक है। मार्टिन ब्रुबर (Martin Bruber) इसीलिए 'चुप्पी में सम्प्रेषण की स्थिति' (Silence which is communication) स्वीकारते हैं। धूमिल की कविताओ में यह स्थिति अनेक रूपों में द्रष्टव्य है।

सार्थक वक्तव्य और काव्य-भाषा

धूमिल की काव्य-भाषा की चर्चा में 'वक्तव्य' का विशेष महत्त्व है। किसी भी भाषा का आधार उसकी शब्दावली, वाक्य-संरचना एवं स्वभाव होता है। हिन्दी भाषा की विविधता जहाँ इसकी बोलियों में देखी जा सकती है, वहाँ आधुनिक काल से विकसित इसके खड़ी बोली के रूप को देखा जा सकता है। छायावादी काव्य में यह भाषा अपने चरम रूप में द्रष्टव्य है। स्वयं धूमिल ने डायरी के पन्नों में काव्य-भाषा को आधार बनाकर आधुनिक कविता में विकसित (परिवर्तित) भाषा की ओर संकेत किया है। समकालीन कविता में भाषा को नया तेवर अथवा मोड़ मिला है–यथार्थ (वास्तव) स्थिति को प्रस्तुत करने के लिए भाषा का सम्यक् प्रयोग। यही कारण है कि 'संसद से सड़क तक' संग्रह के 'आमुख' में वह एक सही कविता को पहले एक सार्थक वक्तव्य घोषित करता है। साथ प्रायः सभी रचनाओं में वह भाषा के सही होने, व्याकरण, वाक्य और शब्दों की सही-सार्थक पहचान के लिए प्रयत्नशील है। सम्भवतः हिन्दी में राजकमल चौधरी तथा धूमिल ही समकालीन कविता में दो ऐसे हस्ताक्षर हैं जो वक्तव्य की महत्ता काव्यभाषा में मानते हैं। फिर

धूमिल अपनी इस सार्थक वक्तव्य की धारणा की अनेक स्थितियों, प्रसंगों एवं उल्लेखों में करना चाहता है।

यहाँ 'सार्थक वक्तव्य' के आधार पर हम धूमिल के अध्ययन एवं व्यवहार पक्ष की स्थिति भी स्पष्ट करना चाहते हैं। कवि केवल पुस्तकों का अध्ययन कर किसी सिद्धान्त अथवा 'मान्यता' का अन्धानुकरण नहीं करता, वरन् उसके 'प्रयोग' की उपयोगिता पर विशेष बल देता है। यही बात सार्थक वक्तव्य के सम्बन्ध में कही जा सकती है। एम. क्री (M. Krie) ने 'Meaning, Problem of' के अन्तर्गत स्वीकार किया है कि कविता में 'सार्थक वक्तव्य निर्माण' की क्षमता अन्तर्निहित है—(Poetry can make meaningful statements about anything) इससे इस धारणा का विकास देखा जा सकता है। सही कविता और सार्थक वक्तव्य से धूमिल को इतनी लोकप्रियता मिली है कि अज्ञेय सरीखे हिन्दी के प्रतिष्ठित साहित्यकार को भी इस पर चर्चा करनी पड़ी है—भले ही पक्ष या विपक्ष में। रमेशचन्द्र शाह द्वारा पूछे गये इस मुहावरे का कि 'हर कविता सबसे पहले एक सार्थक वक्तव्य होती है' उत्तर देते हुए वे कहते हैं—"यहाँ पर वास्तव में जिन लोगों का यह नारा है, वे पहले तो वक्तव्य चाहते हैं और फिर उसकी सार्थकता। सार्थकता की उनकी कसौटी यह है कि यह मतवाद के अनुकूल है या नहीं है। क्योंकि वक्तव्य तो प्रतिकूल भी हो सकता है। अगर प्रतिकूल वक्तव्य मानते हैं तो उसको सार्थक नहीं मानते हैं और उनके पक्ष का है तो उसको सार्थक वक्तव्य मानते हैं। तो कविता से तो वास्तव में इस कसौटी का कोई सम्बन्ध है नहीं। दूसरे सन्दर्भ में उसका यह सीमित अर्थ होता है। लेकिन वहाँ शायद फिर उसको वक्तव्य क्यों कहना चाहिए; वहाँ तो फिर कहना चाहिए कि उसका कथ्य भी सार्थक होता है। वह भी दूसरी बात है। 'वक्तव्य' कहना तो 'कथ्य' पर एक आग्रह की बेड़ी डाल देता है।"

इस प्रश्नोत्तर में एक बात स्पष्ट है कि यह स्पष्टीकरण धूमिल के सही कविता एवं सार्थक वक्तव्य पर आधारित है। जहाँ तक वक्तव्य और कथ्य तथा भाषा की चर्चा है—इसमें कोई सन्देह नहीं कि कवि की दृष्टि में इनका स्वरूप संश्लिष्ट एवं गुम्फित होता है। पर अज्ञेय का यह कहना कि कविता के कथ्य को वक्तव्य तक सीमित नहीं किया जा सकता—इससे हमारी पूर्ण सहमति है। 'कथ्य' मात्र वक्तव्यों पर आधारित नहीं है—सृजन के क्षणों में इसे एक पक्ष माना जा सकता है, सम्पूर्ण नहीं। साथ ही कविता का कथ्य कवि की मानसिक रचनात्मकता से भी पूर्णतः सम्बद्ध रहता है—इससे उसका व्यंग्य सुरक्षित रह पाता है। पर सार्थक वक्तव्य और सिर्फ वक्तव्य में सार्थकता को ध्यान में रखना होगा, इसीलिए अज्ञेय विचार की प्रतिबद्धता में इसे सही रूप में देखते हैं। वक्तव्य की सार्थकता का आधार फिर प्रतिबद्ध विचार नहीं हो सकता, इसलिए धूमिल का यह मानना कि एक सही कविता

एक सार्थक वक्तव्य होती है—सर्वथा उचित है। इस सम्बन्ध में जितनी इच्छा हो चर्चा कर ली जाय। पर धूमिल की कविताएँ युग की सार्थक अभिव्यक्ति करती हैं और वे अनेक सार्थक वक्तव्यों में व्यक्त होती हैं—इसलिए उन्हीं को सही कविताएँ कहा जाता है। स्पष्ट है कि वाक्य जहाँ 'कथ्य' की दृष्टि से महत्त्वपूर्ण अथवा सार्थक होता है, वहाँ टेकनीक एवं काव्य-भाषा के स्वरूप की पहचान कराता है। यही कारण है कि हमने धूमिल की काव्य-भाषा में वक्तव्यों की विस्तार से चर्चा अनेक सन्दर्भों में की है। कविता सम्बन्धी वक्तव्यों की हम पहले चर्चा कर चुके हैं—यहाँ कुछ अन्य वक्तव्य प्रस्तुत करेंगे जिनसे कवि की भाषा-विविधता एवं कथ्य की सही पहचान निहित है। यथा—'परिचय की बदशक्ल बेबसी' तथा 'अपनी ही छाया से लड़ना'—

> "एकता युद्ध की और दया
> अकाल की पूँजी हैं।"
> "हर आदमी एक जोड़ी जूता है
> जो मेरे सामने
> मरम्मत के लिए खड़ा है।"
> "सच्चाई अब मुझसे इतनी करीब है
> कि रोशनी का होना भी मेरे लिए केवल तहजीब है।"
> "भाषा और गूँगेपन के बीच कोई
> दूरी नहीं है।"

इन स्फुट उद्धरणों से स्पष्ट है कि धूमिल भाषा में सपाट को अपनाता है, उलझा व अथवा भाषा की अन्तर्मुखता उसे मान्य नहीं—इसीलिए वक्तव्यों में या इनकी पुष्टि में प्रस्तुत उल्लेखों में वह भाषा को सहज बनाये रखना चाहता है—पर इस सपाटबयानी में बिम्ब तथा प्रतीक शब्दों के व्यापक अर्थों को प्रस्तुत करते हैं। यही कारण है कि धूमिल द्वारा घोषित 'सार्थक वक्तव्य' की धारणा को इसी दृष्टि से समझना चाहिए जबकि डॉ. रामस्वरूप चतुर्वेदी का 'सार्थक वक्तव्य' ऊपरी धरातल को आधार बनाये है। यथा—"धूमिल 'सही कविता' को 'एक सार्थक वक्तव्य' घोषित कर रहे हैं। वे यह भूल रहे हैं कि नारेबाजी और संचार-माध्यमों की भरपूर सुविधा के इस युग में तो वक्तव्य को सार्थक बनाये रखने के लिए कविता की रचनात्मक क्षमता अपेक्षित है। 'सार्थक वक्तव्य' और 'सही कविता' यानी बोलचाल और सम्प्रेषण एक अन्तरप्रक्रिया है, पर प्राथमिकता की दृष्टि से भाषा मात्र को सार्थक रखने के लिए 'वक्तव्य' की बजाय आज 'कविता' की अधिक जरूरत है।" (कविता-यात्रा, पृ. 105) लेखक का उत्तर धूमिल के वक्तव्य से मिल जाना चाहिए जबकि वह स्वयं 'सही कविता' के लिए 'सार्थक वक्तव्य' की अनिवार्यता मानता है। वह बल कविता पर देना चाहता है, पर कविता का आधार वक्तव्यों की सार्थकता

पर है। हमारी दृष्टि में सार्थक वक्तव्य साधन है और 'सही कविता' साध्य। सम्भवतः धूमिल की सभी रचनाओं में इसका निर्वाह भी हुआ है क्योंकि कविता मात्र वक्तव्य तक सीमित नहीं है—भाषा में प्रयुक्त प्रत्येक वाक्य, वाक्यांश, शब्द में महत्त्वपूर्ण स्थिति का उल्लेख अवश्य रहता है। यथा—लोहा, घास, जंगल, धर्मशाला इत्यादि कोशीय अर्थ की अपेक्षा अपनी सार्थकता व्यंजित में सँजोये हैं। भाषा जहाँ भावों, विचारों को प्रस्तुत करने का सक्षम माध्यम है—इसमें भाषा का सही रूप हम धूमिल की कविताओं के साथ वक्तव्यों में देख सकते हैं। भाषा की प्रतीति कवि स्वयं अनेक रूपों में करना चाहता है। इसलिए धूमिल की कविताओं को अध्ययन-अध्यापन की सुविधार्थ भले ही विभाजित विषयों के अनुरूप प्रस्तुत किया गया है, पर उसकी प्रत्येक कविता कथ्य, टेकनीक एवं भाषा की समस्याओं को एक साथ प्रस्तुत करती है। कहीं वह रोटी-भूख समस्या को भाषा की समस्या से उजागर करते हैं, कहीं भाषा तथा कविता की समस्या से परिवेश, व्यवस्था की समस्याओं को प्रस्तुत करना चाहते हैं। अद्‌भुत शक्ति एवं क्षमता है—इनकी कविताओं में। यथा—

और यह मेरे देश की जनता है
जनता क्या है?
एक शब्द...सिर्फ एक शब्द है:
कुहरा और कीचड़ और काँच से
बना हुआ...। (संसद, पृ. 114)

मेरे शब्द उसे जिन्दगी के कई स्तरों पर खुद को पुनरीक्षण का अवसर देते हैं...। (कल, 66)

कविता
इतने जिन्दा शब्दों के बावजूद
हमलावरों के डर से
खाली किये गये शहर की तरह दिखती है। (कल, 64)
कुछ हैं जिन्हें शब्द मिल चुके हैं
कुछ हैं जो अक्षरों के आगे अन्धे हैं
वे हर अन्याय को चुपचाप सहते हैं
और पेट की आग से डरते हैं।[46]

उपर्युक्त उद्धरणों में कवि ने दोहरा कार्य लिया है—इनमें से अधिकांश को वक्तव्य कहना होगा। इस प्रकार धूमिल को काव्य-भाषा की पहचान के लिए जहाँ टेकनीक, शब्द-प्रयोग, वाक्य-संरचना, सपाटबयानी, प्रतीक, बिम्ब की चर्चा अपेक्षित है, वहाँ वक्तव्यों के आधार पर समझना जरूरी है। समकालीन कविता कम से कम शब्दों में बहुत कुछ कहना चाहती है, बिना किसी रहस्य या छिपाव के। यही कारण है कि वक्तव्य ऊपरी धरातल पर और पृथक् करने पर सपाट, सरल एवं बोधगम्य

प्रतीत होते हैं, पर अर्थ-व्यापकता का गुण सर्वत्र है।

कविता सम्बन्धी वक्तव्य : समकालीन कविता मूलतः युग-बोध की सार्थक, सही एवं यथार्थ (वास्तव) बोध की कविता है। धूमिल इस काव्यधारा का एक सशक्त हस्ताक्षर है। इस कवि की विशिष्टता इस बात में है कि इनकी कविताओं में ऐसे वक्तव्य अथवा काव्य-संकेत हैं, जिनसे इस युग की कविता का पता सहज मिल जाता है। कविता सम्बन्धी कथनों द्वारा 'संसद से सड़क तक', 'कल सुनना मुझे' काव्य संग्रहों की अधिकांश कविताओं में कवि ने अपनी रचना-प्रक्रिया की ओर संकेत किया है। इस प्रकार के संकेतों से जहाँ धूमिल की काव्य-चेतना का परिचय मिलता है, वहाँ उसके शिल्पगत नवीन प्रयोगों को भी देखा जा सकता है।

...मेरी कविताएँ
अँधेरा और कीचड़ और गोश्त की
खुराक पर जिन्दा है। (संसद, पृ. 20)

कवि की दृष्टि में "कविता सिर्फ शब्दों की बिसात नहीं है, वरन् वाणी की आँख है तथा उसकी समझ में बारिश में भीगकर आह्लादित कवि नंगे सिर घूमता है, कीच भरे रास्तों पर।"

सब उसे मालूम है कि कविता
घेराव में
किसी बौखलाए हुए आदमी का
संक्षिप्त एकालाप है। (संसद पृ. 10)
इस वक्त जबकि कान नहीं सुनते हैं कविताएँ
कविता पेट से सुनी जा रही है।
कविता में जाने से पहले मैं आपसे पूछता हूँ
जब इससे न चोली बन सकती है
न चोगा
तब आप कहो–
इस ससुरी कविता को जंगल से जनता तक
ढोने से क्या होगा। (संसद, पृ. 66-67)
कविता क्या है?
कोई पहरावा है?
कुर्ता-पाजामा है?
ना, भाई, ना
कविता–
शब्दों की अदालत में
मुजरिम के कटघरे में बड़े बेकसूर आदमी का

हलफनामा है।
क्या यह व्यक्तिगत बनाने की–
चरित्र कमाने की–
खाने-कमाने की–
चीज है?
ना, भाई ना,
कविता–
भाषा में आदमी होने की तमीज। (संसद पृ. 91) तथा–
''एक सही कविता पहले
एक सार्थक वक्तव्य होती है।'' (आमुख)

कविता की सार्थकता के सम्बन्ध में धूमिल का अभिमत स्पष्ट है। वह इसके लिए विशिष्ट स्थिति की अपेक्षा मानता है। यथा–

''और ठीक उसी वक्त कविता
शब्दों पर सान चढ़ाने का काम
शुरू करती है जब आदमी के दर्दीले गले से कोई अगिन-गीत
फूटता है।''

कविता सम्बन्धी अभिमतों में धूमिल ने ऐसी अनेक धारणाओं की ओर संकेत भी किया है, जिनसे काव्य-महत्ता का बोध सहज हो जाता है। वह सही-सार्थकता की पुष्टि प्रत्येक कविता के कथ्य में करना चाहता है। यही कारण है कि कविता-सम्बन्धी प्रत्येक कथन सोद्‌देश्य एवं विशिष्ट गुण का सूचक है। यथा–

मेरी कविता इस तरह अकेले को
सामूहिकता देती है और समूह को साहसिकता।
इस तरह कविता में शब्दों के जरिये एक कवि
अपने वर्ग के आदमी को समूह की साहसिकता से
भरता है...। (कल, पृ. 67)

कविता में कवि शब्दों के चयन को विशेष महत्त्व प्रदान करता है। भले ही वह शब्दों को तराशने अथवा भारी-भरकम बनाने की अपेक्षा सहज प्रयोग पर बल देता है। पर कविता में शब्दों-अक्षरों के माध्यम से 'कथ्य' का रंग किस प्रकार भरा जाता है इसकी प्रतीति निम्न पंक्तियों में द्रष्टव्य है–

''शब्द किस तरह
कविता बनते हैं
इसे देखो
अक्षरों के बीच गिरे हुए
आदमी को पढ़ो

क्या तुमने सुना कि यह
लोहे की आवाज है या मिट्टी में गिरे हुए खून का रंग।''
(कल, पृ. 80)

दोनों काव्य-संग्रहों में सपाट एवं संकेतों में व्यक्त कवि की कविता-सम्बन्धी धारणाएँ उनके गहन अनुभव की प्रतीति कराती हैं। कविता के सृजन में अनुभव के महत्त्व को प्रतिपादित करते हुए 'बारिश में भीगकर' में इस प्रकार कहा गया है–

अनुभव के नये-नये पृष्ठों पर
भाषा के समर्थन में बूँदें गिरती हैं
जैसे सामूहिक हस्ताक्षर अभियान में
आसमानी दस्तखत–
और कविता–कविता से भीगती है
तृप्त और कृतज्ञ जैसे पानी–
पानी से भीगता है समरस और शान्त। (कल, पृ. 44)

आत्म सम्बोधनात्मक शैली

कवि धूमिल ने ऐसे प्रसंगों में कविता को सही धरातल प्रदान करते हुए उसकी महत्ता-लक्ष्य की सार्थकता भी व्यंजित की है–

''कवि हो! इस फौरी धावे में साथ दो। ओर सुनो! कविता मारती नहीं,
बचाने की कोशिश में
पहल करती है।'' (कल, पृ. 61)

कवि धूमिल कविता की सामान्य धारणाओं के साथ एक विशिष्ट काव्य-आन्दोलन के अन्तर्गत भी विवेचित करता है। समकालीनता के जनसंघी नुस्खे लिखने के व्यंग्य से वह समकालीन कवि की पहचान करवा देता है–

'...कविता
इतने जिन्दा शब्दों के बावजूद हमलावरों के डर से
खाली किये गये शहर की तरह दिखती है।' (संसद, पृ. 64)

किस प्रकार पुराने शब्द आज नवीन शब्दों में भयभीत हो अपना स्थान छोड़ रहे हैं–

नयी कविता व समकालीन कविता नये शब्द-प्रयोग एवं अर्थ-गरिमा एवं व्यापकता के कारण हिन्दी कविता के विकास में महत्त्वपूर्ण स्थान प्राप्त कर सकी है। नवीन शब्दों का सही एवं सार्थक प्रयोग धूमिल की रचनाओं में बहुधा हुआ है–इसीलिए हम इस कवि को समकालीन कवियों में 'शब्दों का जादूगर' कवि मानते हैं।

कविता-सम्बन्धी कवि के विचारों को जानते समय यह भी ध्यान रखना होगा

कि प्रत्येक वक्तव्य के मूल में उसकी विशिष्ट दृष्टि रही है। अनेक वक्तव्यों में भले ही वे काव्यात्मक शैली में हों या डायरी के पन्नों पर अथवा प्रतिक्रियास्वरूप कही गयी हो—सभी में चिन्तन एवं अनुभव की विविधता एवं प्रौढ़ता की पुष्टि होती है। कुछ वक्तव्य में उनका निजी अनुभव प्रमुख रहता है। यथा—"कविता के लिए पाठक की संवेदना और सहानुभूति उसी तरह घातक है जिस तरह बिजली के धक्के से होश खोते आदमी को पानी पिलाना। कविता में साझेदारी ज्यादा सही है और हो सके तो एक आवेगहीन शब्द 'शाबाश...!!'

उपर्युक्त वक्तव्यों अथवा स्पष्टीकरण से एक बात स्पष्ट है कि कविता की वास्तविकता का बोध कराता हुआ कवि स्वयं को 'आदमी' से जोड़े रखता है। सही कविता की पहचान सही आदमी से सम्भव है और आदमी और कविता की सही पहचान समय-बोध से होती रहती है। इसलिए धूमिल ने स्पष्टतः घोषित किया है—'कविता का मतलब यह भी है कि आप अब तक कितना आदमी हो सके हैं। दूसरे शब्दों में कहूँ तो यह कविता की अगली शर्त 'आदमी' होना है।' इतना ही नहीं, उसके द्वारा प्रस्तुत वक्तव्य—कविता का मतलब 'भाषा में आदमी होना' तथा कविता हिंसा की हिंसा करती है—से बहुत बड़े सत्य को उद्घाटित किया गया है। उसके साथ ही धूमिल ने स्पष्टतः स्वीकार किया है कि कविता उसकी उलझनों एवं तनावों को सही रूप दे सकी है। यही कारण है कि इनकी कविताओं में कवि की निजी समस्याएँ, उलझनें तथा उनके कारण तनाव हैं। ये तनाव की विभिन्न स्थितियाँ इनकी रचनाओं का आधार हैं, निज से समूह तक की यात्रा उसकी काव्य-यात्रा है जिसके अनेक पड़ाव एवं सोपान हैं। इन्हीं पड़ावों एवं सोपानों को हमने समकालीन बोधों के अन्तर्गत विवेचित करना चाहा है।

कविता-सम्बन्धी अभिमतों की दृष्टि से 'राजकमल चौधरी के लिए' कविता एक अन्य धरातल की रचना है। इसमें कविता को बिल्कुल नये अन्दाज एवं उदाहरणों द्वारा स्पष्ट किया गया है। यथा कविताओं का बवासीर की गाँठ की तरह 'लहू-शब्द उगलना' की स्थिति का संकेत कर धूमिल चुनौतियों का सामना करने हेतु कविता में तत्पर है। इसके साथ ही वह समाज में व्याप्त घिनौनी, अव्यवस्थित स्थितियों में लीन रहकर समाप्त नहीं होना चाहता वरन् एक दायित्व-बोध से प्रेरित कवि की भाँति इन्हें अपनी रचनाओं का 'विषय' (कथ्य) बनाता है। कवि-कथन है—

> मगर मैं उनमें शरीक नहीं होना चाहता
> मैं कविताओं में उनका पीछा करना चाहता हूँ
> इससे पहले कि वे उसे किसी संख्या में
> या व्याकरण की किसी अपाहिज धारणा में बदल दें
> मैं उन तमाम चुनौतियों के लिए
> खुद को तैयार करना चाहता हूँ। (संसद, पृ. 38)

नवम अध्याय

उपसंहार

धूमिल की कविताओं का अनेक दृष्टियों से विश्लेषण करते हमने उसमें जहाँ विशिष्टताओं का उल्लेख किया है, वहाँ कवि की सतही धारणाओं की चर्चा भी की है। इसलिए हम इसे समकालीन कविता का एक महत्त्वपूर्ण हस्ताक्षर मानते हैं, पर किसी अन्य कवि से तुलना करना उचित नहीं समझते। प्रायः मुक्तिबोध की 'अँधेरे में' तथा धूमिल की 'पटकथा' की तुलना की जाती है। यह सही है कि समकालीन कवियों में 'कथ्य' समता है, पर टेकनीक का अन्तर स्पष्ट है, फिर भी यदि तुलनात्मक विचारों को प्रस्तुत करना ही हो तो चर्चा राजकमल चौधरी तथा लीलाधर जगूड़ी की रचनाओं के आधार पर होनी चाहिए। चौधरी का प्रभाव धूमिल पर है, पर जगूड़ी समकक्ष कवि प्रतिष्ठित होते हैं। आवश्यकता दोनों को एक साथ विवेचित-विश्लेषित होने की है। धूमिल की 'सही कविता' और 'सार्थक वक्तव्य' को हमने अनेक सन्दर्भों में देखना चाहा है। वस्तुतः स्वयं कवि जिस आग, आँसू तथा हाय के तथ्यहीन मिश्रण की सूचना 'पटकथा' में देता है, वह उसकी रचनाओं का गुण है। इसलिए अधिकांश कविताओं का सम्बन्ध समस्याओं से है—रोटी (भूख) समस्या से देश की व्यवस्था समस्या तक को वह सार्थक वक्तव्यों में 'काव्यात्मक अभिव्यक्ति' करता है। इसीलिए हमने काव्य-भाषा की चर्चा में इसी 'सार्थक वक्तव्य' को आधार माना है। इन्हीं सार्थक वक्तव्यों में कवि के इतिहास-बोध एवं उसकी राजनीतिक समझ का परिचय मिल जाता है।

एक अन्य बिन्दु धूमिल को प्रतिबद्धता के धरातल पर जनवादी अथवा मार्क्सवादी कवि प्रतिष्ठित करने का है। हम इस सम्बन्ध में डॉ. नामवर सिंह तथा डॉ. काशीनाथ सिंह की अनेक मान्यताओं अथवा धूमिल सम्बन्धी वक्तव्यों से

सहमति रखते हुए भी मानते हैं कि धूमिल ने जो कुछ कविताओं में व्यक्त किया है उसे अनुभव के धरातल पर पहले 'सही'-'सार्थक' का ढाँचा प्रदान करते हुए आत्मसात् किया है। 'वास्तव' की सही पहचान में वह आँसू और हाय की विवशता में देखता है, पर इसे 'आग' (लोहा, क्रान्ति) में परिणत करना चाहता है। धूमिल की प्रतिबद्धता नारों तक सतही नहीं है जैसा कुछ समीक्षक मा . न ही उसे मार्क्सवाद तक सीमित किया जाना चाहिए। प्रतिबद्धता उसकी ईमान एहसास, समझ एवं कार्यान्विति में द्रष्टव्य है। हम इसे अनुभव के धरातल व्यापकता का कवि मानते हैं। हालाँकि कहीं-कहीं इनमें शिथिलता भी आ गयी है। ऐसा कई बार उसके 'सायास काव्य-लेखन' के कारण हुआ है। यहाँ यह भी उल्लेख्य है कि धूमिल के अपने वक्तव्यों अथवा वाक्यांशों को सम्पूर्ण काव्य-चेतना का आधार नहीं मानना चाहिए; जैसा कि हम शब्द-प्रयोग के अन्तर्गत स्पष्ट कर चुके हैं। वह अनेक बार कालगत सन्दर्भों में शब्दों का प्रयोग करता है—शब्दों की इस विशिष्टता के कारण हम उसे 'भाषा-जादूगर' मानते हैं। कहीं-कहीं सपाटता के मोह के कारण काव्यात्मक संवेदना का अभाव खटकता है। समग्र रूप में यह कहना समुचित होगा कि समकालीन कविता के विकास में धूमिल एक अविस्मरणीय हस्ताक्षर है।

□□□